TECNOLOGIA INTENCIONAL

Tecnologia intencional

1ª edição: Setembro 2024

Autor:
Marcus Fontoura

Organização de conteúdo:
Carolina Schwartz
Fernanda Ravagnani

Preparação de texto:
3GB Consulting

Revisão:
Daniela Georgeto

Projeto gráfico:
Jéssica Wendy

Capa:
Rafael Brum

Imagem de capa:
Candido Portinari OMC

DADOS INTERNACIONAIS DE CATALOGAÇÃO NA PUBLICAÇÃO (CIP)

Fontoura, Marcus
Tecnologia intencional : como artistas, bicicletas e cavalos transformam carreiras e negócios / Marcus Fontoura. — Porto Alegre : Citadel, 2024.
320 p.

ISBN 978-65-5047-514-7

1. Desenvolvimento profissional 2. Administração 3. Tecnologia 4. Negócios I. Título

24-3949 CDD - 658.3

Angélica Ilacqua - Bibliotecária - CRB-8/7057

Produção editorial e distribuição:

CITADEL
Grupo Editorial

contato@citadel.com.br
www.citadel.com.br

MARCUS FONTOURA

TECNOLOGIA INTENCIONAL

COMO ARTISTAS, BICICLETAS E CAVALOS TRANSFORMAM CARREIRAS E NEGÓCIOS

CITADEL
Grupo Editorial
2024

SUMÁRIO

APRESENTAÇÃO

Prezado leitor,

É com satisfação que apresento o livro *Tecnologia intencional*, de Marcus Fontoura. Esta obra oferece uma visão prática e reflexiva sobre gestão em tecnologia, baseada na vasta experiência de Marcus nos últimos vinte anos atuando nos Estados Unidos em empresas como IBM, Yahoo, Google, Microsoft e, mais recentemente, de volta ao Brasil, na Stone, na qual ele tem desempenhado um papel crucial na transformação tecnológica.

Desde cedo, Marcus enfrentou desafios que moldaram sua abordagem única à tecnologia e à gestão. Não se destacava nas disciplinas tradicionais, mas encontrou na matemática uma paixão que o guiou ao sucesso. Esse início desafiador e a determinação para superar dificuldades refletem a essência de sua jornada profissional.

Neste livro, Marcus compartilha suas experiências e aprendizados, oferecendo uma visão detalhada de como a tecnologia deve ser pensada e executada para impulsionar os negócios. Ele aborda aspectos cruciais para líderes e gestores, discutindo como atrair e manter talentos excepcionais, a importância de sistemas padronizados e ferramentas de engenharia, e como lidar com desafios técnicos inevitáveis, mas com um toque bastante humano.

Tecnologia intencional é dividido em três partes fundamentais: Cultura, Tecnologia e Liderança. Na seção sobre Cultura, Marcus discute a importância de criar um ambiente que valorize a inovação e a criatividade, atraindo os melhores talentos e mantendo-os motivados, permitindo que o erro não seja punido para que se possa estimular uma verdadeira cultura de testes, em que falhar é apenas o início de um processo de descoberta. Ele também oferece orientações práticas sobre como contratar, desenvolver e gerir uma equipe de tecnologia eficiente e diversa. Na Stone, essas práticas foram essenciais para promover a transformação de uma startup em 2012 para uma grande companhia de tecnologia de ponta.

A seção sobre Tecnologia aborda a construção de plataformas padronizadas que aumentam a produtividade e promovem a colaboração entre equipes. Marcus explica a relevância de processos consistentes e uniformes e a importância da revisão de código como um veículo de educação para o time.

Sobre Liderança, o autor destaca que a criatividade e as ideias são ativos insubstituíveis. Ele discute a diversidade no ambiente corporativo e como um time de tecnologia pode ter um impacto social significativo, promovendo a educação e a transformação tanto dentro quanto fora da companhia. Na Stone, a liderança de Marcus tem sido fundamental para fomentar uma cultura de inovação e colaboração, que é a chave para o sucesso contínuo de qualquer organização.

Com base sólida em exemplos reais e histórias pessoais, Marcus nos convida a repensar a gestão em tecnologia, trazendo insights valiosos para profissionais em todos os níveis. Tenho certeza de que a leitura de *Tecnologia intencional* enriquecerá sua compreensão sobre a gestão em tecnologia e inspirará novas abordagens em sua carreira e vida pessoal.

Boa leitura!

Andre Street

Fundador da Stone

Julho 2024

PREFÁCIO

No cenário tecnológico em rápida evolução de hoje, em que o ditado "toda empresa é uma empresa de software" soa mais verdadeiro do que nunca, a revolução da IA destaca a necessidade crítica das empresas entenderem como integrar profundamente a gestão da tecnologia em toda a organização é fundamental para o seu sucesso. Nesse contexto, o trabalho perspicaz de Marcus, *Tecnologia intencional*, é um guia essencial para navegar nas complexidades da cultura técnica e das dinâmicas organizacionais. Este livro transcende o discurso acadêmico típico, oferecendo uma narrativa rica em autenticidade e profundidade emocional. O que distingue esta obra é como o autor extrai lições valiosas de suas experiências pessoais, transmitindo orientações sobre gestão de tecnologia por meio de uma narrativa envolvente.

Enquanto trabalhava ao lado de Marcus na Microsoft Azure, testemunhei sua impressionante jornada de colaborador individual a líder de uma equipe diversificada. Sua contribuição significativa para a evolução do Azure é um testemunho da maneira cuidadosa como ele estudou para ser um colaborador individual eficaz e, depois, um gerente técnico que projetou sua organização e curou sua cultura para que sua equipe pudesse prosperar e gerar impacto. Ele conquistou o título de *technical fellow*, a mais alta distinção técnica da Microsoft, com base em sua capacidade de identificar as oportunidades mais importantes, propor abordagens para aproveitá-las e levar o restante da organização junto com sua visão.

Tentamos muito mantê-lo quando decidiu deixar a Microsoft para ir para a Stone, não apenas por seu impacto, mas pela influência positiva que teve em todos que trabalharam para ele e com ele.

Este livro se destaca em sua exploração abrangente dos papéis tecnológicos, fatores de sucesso e estruturas organizacionais que fomentam a inovação. Cobre as nuances da liderança técnica, o desenvolvimento de talentos emergentes e os caminhos para o avanço na carreira técnica. Ao longo do livro, Marcus entrelaça a sabedoria adquirida com suas experiências, tanto triunfos quanto reveses, oferecendo aos leitores uma mistura única de conselhos práticos e insights arduamente conquistados. Ele compartilha desafios profundos, incluindo a perda de sua esposa e o tumulto do divórcio, não apenas como anedotas, mas como oportunidades de aprendizado das quais ele extrai insights sobre resiliência, adaptabilidade e liderança empática no mundo da tecnologia.

À medida que estamos à beira da revolução da IA, a perspectiva de Marcus fornece uma visão equilibrada dos desafios e oportunidades potenciais que as organizações podem enfrentar. Seu trabalho afirma que dominar a gestão da tecnologia vai além das ferramentas e processos – trata-se fundamentalmente de entender e guiar as pessoas que as utilizam, uma lição que ele claramente extrai de sua própria jornada por meio de vários papéis e experiências de vida. É uma leitura essencial para quem deseja navegar no complexo mundo da gestão de tecnologia com habilidade e perspicácia, aprendendo tanto com os sucessos de Marcus quanto com as valiosas lições que ele obteve dos desafios da vida.

Mark Russinovich

CTO e *Technical Fellow*, Microsoft Azure

Agosto 2024

ENDOSSOS

Tecnologia intencional, de Marcus Fontoura, evita a retórica cansativa dos livros de liderança e gestão de ontem para focar o que mais importa nesta era digital – ambientes de trabalho inclusivos onde a criatividade e a inovação florescem para resolver desafios complexos para os clientes e para o mundo.

– Satya Nadella, CEO da Microsoft

Tecnologia intencional, de Marcus Fontoura, nos ensina a construir organizações inclusivas em que pessoas e equipes prosperam. Cheio de histórias envolventes e melhores práticas, este livro é uma ótima leitura para qualquer pessoa que trabalha ou está considerando uma carreira em tecnologia! Mais do que isso, este livro é a história de um líder aprendendo a arquitetar uma equipe e uma cultura de alto desempenho. Tendo aprendido com alguns dos melhores da tecnologia, Marcus nos leva em uma jornada emocionante com insights de dentro dos bastidores.

– Christine Porath, autora de *Mastering Civility: A Manifesto for the Workplace*

Marcus é um tecnólogo incrível que tem estado na vanguarda de muitas inovações tecnológicas que moldam a indústria, desde publicidade computacional a computação em nuvem e fintechs. Em seu livro, Marcus nos leva em sua jornada pessoal de aprendizado, percepções e crescimento como inovador tecnológico. Este é um livro obrigatório para quem está interessado em obter uma compreensão mais profunda do funcionamento interno da gestão tecnológica.

– David Ku, empreendedor, ex-vice-presidente corporativo da Microsoft e vice-presidente sênior do Yahoo

Toda empresa hoje precisa estar preparada para atuar como uma empresa de tecnologia. O livro de Fontoura é uma obra-prima da mescla de cultura, tecnologia e liderança necessária para conseguir isso, baseando-se na vasta experiência em primeira mão do autor nas principais empresas de tecnologia do mundo.

– Prabhakar Raghavan, vice-presidente sênior do Google

Quando comecei a ler o livro do Marcus, o que se destacou para mim de imediato foi o compromisso extraordinário que ele criou com algo que é maior do que ele mesmo e que é maior do que a sua vida como até então ele a conhecia – um desafio incomum, que poucas pessoas assumem.

À medida que lia o livro, ficava cada vez mais atenta à imensa generosidade do autor em compartilhar o seu conhecimento e a sua experiência com outras pessoas. Marcus descreveu sem ressalvas o que funcionou para ele e para outros. Fez esse trabalho com rigor, mantendo suas recomendações valiosas de forma simples e não simplista – em si mesma essa já uma grande contribuição e torna a leitura do livro ainda mais relevante. Mais um aspecto incomum, que eu considero demasiado escasso frente à experiência competitiva que a maioria das pessoas tem da vida e do trabalho.

O que desejo para você, como leitor de *Tecnologia intencional*, é a oportunidade única de escolher beneficiar-se do que Marcus conquistou durante a sua carreira. Desejo que leia este livro de uma forma que permita a você descobrir, por você mesmo, o poder da generosidade e do compartilhamento como um caminho para a maestria. Este livro dará a você a oportunidade de permitir que as suas próprias experiências profissionais sejam informadas pela riqueza das descobertas, reflexões, inovações e entregas que Marcus compartilha a partir de uma perspectiva futura – focando o que importa agora nesta era digital e deixando no passado o que a ele pertence.

Tecnologia intencional é uma leitura obrigatória para todos os profissionais comprometidos em avançar em suas funções de gestão de tecnologia. A abordagem de Marcus cria as condições para lidar com processos complexos e tomada de decisões que geram resultados e inovação.

– Olga Lofreddi, CEO do Vanto Group

Marcus aborda o ciclo de desenvolvimento de software em um ambiente de tecnologia com naturalidade, dada sua extensa experiência na área. Não se trata de uma narrativa baseada em uma compilação da literatura sobre o tema. Ao contrário, trata-se de uma narrativa centrada em experiências que ele, como desenvolvedor e gerente de times, viveu. Isso confere uma originalidade ao texto que é incomum de se encontrar em livros dessa natureza. Importante, Marcus escreve de forma fluida e direta, o que proporciona uma leitura fácil e agradável. Discorrendo sobre como pensar em pessoas como parte de um time, em como desenhar sistemas robustos e escaláveis, em como liderar um time de tecnologia, Marcus provê os contornos básicos de como criar times de tecnologia de alto desempenho; times nos quais os resultados produzidos coletivamente têm maior impacto do que os resultados do trabalho individual dos membros do time. Trata-se de leitura valiosa e útil para todos aqueles desejosos de ter a tecnologia como uma parte central do negócio, como um componente fundamental para se obter ganhos de escala e eficiência não obteníveis por meios alternativos.

– Berthier Ribeiro-Neto, coautor de *Modern Information Retrieval*, fundador da Akwan Information Technologies e diretor sênior de engenharia no Google

Este livro aborda, de maneira simples e contundente, absolutamente todos os temas fundamentais para a implementação da gestão de tecnologia, integrando aspectos de engenharia, organização de times, cultura organizacional e liderança humanizada e consciente. A partir de sua própria história como participante de grandes inovações tecnológicas dos últimos vinte anos, Marcus Fontoura nos presenteia com uma leitura obrigatória para quem quer elevar o patamar de sua atuação como liderança voltada para as pessoas e resultados de longo prazo.

– Renata Torres, cofundadora da Div. AI – inclusão via dados

Marcus é um exemplo excelente do que a Fundação Estudar acredita: gente que volta para impactar o Brasil com o conhecimento de ponta que adquiriu estudando e trabalhando em locais de excelência. Admiro como defende uma tecnologia com humanidade e sua sábia humildade em buscar aprender sempre e se questionar com o novo, mesmo já trazendo uma das mais sólidas experiências em liderança e tecnologia.

– Anamaíra Spaggiari, CEO da Fundação Estudar

Marcus Fontoura, um amigo e referência profissional desde os tempos da universidade, é um exemplo brilhante de excelência tanto na pesquisa quanto na indústria. Com uma carreira marcada por passagens significativas por empresas renomadas no mundo da tecnologia, Marcus sempre se destacou por sua capacidade de integrar cultura e tecnologia. Nesta obra, ele aborda com profundidade esses temas, explorando como a tecnologia pode ser um motor transformador nas organizações. Com uma narrativa rica em experiências pessoais e profissionais, Marcus oferece uma visão única e prática sobre como liderar e inovar em um ambiente tecnológico dinâmico. Sua habilidade em traduzir conceitos complexos de tecnologia para contextos empresariais acessíveis torna este livro uma leitura essencial para líderes e aspirantes a gestores de tecnologia. Boa leitura!

– Paulo Caroli, palestrante, consultor e autor de *Lean Inception: Como alinhar pessoas e construir o produto certo*

A lembrança de épocas passadas sempre me emociona, pois lembro das pessoas com quem convivemos e percebi da leitura que Marcus também tem o mesmo sentimento. Lembrar nosso mestre comum, o professor Carlos José Pereira de Lucena, um dos criadores do Departamento de Informática da PUC-Rio, é uma recordação incrível, que com ele também nos reporta a outros fundadores do ensino de informática no Brasil.

Mas eu quero me dirigir a você que está pensando em ler o livro e dizer que vale a pena conhecer a experiência, talvez única, que nos conta Marcus Fontoura. Certamente um dos melhores alunos que tivemos no Departamento de Informática, um dos poucos que não só concluiu o doutorado de Informática, mas foi aos Estados Unidos e fez um pós-doutorado e depois trabalhou nas mais importantes empresas da área, IBM, Microsoft, Google e Yahoo. Nessas empresas Marcus teve uma vivência extraordinária que nos conta neste livro.

Creio que o leitor vai ganhar duplamente: em primeiro lugar sobre o conteúdo de tecnologia e gestão de que trata o livro e que é seu objetivo principal; em segundo, vai conhecer como foi possível chegarmos aqui no Brasil a ter um conhecimento e uma experiência de informática que tem relevância mundial e que foi construída por poucas pessoas, com seu próprio empenho e muitos anos de dedicação.

Quem fizer a leitura deste livro certamente vai ampliar sua esperança no progresso do Brasil, pois, ao contrário dos maus prognósticos, Marcus Fontoura vai nos mostrar esse caminho.

– Prof. Cesar Simões Salim, PUC-Rio

COMO TUDO COMEÇOU

Lembro-me bem da reação em casa quando meus pais receberam a carta da escola comunicando que minhas notas estavam todas ruins. Eu cursava o 6º ano do Colégio Andrews e realmente não era bom aluno. O mundo de decorebas dos livros, que é como basicamente se ensinava na época, não me interessava e parecia também um obstáculo ao meu cérebro disléxico, que processava texto escrito de uma maneira diferente. Não me achava apto a acompanhar informações daquele jeito estanque e acabava, ainda por cima, duvidando da minha capacidade de aprendizado pela dificuldade que tinha (e tenho até hoje) de ler em voz alta. Ficava supernervoso quando os professores me chamavam para ler para a classe. Palavras no papel se embaralhavam, sumiam na cabeça antes mesmo de a frase seguinte chegar, minha voz ficava incerta, a cadência da fala se perdia e o resultado era um total descompasso entre os meus pensamentos e a forma como me expressava.

Meu pai, Júlio Cezar, engenheiro químico da Petrobras no Rio de Janeiro e patriarca nordestino típico dos anos 1980, estava sempre fora de casa trabalhando e participava pouco do dia a dia da família. Ao contrário de minha mãe, Vanessa, que, apesar de ter feito sua formação em psicanálise e ter aberto seu consultório já com filhos pequenos, sempre foi muito cuidadosa e dedicada. Eles se conheceram na infância – moravam na mesma rua em Fortaleza –, casaram-se cedo, mudaram-se para o Paraná em função do trabalho dele e depois se assentaram no Rio de Janeiro, onde minha irmã, Tatiana, nasceu e fomos criados desde cedo. Tínhamos uma vida de classe média sem luxo, mas eles sempre tiveram a nossa educação como prioridade econômica. Daí que no dia em que a carta da escola chegou, meu pai ficou furioso, provavelmente envergonhado, e declarou: "Daqui para a frente você vai estudar três horas por dia para recuperar as notas".

Não sei se porque ele não era muito presente nas nossas vidas nem interagíamos tanto assim, mas tudo o que meu pai falava eu ouvia e tinha um impacto grande. Assim, seguindo as ordens do meu pai e as do professor particular de matemática que me arrumaram, peguei os livros e passei a usar de fato as tais três horas sentado na cadeira da escrivaninha do quarto para estudar.

Não me tornei um aluno excepcional em todas as matérias, mas alguma coisa que vinha daqueles livros de Álgebra 1 começou a me intrigar e dar satisfação. Fiz todos os exercícios uma vez, depois fiz todos os exercícios de novo e passei a comprar outros livros de matemática por conta própria. Ao contrário dos longos textos de história, que me pareciam intangíveis àquela altura, exercícios matemáticos possibilitavam um resultado objetivo, certo ou errado, com um gabarito para conferir imediatamente no final. Como não tinha autorização para sair do quarto e era meio descoordenado para os esportes e para brincar, fiquei lá e, progressivamente, compreendi a matemática. Mais que isso, me apaixonei pela matemática e pela teoria dos números, que é a área da matemática dedicada ao estudo das propriedades dos números, em especial os números inteiros positivos[1]. Eu adorava resolver problemas

1. A teoria dos números tem, entre seus muitos usos práticos, a criptografia e a segurança digital.

que envolviam fatoração e, muitas vezes, virava noites acompanhado desses problemas. Com o tempo, recuperei as notas na escola e tive uma virada como estudante nos anos seguintes. No primeiro ano do ensino médio, já era ótimo aluno em matemática e física e passei a fazer parte da turma de preparação para olimpíadas dessas matérias, sem, contudo, chegar a um resultado incrível nos rankings.

Que se diga que não me descobri naturalmente extraordinário em matemática, então me empenhei bastante e tive disciplina, organização e paciência para correr atrás a fim de que coisas que não faziam sentido ficassem mais claras. Estudei com afinco e, de lá para cá, continuo estudando para aprender o que não sei e me desafiar a ir além do que já entendi. Percebi, com os anos e a convivência nos ambientes acadêmicos e corporativos por onde passei, o quão valioso é me cercar de pessoas talentosas, inspiradoras e mais inteligentes do que eu.

Esse pode até parecer um exercício de humildade, e em certa medida é, mas tem me servido como forma de autoconhecimento. Tenho consciência de que não sou a pessoa brilhante que vai promover a próxima revolução tecnológica ou de costumes. Porém, com a maturidade, entendi também o que sei fazer muito bem: o trânsito entre a pesquisa e o desenvolvimento de produtos, a tradução de vocabulário e conhecimento teóricos para uma equipe de tecnologia e a coordenação de times de implementação e pesquisa. Encontrei meu lugar profissional nessa fronteira entre os números, os sistemas e as sinergias de pessoas e seus conhecimentos variados e nem sempre aparentemente complementares.

Se há certa reflexão nesse pragmatismo sobre meus limites e competências, certamente há uma dose ainda maior de observação em como pensavam e agiam colegas, gestores, orientadores e mentores com quem cruzei ao longo da vida. Ao observá-los, cheguei à convicção de que pessoas-chave são fundamentais para o sucesso de um negócio.

Meu propósito com este livro é compartilhar minha experiência de mais de duas décadas nas passagens por IBM, Yahoo, Google e Microsoft, nos Estados Unidos, onde testemunhei de dentro o florescer de tecnologias como motores de busca e computação em nuvem. Trago uma visão de líder de tecnologia para discutir como implantar o espírito das *big techs* em empresas grandes ou pequenas do Brasil que estejam fora do círculo do Vale do Silício. Para isso, defendo que a tecnologia seja pensada e executada de maneira criativa e ocupe papel central nas decisões organizacionais de basicamente qualquer companhia em fase de expansão e de escalar processos. Só assim haverá espaço para acontecer a inovação que trará vantagem competitiva.

Muitas das ideias que apresento estão sendo colocadas em prática no momento em que escrevo este livro, como CTO (*Chief Technology Officer*) da Stone, empresa brasileira de pagamentos e serviços financeiros que vem investindo de maneira pesada para promover uma transformação de suas origens de startup para empresa de tecnologia. Escrevi este livro também com o intuito de compartilhar um pouco dessa história de transformação da Stone.

Organização do livro

Tecnologia intencional destina-se a líderes interessados em aprender mais sobre tecnologia e sobre como usá-la para impulsionar os seus negócios. O livro pode ser útil para gestores de tecnologia, desde os que estão à frente de organizações inteiras até aqueles que comandam projetos e equipes menores. Mas também para gestores em geral, de todas as áreas corporativas, que queiram ter um entendimento mais profundo de como a tecnologia pode estar na base dos processos e de como isso faz toda a diferença. E, espero, será interessante para quem está começando: estudantes, desenvolvedores e administradores em início de carreira, que talvez possam absorver os ensinamentos das pessoas incríveis com quem cruzei e o tipo de liderança que elas plantaram em mim, e que planejo descrever aqui.

O livro está dividido em três partes:

- Parte I – Cultura (como pensar sobre pessoas, time e inovação)
- Parte II – Tecnologia (como pensar sobre os sistemas)
- Parte III – Liderança (como pensar sobre líderes)

Embora a estrutura do livro siga uma ordem lógica, apresentando minha filosofia de gestão de forma sequencial, cada capítulo é autônomo e pode ser lido de maneira independente, ou consultado fora de ordem. Como ocorreu no início desta introdução, histórias e exemplos da minha vida pessoal e profissional aparecerão para explicar a origem das minhas filosofias de gestão.

Parte I – Cultura

Começarei, no primeiro capítulo, definindo alguns conceitos básicos: leitores familiarizados com tecnologia podem pular essa parte. Compartilho a minha visão sobre o que significa ser uma empresa de tecnologia e que papel o líder deve desempenhar em um ambiente verdadeiramente digital. Discutirei como pensar em tecnologia de maneira intencional e os obstáculos culturais que podem dificultar a transformação de qualquer organização em uma em que a tecnologia tem papel central.

Acredito muito na força de mentores e pessoas inspiradoras, e no segundo capítulo discutirei mais amplamente como atrair os "artistas", as melhores pessoas para um negócio, e de que forma mantê-los motivados, dando orientações práticas sobre como contratar, avaliar e desenvolver uma equipe de tecnologia eficiente, diversa e engajada, que tenha espaço para o crescimento tanto profissional, na área de gestão de tecnologia, quanto de perfil mais técnico, como contribuidores individuais especialistas – a chamada carreira em Y.

Montar e gerir um time eficiente não se limita a contratar e desenvolver bem os profissionais individualmente. O terceiro capítulo tratará em detalhes formas de estruturar a equipe, incluindo, por exemplo, como gerir a distribuição de senioridade de colaboradores de diferentes times, como pensar sobre contribuidores individuais (também conhecidos como *staff+*[2]) e como organizar os níveis hierárquicos para que haja comunicação, agilidade e liberdade.

A partir daí, explorarei a minha visão das diferentes maneiras de organizar uma empresa sob o ponto de vista de inovação em tecnologia. Meu objetivo é debater como, no mundo real de competitividade e orçamentos apertados, é possível criar um ambiente que favoreça que a área de tecnologia tenha liberdade suficiente para funcionar como uma organização criativa, como deve ser. Afinal, é a criatividade que gera os serviços e produtos verdadeiramente inovadores.

Parte II – Tecnologia

Com os fundamentos sobre a equipe no lugar, é hora, no quinto capítulo, de colocar a mão na massa. Falarei sobre a construção de plataformas padronizadas, que vão aumentar a produtividade da equipe de tecnologia, promovendo colaboração entre os diversos times. A criação de arcabouços ferramentais faz com que todos trabalhem sobre os

2. *Staff+* é um termo usado em *big techs* em referência a contribuidores individuais especialistas seniores que fazem parte da liderança técnica da organização, como no livro *The Staff Engineer's Path*, de Tanya Reilly (O'Reilly Media, 2022).

mesmos alicerces. Não é uma fórmula pronta: cada empresa criará a solução que melhor se adapta às suas necessidades. Para discutir essa questão, trarei exemplos das empresas por onde passei. Nesse capítulo também explico o que as "bicicletas" significam no contexto deste livro.

No sexto capítulo, abordarei o tema de ferramentas de engenharia como uma maneira de implantar processos consistentes e uniformes nessa área. Falarei da importância do ciclo de desenvolvimento, ressaltando a relevância da revisão de código como um veículo de educação para o time. Os processos e as ferramentas de engenharia têm impacto enorme em como os times colaboram e são um pilar fundamental, e muitas vezes negligenciado por líderes, na formação da cultura de engenharia. Por isso, meu foco aqui será não nas ferramentas em si, mas em como elas impactam colaboração e cultura.

Em tecnologia, os tropeços são esperados. Não há como inovar sem errar. Além das falhas humanas, equipamentos param de funcionar e imprevistos acontecem, por mais que estejamos preparados. Os "cavalos" que também dão nome a este livro comparecem no sétimo capítulo, dedicado aos incidentes de tecnologia: por que acontecem, como preveni-los e como lidar com eles quando ocorrem.

Parte III – Liderança

Este é um livro sobre tecnologia em que o protagonista não é a máquina, e sim o elemento humano. A criatividade e as ideias são um ativo insubstituível. Fomentar a criatividade passa por promover o diálogo entre os diferentes. A mistura de visões de mundo, origens, experiências pessoais e históricos culturais diversificados dentro das empresas é um dos ingredientes secretos para que surjam soluções realmente inovadoras. No oitavo capítulo, discutirei a diversidade para além das cotas que "pegam bem" nos relatórios de sustentabilidade das empresas. Vejo a diversidade como integrada aos princípios de gestão de tecnologia. Além de ter pessoas diversas, elas precisam se sentir plenamente confortáveis para criar, em um ambiente respeitoso e livre de microagressões.

O time de tecnologia de uma empresa é um ator social relevante. Tem o poder de mudar a vida de funcionários e colaboradores e é capaz de promover a educação, tanto dentro como fora da companhia. O papel social da tecnologia, tanto no microcosmo do time quanto de forma ampla, como ferramenta de transformação, é o tema do nono capítulo, e também a motivação para meu retorno ao mercado brasileiro depois de mais de vinte anos atuando em *big techs* nos Estados Unidos.

Por fim, no décimo e último capítulo, trarei os atributos que acredito que um líder deva desenvolver para colocar em prática tudo o que defendi nos capítulos anteriores – sempre sem soluções mágicas, porque elas infelizmente não existem. Espero com este livro retransmitir pelo menos um pouco do que meus mentores e colaboradores semearam em mim, desde as carteiras da PUC-Rio até os laboratórios de pesquisa e os projetos instigantes da IBM, Yahoo, Google, Microsoft e Stone: formas de liderar que respeitam individualidades e fomentam as ideias transformadoras que trazem não só lucros, mas também soluções para facilitar as trocas entre pessoas pelo mundo, e tudo o que essa interação tem o potencial de criar.

PARTE I

CULTURA

CAPÍTULO 1

CONCEITOS BÁSICOS

Quando entrei na Stone como CTO, em 2022, logo percebi que a empresa tinha muitos sistemas complexos, e que a tecnologia estava presente como um diferencial competitivo desde a sua criação. O sistema de pagamentos da Stone, por exemplo, é um dos mais escaláveis do mundo. Contudo, existiam várias áreas apartadas desenvolvendo sistemas dentro da companhia, e essas áreas não se integravam plenamente, gerando perdas de diversas naturezas, inclusive econômicas e tecnológicas.

A tecnologia da empresa foi desenvolvida com foco em *time-to-market*, a otimização do tempo para um produto chegar ao mercado, que faz sentido em uma *startup* em fase de hipercrescimento. Não existia a figura de um CTO, ou líder de tecnologia, definindo diretrizes, plataformas e padrões arquiteturais. Além do mais, outros setores da empresa viam a tecnologia como uma prestadora de serviços, e não como uma área parceira que trabalha de maneira integrada.

Neste capítulo, defino alguns conceitos básicos que serão aprofundados no restante do livro. Falo sobre o que é necessário para fazer a virada de uma empresa que desenvolve e usa tecnologia, mesmo que em alta escala, para uma **empresa de tecnologia**, que pensa em todos os seus processos sob a ótica de tecnologia. Veremos também que a escala é um dos principais motivos pelos quais é necessário desenhar produtos e processos sob esse prisma – sistemas e processos não integrados não escalam.

Defino também o que significa pensar sobre tecnologia de maneira intencional, com um equilíbrio consciente entre terceirizar e desenvolver sistemas e produtos dentro da empresa, entre evoluir e inovar, e entre débitos técnicos e produtividade. Às vezes a transformação de uma *startup* em uma empresa de tecnologia, que toma decisões de maneira intencional, requer uma transformação cultural – lidar com sistemas é, em geral, mais fácil que lidar com pessoas. Definir e trabalhar a cultura é um exercício diário que também faz parte das tarefas do gestor de tecnologia.

Empresa de tecnologia

É natural que se associe a ideia de uma empresa de tecnologia a gigantes como Google, Meta, Apple e Microsoft ou, ainda, a enormes empreendimentos de inovação científica como a Nasa ou consórcios de biotecnologia responsáveis pelo rápido desenvolvimento das vacinas de covid-19. Para além destas, contudo, há no mundo, e certamente no Brasil também, inúmeras companhias que são geradoras e multiplicadoras de tecnologia, além de outras tantas em que a tecnologia permeia todos os aspectos do negócio.

Independentemente do ramo de atuação e até do tamanho que tenha, entendo uma empresa de tecnologia como aquela que incorpora uma **mentalidade de tecnologia** a departamentos, operações, instalações e pessoal, de forma que todos passem a ser interligados e ter suas operações facilitadas por processos tecnológicos e ferramentas de computação. E aqui não se trata apenas de adotar processos digitais ou de automação. É acima de tudo uma questão de trabalhar em atividades do dia a dia, planejamento futuro e definição de prioridades corporativas contemplando de que modo a tecnologia fará a diferença no negócio hoje e amanhã – especialmente quando o crescimento da empresa gera a necessidade de escalar e diversificar seu produtos e serviços.

O impulso da maioria das empresas é organizar uma área de TI (tecnologia da informação) que presta serviços para o resto da companhia inteira. Em uma descrição caricata, funciona mais ou menos assim: uma área tem uma solicitação de TI e faz um pedido. Esse pedido entra em uma fila de prioridades com outros pedidos e trabalhos do dia a dia que precisam ser realizados. Até pode haver um gestor de TI, mas em geral ele tem um time só para resolver todos os problemas, as compras de equipamento, as manutenções e as implementações de sistemas da empresa. Essa descrição não está muito longe da realidade. Principalmente no Brasil, as pessoas até hoje têm a percepção de que basta ter alguns funcionários para "fazer o trabalho de informática" que o assunto "tecnologia" está resolvido.

Já em uma empresa que segue o modelo de tecnologia integrada ao negócio, há um CTO ou líder de engenharia que está à frente de um time de desenvolvedores com funções de apoio para todos os departamentos da companhia, desde o marketing até os benefícios e as vendas. O gerente de RH sabe que tem um parceiro desenvolvedor na tecnologia totalmente dedicado ao RH e com quem vai trabalhar em soluções.

Há que se guardar as devidas proporções, claro, já que um micronegócio de família pode ainda não se enquadrar nessa categoria de "empresa de tecnologia" ou nem desejar chegar lá. Porém, se o empreendimento prosperar e expandir-se significativamente, passando para trinta, depois trezentas e até mil pessoas, será inevitável considerar que, em algum momento, somente com tecnologia como parte integral do negócio se conseguirá melhorar sua rede de entrega, receber e realizar pagamentos, manter bancos de dados de fornecedores e clientes atualizados, casar a folha de pagamentos com os dados dos funcionários e dar conta de receitas e despesas.

Tecnologia no primeiro plano

Não são só pequenas empresas que a certa altura precisam reavaliar seu relacionamento com a tecnologia e superar a crença de que basta ter uma área de TI para resolver pepinos técnicos conforme apareçam. O mesmo vale para companhias de médio e grande porte, corporações e até governos, que podem correr uma série de riscos financeiros e reputacionais se seus softwares não operarem com a devida margem de segurança digital, seus sistemas não forem projetados considerando dependências internas e externas e suas ativações de marketing não anteciparem falhas. É só pensar no que geralmente acontece quando todo mundo acessa ao mesmo tempo uma página de distribuição gratuita de produto ou o link de um cadastro obrigatório no último dia de prazo – o sistema cai, se não for bem projetado.

Um sistema mal projetado pode significar desde compras perdidas em uma loja de bijuteria porque os cartões não passaram até a falta de acesso dos dados de um paciente no hospital, ou milhões em prejuízos se a pane for generalizada em uma plataforma bancária ou de varejo. A coordenação adequada da tecnologia de uma instituição pública ou privada, minúscula ou enorme, é vital no mundo em que vivemos.

É muito frequente que se perpetue nas organizações um processo desordenado de tecnologia, que tende a gerar grandes prejuízos ao longo do tempo, tanto econômicos como humanos e técnicos. É mais comum ainda ocorrer em empresas que cresceram rápido, usando para isso improviso técnico ou soluções pouco sustentáveis, construídas "em casa" ou através de aquisição de outras empresas.

Na tentativa de acelerar, cumprir prazos e lançar produtos e serviços, companhias em expansão se comportam como se estivessem disputando uma corrida e precisassem de todos os recursos à mão para imprimir velocidade para ganhar da concorrência. Só que, com isso, não sobram esforços nem energia para planejar a longo prazo, e essa falta de pensamento estratégico frequentemente coloca sua sobrevivência em jogo.

Em um ambiente de tecnologia sem uma gestão específica e bem pensada, além de não haver espaço para a otimização dos procedimentos já existentes, é baixa a chance de surgirem ideias criativas e inovadoras que possam representar um verdadeiro salto competitivo para a empresa. Larry Page, fundador e ex-CEO do Google, costumava dizer que muitas vezes precisamos de mudanças radicais e não incrementais[3], portanto, precisamos ter uma gestão de tecnologia que dê espaço à inovação.

Para evitar ciclos que arriscam a própria existência do negócio, o ideal seria a empresa ter compreensão do seu momento e potencial de expansão para investir na gestão de tecnologia em uma fase ainda inicial – da mesma forma, por exemplo, como decide implantar a gestão de recursos humanos quando o número de funcionários ultrapassa certo limiar.

Porém, como quase nada no mundo funciona do jeito ideal, sei que é mais realista imaginar que as empresas vão adotar a gestão de tecnologia quando já houver certo nível de desorganização na área e muita

3. "Especially in technology, we need revolutionary change, not incremental change" (Especialmente na tecnologia, precisamos de mudanças revolucionárias, não incrementais). Larry Page em entrevista à revista Wired de março de 2014. Disponível em: https://www.wired.com/2014/03/larry-page-using-google-build-future-well-living/. Acesso em: 27 mar. 2024.

coisa a consertar. De toda maneira, quanto antes a mentalidade de tecnologia estiver no centro das decisões de todos os setores, melhor.

E como se faz isso na prática? O primeiro passo é estruturar uma área única de tecnologia, com lideranças, cultura e processos bem definidos. Para que um time de tecnologia funcione bem, ele requer alguns equilíbrios: entre profissionais mais e menos experientes; entre profissionais com perfil mais técnico e mais gestor; entre tempo dedicado ao arroz-com-feijão do dia a dia e tempo dedicado à inovação; entre cumprimento de prazos e espaço para criar; entre origens e maneiras de pensar diversificadas. Atingir esses equilíbrios não é tarefa simples, e cada empresa tende a alcançar sua própria solução.

Independentemente do caminho entre o ideal e o real que se venha a percorrer, é primordial investir em uma cultura de tecnologia que possa ser aceita e implementada em todos os departamentos da organização e contar com uma equipe apta a desenvolver soluções integradas para times variados, atuando em parceria com eles.

Uma vez que se incorpore isso, ninguém mais deve inventar um novo canal de vendas, ou executar uma remodelação de logística, ou adotar um sistema de avaliação de pessoas, sem envolver a área de tecnologia. A tecnologia passa a fazer parte de todos esses processos, porque todos terão apoio da área – e não porque a equipe de tecnologia esteja buscando mandar em outras áreas da companhia.

Em empresas sem uma área de tecnologia adequadamente envolvida nos processos, é comum que sistemas sejam desenvolvidos ou comprados sem a participação das pessoas corretas e sem diretrizes claras. Essas decisões podem até funcionar temporariamente, mas geram problemas imensos no longo prazo, porque é mais difícil arrumar um sistema quando não se acompanhou a construção fase a fase. Com uma gestão de tecnologia apropriada, os processos de engenharia são executados da maneira certa desde o começo. Por exemplo, usando metodologias de desenvolvimento ágeis, sistemas novos podem ser validados aos poucos a partir de MVPs (*minimum viable product*, ou produto mínimo viável[4]). Ganha-se tempo e a produtividade aumenta.

Como lidar com escala e débitos técnicos

É complicado prever se uma empresa chegará a crescer, já que, na vida real, a grande maioria dos novos negócios não vai para a frente. O que dá para se fazer é ter consciência de que, se houver crescimento, será necessário pensar logo em resolver os desafios de cada área com a cabeça voltada para a escala, porque soluções artesanais costumam ser caóticas de administrar em longo prazo. E erros em uma pequena empresa têm consequências muito diferentes do que erros em empresas que já operam em escala. A melhor maneira de minimizar os erros é apostar no **crescimento de forma intencional**.

É um risco não se atentar para o fato de que, de repente, a empresa está maior, porém, cada equipe toma decisões independentes e continua com os mesmos processos da época em que a companhia era uma *startup*. Por exemplo, um sistema de avaliação de desempenho que dava conta de 100 funcionários provavelmente não dará certo quando esse número atinge 1.000.

4. Termo usado por empresas ou empreendimentos para descrever o produto mais básico e menos exigente de recursos de tempo e de dinheiro que pode ser lançado. Existem várias metodologias para tal, como Lean Inception, descrita no livro *Lean Inception – Como alinhar pessoas e construir o produto certo,* de Paulo Caroli (Editora Caroli, 2018).

Mas por que não? Porque talvez o Felipe do RH copiasse o nome das pessoas de uma planilha, jogasse no sistema e circulasse as informações entre as partes envolvidas, transferindo depois, manualmente, de volta as respostas e os comentários na planilha onde estava a base de dados. Só que, com um número muito maior de pessoas, departamentos e respostas envolvidos, esse tipo de trabalho fica quase impossível, deixa a desejar no resultado e acaba virando um **débito técnico**.

A falta de integração entre o sistema de cadastro de colaboradores e o sistema de avaliação de desempenho, por exemplo, é um dos pesadelos de todo gestor. A lista de colaboradores a serem avaliados nunca estaria correta, pois dependeria de processos manuais, não escaláveis e suscetíveis a erro.

Sem a mentalidade de tecnologia a intermediar essas tarefas de manutenção da empresa, os débitos técnicos tornam-se entraves para o crescimento, e a operação fica comprometida – mesmo que o produto ou serviço seja conceitualmente ótimo. O acúmulo de débitos técnicos gera perda de produtividade ao longo do tempo. A Figura 1 mostra que a construção de software com atalhos, sem pensar em qualidade e na melhor maneira de implementar cada funcionalidade nova, pode acarretar um ganho de produtividade inicial, mas, como em uma dívida monetária, no longo prazo os juros se acumulam e os débitos técnicos impactam significativamente a produtividade.

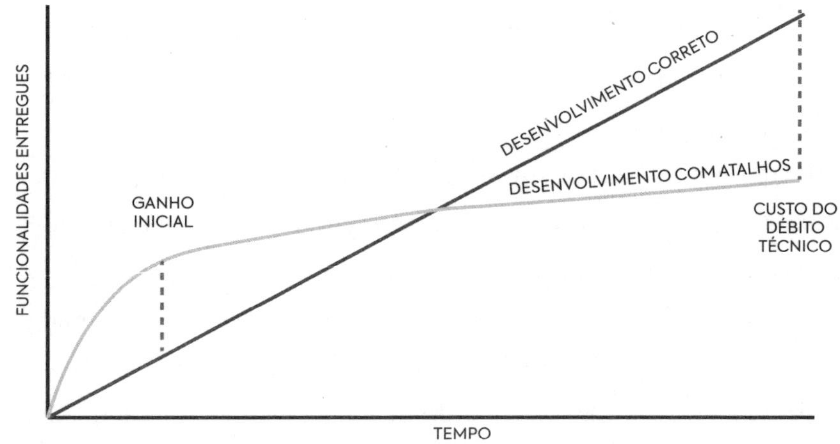

Figura 1 – Perda de produtividade devido a débitos técnicos

Fonte: Adaptado de "Technical Debt – The silent villain of web development", de Piotr Golofit, no blog Accesto. Disponível em: https:/accesto.com/blog/technical-debt-the-silent-villain-of-web-development/. Acesso em: 27 mar. 2024.

Pode ser que uma empresa que se expandiu de 1.000 para 10 mil funcionários não precise aumentar o departamento de contabilidade para continuar fazendo o seu imposto de renda, porém, os processos de recursos humanos escalam com o número de funcionários, os processos de vendas escalam com o número de clientes, os processos de operação escalam com o número de compradores, os processos jurídicos escalam com o número de funcionários, clientes e escritórios, e os problemas de logística escalam com o número de sedes, clientes e funcionários. São vários os aspectos que assumem grande escala com o crescimento de uma companhia, e é para atender a essa inexorável demanda que a mentalidade dos líderes deve virar a chave para a construção de uma **área de tecnologia integrada**.

Não deveria ser novidade para ninguém que, no mundo de hoje, a tecnologia é uma forma de criar eficiências em quase todos os processos, sejam eles de manufatura, indústria, comércio ou serviços. Talvez não seja o caso do seu negócio, porém não dá para chegar a essa conclusão sem antes conduzir uma análise do tipo "será mesmo que não preciso de uma mentalidade de tecnologia para...". Trata-se de uma reflexão ainda mais relevante para quem se prepara para se expandir.

Cada empresa cresce em dimensões diferentes, passando a ter necessidades distintas a partir do momento em que começa a ganhar escala. É nesse contexto que o gestor precisa considerar como deseja que seus processos funcionem e como vai organizar a área de tecnologia para a implementação desses processos.

Para algumas empresas, o ponto de virada no crescimento é quando ocorre um IPO[5], devido à entrada maciça de capital para investimentos. Serão criadas áreas na companhia? Se sim, existe estrutura para recebê-las? Se não, a entrada de recursos para abertura de novas áreas em uma fase de hipercrescimento às vezes pode provocar uma situação altamente confusa nos sistemas da empresa.

Empreendimentos com perfil muito menor, como um negócio de marmitas para cachorro que começou caseiro e, de repente, caiu no gosto das pessoas e precisou se expandir, podem ter prioridades de outra natureza quando crescem. Pode ser que precisem abrir um canal melhor de comunicação ativa com os clientes, que exija software especializado. O importante é entender a necessidade de crescimento do negócio e a necessidade de mudanças de tecnologia para adaptá-lo a uma escala maior de entrega, de uma maneira intencional e integrada com o resto da organização.

Cada vez mais surgem opções para apoiar essa expansão sem um departamento de tecnologia próprio, com a contratação de serviços de terceiros, utilizando alternativas de SAAS (*software as a service*) em

5. IPO é a sigla em inglês para *initial public offering*, oferta pública inicial. Trata-se do momento em que ações de uma companhia passam a ser oferecidas ao público em uma bolsa de valores.

nuvem. Essa pode acabar virando uma solução permanente efetiva, dependendo do tamanho da empresa e de seus planos para o futuro. Pode também ser uma alternativa útil por alguns anos, até o momento em que o processo fique mais complexo, as prioridades ou o próprio modelo de negócio mudem.

Quando, com o crescimento do negócio, os gestores se veem às voltas com vários prestadores de serviços de tecnologia, alguns desenvolvedores esparsos e muita desordem, é hora de chamar um líder de tecnologia que unifique os serviços – mesmo que ainda terceirizados –, que dê intencionalidade aos investimentos e ao planejamento em tecnologia, de forma a sustentar as operações.

O que é o pensamento intencional de tecnologia?

O investimento na área de tecnologia de uma empresa tem sempre que se pagar. Grande parte desse investimento vai para o material humano, porque é uma área com remunerações mais altas em geral, quando comparado com o resto da empresa. Em compensação, o potencial de geração de valor dos profissionais é também muito alto, então boa parte do trabalho do líder de tecnologia é escolher o time a dedo.

A partir da formação de uma equipe o mais enxuta e competente possível, é preciso analisar o que vale a pena designar para ser desenvolvido e tocado dentro da empresa ou para ser contratado fora. Para isso, o gestor de tecnologia tem que estudar e determinar quais são os projetos estratégicos aos quais dedicar o tempo de sua equipe e quais são as *commodities* que faz mais sentido terceirizar.

Esse tipo de decisão inclui considerar custos para um cenário e outro, custos de fornecedores e custos dentro da equipe, já que, se um projeto importante é executado fora da companhia, ele ainda assim terá que ser acompanhado por uma ou mais pessoas de tecnologia e terá que, de alguma forma, se integrar ao sistema da empresa.

É fundamental contar o mais cedo possível com um profissional de tecnologia sênior para fazer essas avaliações e mapeamentos. Um gestor de tecnologia que tenha protagonismo nas fases iniciais de uma empresa consegue planejar todos os processos, tanto do ponto de vista do desenvolvimento e implementação de sistemas quanto em relação à construção da equipe e definição dos processos de gestão.

Já um gestor de tecnologia contratado por uma empresa que cresceu de maneira desorganizada fica com o encargo mais trabalhoso de rever todos os processos e, na maioria das situações, a própria configuração da equipe. Terá que lidar com questões como: o investimento em tecnologia se paga? As pessoas estão na função correta? Existe uma proporção de cargos sênior e júnior? Trabalham em projetos que fazem sentido para a missão da empresa? Há redundâncias de funções nos diferentes departamentos? A tecnologia trabalha para diminuir o risco de impasses técnicos nos anos à frente? Há departamentos inchados ou com falta de pessoal?

Idealmente, o líder de tecnologia deve conseguir demonstrar de maneira clara para o CFO (*Chief Financial Officer*) e o CEO (*Chief Executive Officer*) que, para cada real investido na equipe de tecnologia da empresa, há um retorno maior ao investimento inicial. Por exemplo, analisando a diferença entre o custo de manter e operar um sistema feito internamente e uma alternativa viável provida por terceiros, muitas vezes a diferença é de milhões de reais anuais, principalmente com escala.

Além disso, qualquer melhoria, por menor que seja, que uma equipe de tecnologia execute nos sistemas de uma empresa que está em processo de escalar seus processos pode gerar valor para o negócio. Para áreas que são estratégicas para a empresa, desenvolver a tecnologia "em casa" gera ainda vantagens, como o maior controle sobre as ferramentas, a customização da tecnologia às reais necessidades da empresa e a possibilidade de inovação.

É relevante que exista certa gordura de pessoal em um time de tecnologia, para que se possa ter margem para fracassar, tentar de novo, experimentar e encontrar soluções realmente inovadoras, que sempre devem estar no coração de uma empresa de tecnologia. Só não erra quem trabalha em projetos óbvios o tempo todo, portanto, erros têm que fazer parte do cotidiano da tecnologia. Em alguns projetos em que atuei, como em eficiência de motores de busca – trabalhei nesse mesmo assunto na IBM, no Yahoo, no Google e na Microsoft[6] –, era necessário fazer muitos experimentos para cada ganho incremental. Contudo, um ganho de apenas 0,5% de eficiência em geral representava milhões de dólares, dada a escala desses sistemas.

Caso não haja verba para essa gordura em um momento inicial da empresa, ela pode ser criada por ganhos de eficiência na área de tecnologia – por exemplo, tornando desenvolvedores mais produtivos, diminuindo os débitos técnicos e reinvestindo esse ganho de produtividade. Mas é preciso ter atenção também à rapidez do crescimento do time de tecnologia, porque, quanto maior for, maior será a complexidade de gestão.

Enquanto o time é menor, é mais fácil gerenciar o que cada pessoa faz e ser mais criterioso no recrutamento. Quando se chega a números maiores, de 50 ou 100 funcionários para cima, não dá mais para ter trocas individuais com todas essas pessoas. Como diz Anderson Nielson, que trabalha comigo na Stone liderando a área de recursos

---

6. Nessa época até dormindo sonhava sobre como otimizar índices invertidos, que são a estrutura de dados fundamental para motores de busca. Eram sonhos bem interessantes, mas muitas vezes eles não davam certo.

humanos de tecnologia, chega um momento em que a empresa pode se tornar um reflexo da sociedade, onde há de tudo, inclusive gente menos e mais eficiente, e menos e mais adequada à cultura da área de tecnologia e da empresa. Vem a necessidade de instaurar processos de controle e de supervisão, uniformizar plataformas e linguagens e definir diretrizes claras. Um crescimento ordenado e bem pensado evita a dolorosa operação de cassar liberdades e impor restrições a uma equipe já acostumada a fazer tudo do seu próprio jeito.

É preciso mudar o jogo

O líder de tecnologia não é necessariamente aquela pessoa perspicaz que inventa um aplicativo novo e sabe de todas as novidades tech do mercado. Para comandar uma equipe de tecnologia, é preciso ser alguém capaz de conversar com colegas de todas as áreas da empresa para entender como transformar a tecnologia em parte inseparável da função de cada uma delas. Muita gente acha que isso se traduz em criar sistemas para automatizar processos manuais. Não é isso. Automatizar e digitalizar processos manuais é como perder tempo pensando em como fazer uma carroça mais rápida, em vez de se concentrar em construir um carro.

A tecnologia tem que **mudar** o jogo, não apenas acelerá-lo. Se cada departamento da companhia contratar alguns profissionais de tecnologia para, separadamente, criar dez sistemas, você acabará com dez problemas no final. Cada um desses departamentos pode ser localmente melhor do que era, porém, globalmente a empresa estará em uma situação muito aquém do potencial, pela falta de comunicação e integração.

O caso da distribuição de vacinas de covid-19 nos Estados Unidos durante a pandemia é a prova de como a falta de um sistema central de tecnologia prejudica a execução de projetos. Uma vez que as tão aguardadas imunizações contra a covid foram fabricadas e disponibilizadas para o público em geral, no começo de 2021, a maneira como o governo norte-americano optou por distribuí-las foi enviando lotes de vacinas para que as redes de farmácias do país gerenciassem a administração delas. Essas grandes redes privadas repartiam, então, as remessas recebidas entre suas filiais. Com isso, algumas áreas de uma cidade tinham mais vacinas, e outras, menos, dependendo possivelmente do número de diferentes farmácias e moradores presentes ali. Para o consumidor, era necessário ir ao site de cada rede de farmácia para realizar uma busca e localizar em que região próxima à sua casa ou trabalho conseguiria agendar a vacinação.

Se tivesse sido criado um sistema único de distribuição e informação, como no Brasil, o serviço teria sido muito mais simples e conveniente para o usuário, além de mais efetivo quanto ao objetivo do governo de vacinar o maior número de pessoas possível no menor intervalo de tempo. Um sistema central único teria poupado o governo dos EUA de bastante confusão com o esquema vacinal da população. Um detalhe desses faz uma diferença absurda na quantidade de vacinas aplicadas e na racionalização do processo todo.

Como a dimensão da pandemia de covid-19 foi um fato sem equivalentes na história recente, ninguém havia planejado um protocolo de vacinas nos EUA, onde não há um sistema público de saúde amplo, como o SUS, que pudesse ser rapidamente escalável e implementável. O processo não foi pensado para que a tecnologia ocupasse uma parte essencial do que estava sendo feito, e é exatamente nesse tipo de situação que enxergo como a falta de visão digital estratégica impacta os resultados desejados.

A tecnologia não pode ser um acessório do projeto, ela tem que ser um veículo. De nada adianta desenvolver um serviço ou produto para só depois pensar em como a tecnologia vai se encaixar naquilo. Com uma pessoa de tecnologia envolvida desde o começo, as possibilidades de execução são analisadas de um jeito diferente. Não se trata de melhorar um processo originalmente analógico, mas sim de transformá-lo.

Há situações em que a resistência da empresa como um todo para a implementação desse modelo de liderança de tecnologia é tão grande que, mesmo diante de um gestor bem-intencionado e informado, a transformação digital emperra.

Muitas vezes não existe espaço na companhia para um líder de tecnologia conduzir um projeto ambicioso, porque ninguém ali entende direito o papel da tecnologia no negócio. "Todos os sistemas que aquele time faz não funcionam" é uma percepção bem comum nos corredores e nas conversas de chat de empresas. A isso somam-se, então, as inevitáveis perguntas: "Por que a gente precisa desse novo sistema?", "Por que os chatos da tecnologia implicam com coisas que já funcionam?", "Por que o time de tecnologia custa tão caro?" e "Quando é que esse sistema que disseram que ficaria melhor vai gerar resultados?". Para implementarmos o pensamento intencional de tecnologia, precisamos de uma transformação cultural.

Mudando a cultura

A Microsoft nasceu em 1975, antes da internet, em uma época em que se vendia software em caixa fechada e não havia conceito de serviços ou de computação em nuvem. Ela segue relevante até hoje, e talvez seja mais relevante hoje do que nunca, porque está permanentemente se reinventando. A sacada do CEO Satya Nadella foi entender que permanecer naquele modelo antigo, em que cada parte da empresa tocava seu próprio projeto como se fosse um negócio independente, até competindo com outros departamentos, não dava mais certo. Satya percebeu que era preciso gerar sinergias para manter o protagonismo em uma nova visão de mundo em que tudo é conectado.

Trabalhei com o Satya na Microsoft por oito anos e acompanhei como ele se dedicou a mudar as estruturas internas da companhia, apontando para as equipes o que tinham que fazer em comum, como apostar na nuvem ou adotar determinada plataforma, e com isso encorajando as pessoas a conversar. Isso levou as lideranças a um diálogo que não existia antes e gerou sinergias e experiências inéditas entre todos.

Como parte dessa transformação, trabalhei com Mark Russinovich, CTO do Azure, na migração dos serviços internos que utilizavam suas próprias plataformas de computação para o Azure. No início da nossa jornada, essas conversas eram muito difíceis ou inexistentes. Contudo, ao longo da transformação cultural da empresa, tornaram-se frequentes, chegando ao ponto de ser inquestionáveis. Obviamente, a evolução do Azure como produto ajudou essas migrações a serem viáveis, mas elas só foram possíveis porque os diversos times da Microsoft começaram a colaborar mais e ficaram mais confortáveis em ser mais interdependentes.

No livro *Aperte o F5*[7], Satya conta sobre a transformação cultural da Microsoft. Contudo, cada organização apresenta seus próprios desafios.

O papel do líder de tecnologia é enxergar, comunicar e implementar o mecanismo que facilite a mudança, angariando pelo caminho a colaboração dos funcionários ao mostrar que existem incentivos maiores lá na frente para a transição do presente. Isso envolve trabalho com o time de tecnologia, mas também com o resto da empresa, que precisa

7. *Aperte o F5: A transformação da Microsoft e a busca de um futuro melhor para todos*, de Satya Nadella (Benvirá, 2018).

começar a enxergar a tecnologia como uma área parceira e fundamental para a transformar e escalar o negócio.

Existem muitos livros sobre cultura organizacional, e o enfoque desse livro não chega a ser esse. Porém, no contexto da mentalidade de líder de tecnologia, falarei mais para a frente sobre vários aspectos da cultura, incluindo como atrair e manter as melhores pessoas, como pensar na organização do time e nos processos e ferramentas de engenharia. Tudo isso impacta a cultura, e manter a cultura é um exercício diário. Como bem diz Satya, no dia em que declaramos que a transformação cultural acabou, ela recomeça – a empresa e a organização de tecnologia são organismos vivos, que requerem cuidado constante.

Quando entrei no Yahoo, fui um dos primeiros colaboradores do departamento de pesquisa formado e liderado por Prabhakar Raghavan, atualmente vice-presidente sênior de engenharia do Google. Prabhakar dizia que a nossa função como time de pesquisa era transformar a cultura do Yahoo para uma cultura em que o pensamento científico prevalecesse. Na prática, isso envolveu não só a formação do nosso time, que foi do zero para centenas de pesquisadores em alguns anos, mas também a forma como interagíamos com o resto da empresa.

Depois de um tempo, as lideranças das outras áreas queriam envolver o nosso departamento em seus projetos, e fomos ganhando espaço e nos tornando um time central para a empresa. Não por imposição, mas porque havia um claro valor gerado. A empresa se transformou em um local onde o pensamento científico prevalecia, não por imposição do CEO, mas pela qualidade dos sistemas que havíamos construído e por como foram integrados aos sistemas do restante da companhia. Um projeto por vez, em um trabalho de formiguinha que no final teve um impacto gigante: todos os anúncios do Yahoo passaram a ser servidos por sistemas desenvolvidos na pesquisa. Sem contar ainda o ZooKeeper, um sistema de código aberto amplamente utilizado hoje, que também foi desenvolvido lá. Ou seja, a aposta em pessoas trabalhando de maneira mais exploratória e com liberdade de criação acabou por render frutos em diversas áreas, inclusive em produtos e serviços que nem sabíamos que teriam bastante sucesso depois.

PONTOS IMPORTANTES DO PENSAMENTO INTENCIONAL DE TECNOLOGIA

- Visão integrada de tecnologia, repensando os principais processos, principalmente onde há intenção de escalar.
- Equilíbrio consciente entre cuidar de débitos técnicos e desenvolver funcionalidades e sistemas novos.
- Estratégia bem definida sobre desenvolver internamente ou terceirizar.
- Espaço para o time experimentar e inovar.
- Mudanças disruptivas, que são mais arriscadas, mas podem fazer sentido.
- Mudanças tecnológicas, que podem demandar uma transformação cultural.

CAPÍTULO 2

FOCO EM PESSOAS (OS "ARTISTAS")

Ao longo da minha carreira em empresas de tecnologia nos Estados Unidos, fui testemunha do foco que as *big techs* colocam em recrutar os melhores talentos de cada área, e vi e vivi na prática como essa estratégia funciona para alavancar o negócio. Em companhias como IBM, Yahoo, Google e Microsoft, a área de gestão de pessoas é tão relevante que os gestores nas mais altas posições se envolvem pessoalmente no processo de seleção de pessoal.

Além de contratar, desenvolver pessoas e gerir as suas carreiras de maneira estruturada, é fundamental para um time de engenharia funcionar em alto desempenho. Pessoas certas, alocadas em projetos que as motivem e que se alinham às suas habilidades, geram um valor tremendo para a empresa. Costumo brincar que um time de pessoas excepcionais, sejam contratadas de fora, sejam desenvolvidas dentro da empresa, faz o trabalho do líder de engenharia ficar muito fácil. O problema é que não é fácil criar e manter um time de pessoas excepcionais.

Neste capítulo abordo os temas de contratação, mentoria, avaliação e gestão de pessoas. Um ponto importante é a carreira em Y, com contribuidores individuais exercendo um papel de liderança crucial. Também falo da importância de inspirar as pessoas da empresa e de gerir suas carreiras com uma visão de longo prazo.

Contratar Portinaris

Tenho a convicção de que a presença de profissionais inspiradores e inspirados em uma equipe tem um impacto positivo desproporcional em relação a outras variáveis, como número absoluto de profissionais ou investimento em equipamento. Em primeiro lugar, há a chance de uma pessoa dessas ter e implementar uma ideia brilhante e inovadora que revolucione o negócio, traga enormes economias, dê origem a um novo serviço ou até a um novo ramo de atividade. São eventos raros, mas que acontecem, e as organizações precisam abrir espaço para que oportunidades desse tipo surjam em seu interior.

Para além desse potencial, pessoas inspiradoras funcionam como modelos aspiracionais que ajudam a estabelecer a cultura da empresa. No papel de mentoras, trabalham para formar novas lideranças dentro da própria equipe, e agem como ímãs, pois tendem a atrair outros bons funcionários, seja porque são seguidas para onde quer que se movimentem, seja porque têm bons critérios para selecionar futuras contratações.

Quando, em 1952, o pintor Candido Portinari recebeu do governo brasileiro a incumbência de pintar os painéis "Guerra e Paz" que seriam dados de presente à Organização das Nações Unidas (ONU) para ser expostos na sede da Assembleia Geral da entidade, em Nova York, ninguém disse para ele: "Pinte ali de vermelho e aqui de preto, faça figuras de tal ou tal maneira neste ou naquele quadrante". Ele era o artista, e quem encomendou a obra confiava em seu talento[8].

8. A carta, os painéis e os estudos estão disponíveis no Projeto Portinari: https://artsandculture.google.com/story/dAVh9lXSqG6hJA?hl=pt-br. Tive a honra de trabalhar nos primórdios do projeto, que, entre outras iniciativas, digitalizou o acervo de Portinari, durante minha graduação. João Candido Portinari,

Penso nos profissionais de engenharia como se fossem Portinaris, capazes de exercer sua arte nas áreas em que atuam, desde que tenham liberdade e condições para isso. Não basta contratar pessoas boas se elas não tiverem certo nível de independência. Quando profissionais estão motivados e em sintonia com a missão da empresa, tudo flui naturalmente.

É papel do líder de tecnologia fazer com que esse ciclo de talento e execução possa acontecer. O problema é que criar o ambiente ideal de trabalho exige esforço e, mais do que tudo, dinheiro. Acredito, porém, que vale a pena investir o máximo que a companhia conseguir em pessoas do mais alto nível profissional.

Em engenharia existe a ideia do "profissional 10X", que é uma pessoa tão eficiente que acaba fazendo o equivalente ao trabalho de dez. Quando isso realmente ocorre, aquela aquisição, mesmo que tenha sido cara, leva a uma economia de recursos. E o efeito continua se replicando, porque funcionários supereficientes contratam outros funcionários supereficientes, enquanto colaboradores medíocres trazem colaboradores medíocres.

Muitas *startups* já começam com supertalentos na formação entre seus fundadores. É incomum conseguir gerar uma pessoa desse tipo dentro da própria empresa. Por esse motivo, a briga por talento no Vale do Silício, por exemplo, é descomunal. Todo mundo busca as pessoas de destaque, aquelas com realizações no histórico, porque já foram testadas e aprovadas e continuarão tendo impacto multiplicador na empresa que conseguir arrematá-las.

---

filho único do pintor, é matemático e um dos fundadores do Departamento de Matemática da PUC-Rio.

Multiplicadores e diminuidores

Os líderes multiplicadores, conforme o conceito de Liz Wiseman e Greg McKeown[9], são aqueles que dão liberdade para os processos criativos nascerem espontaneamente, que deixam os profissionais aprenderem com seus erros, mantendo-se próximos apenas para evitar desastres, sem ficar intervindo a cada etapa.

Pessoas multiplicadoras enxergam através da ótica da empresa e costumam ter um pensamento colaborativo, sem agir de forma exclusivista: elas envolvem outras áreas da companhia, pensam na eficiência de criar um modelo sustentável e trazem novos talentos. Acabam extraindo o melhor dos colaboradores que estão sob sua influência. São o oposto dos chamados “diminuidores”, que se caracterizam pelo microgerenciamento, pelo foco em controle e pela autopromoção. O mercado da tecnologia tem muita gente individualista, que se acostumou a ser tratada como a pessoa mais esperta nos ambientes que frequentou ao longo da formação e se transformou depois em um profissional centralizador e controlador. Perdi a conta de quantas primas-donas com essas características conheci pelos lugares por onde passei.

Todos nós podemos atuar tanto como diminuidores quanto como multiplicadores, dependendo da situação e da fase da carreira. O exercício diário é entender quando estamos atuando de uma maneira ou de outra, os motivos do nosso comportamento e o que podemos fazer para alterar o rumo e ser mais efetivos.

---

9. *Multiplicadores: Como os bons líderes valorizam você*, de Liz Wiseman e Georg McKeown (Rocco, 2012).

Talentos distintos

Uma das maneiras de atrair bons profissionais é construindo uma empresa com reputação de proporcionar um ambiente de aprendizado e de desafio no cotidiano das atividades. Isso certamente ocorreu com o Google quando se percebeu que havia ali um agrupamento de pessoas incríveis desenvolvendo a melhor ferramenta de busca do mundo. Todos passaram, então, a querer fazer parte daquilo.

Posso inclusive me incluir nesse grupo de gente que viu no Google uma possibilidade de aprender como nunca. Cheguei a ter uma oportunidade financeiramente tentadora para trabalhar em uma *startup*, porém, entre a chance de aprender no Google mesmo ganhando menos e a perspectiva de ter que apenas ensinar o que eu já sabia, me decidi pelo Google. Foi uma decisão que na época pesou no meu bolso, mas que se pagou ao longo do tempo com a experiência única que tive naquela fase efervescente que o Google vivia.

Sei que quase ninguém é Google, e, se fosse fácil, o modelo de empresa deles teria se mantido indefinidamente e gerado tantas outras iguais ou melhores. Ainda assim, é possível fomentar uma cultura corporativa que valorize excelência profissional, de sistemas e de produtos e serviços, mesmo que em escala bem menor.

O desafio de fazer uma empresa acontecer nesses parâmetros pode servir, aliás, como atrativo para certo tipo de profissional, independentemente da remuneração. Já vi pessoas irem para a Stone para ganhar menos do que recebiam, empolgadas com a possibilidade de ajudar a construir a companhia e concretizar a missão de transformar os pequenos e médios negócios.

Do ponto de vista do gestor, não é tão simples identificar as pessoas certas no mercado. Alguns atributos são mais fáceis de mensurar, como o histórico técnico, que pelo currículo e pelas realizações fica bem evidente. Por outro lado, é importante ter sensibilidade para detectar pessoas que tenham traços de personalidade complicados para o trabalho em conjunto, por exemplo. Pode até ser útil para projetos específicos contar com um colaborador desse tipo na equipe, mas com a consciência de que ele não vai ter o papel de inspiração para os outros funcionários.

Convivi, nas empresas pelas quais passei, com pessoas igualmente boas em termos de qualidade técnica, mas com comportamentos opostos: algumas ficavam trancadas na sala, visando uma promoção ou uma grande descoberta individual, e outras davam palestras e compartilhavam seus conhecimentos. Para um quadro equilibrado na companhia, o que se busca é uma combinação de qualidades e características, não só em indivíduos, mas também nas equipes como um todo.

Quando surge uma vaga sênior para ser preenchida, o mais natural é recorrer ao networking pessoal das lideranças. O grande risco que se corre com isso, porém, é acabar contratando profissionais muito parecidos com os já existentes: pessoas com a mesma formação, que trabalharam nas mesmas empresas, com a mesma cor de pele e o mesmo jeito de pensar. Perde-se, assim, o elemento de pluralidade, que fomenta novas formas de interagir, de produzir e de criar vantagem competitiva. A possibilidade de que surjam *insights* cai muito em um lugar uniforme, e hoje em dia esse tipo de empresa toda igualzinha deixa de ser atraente para um número cada vez maior de profissionais aqui no Brasil.

O próprio histórico de imigração dos Estados Unidos no final do século 20 e nas primeiras décadas do século 21 contribuiu para uma força de trabalho altamente qualificada e diversificada nas empresas de tecnologia do país, que tiveram o luxo de contratar gente de qualquer parte do mundo para se juntar a seus quadros. O mesmo pode não ter ocorrido com as companhias de países como o Brasil, mas a variedade de históricos de vida nesses locais vem aumentando através de um outro tipo de política: a da atenção à representatividade racial, social e de gênero, que vem ganhando força nos últimos anos e mudando o perfil dos profissionais nos mais diferentes cargos. Falarei mais à frente, no capítulo 8, sobre como essa conquista da diversidade no ambiente corporativo, ainda que não na rapidez com que gostaríamos, é traduzida em produtos e serviços melhores.

O valor das entrevistas

O que se pode fazer para evitar cair na armadilha de contratar pessoas "iguais" é entrevistar o máximo de pessoas possível, e não ter pressa de fechar logo uma vaga. Quando estou contratando uma pessoa, penso em longo prazo. Às vezes o escolhido precisa de um tempo para se organizar até conseguir trocar de empresa. Quando eu estava na Microsoft, dizia aos candidatos aprovados: "A gente esperou quarenta anos para contratar você, podemos esperar mais três meses". O preenchimento de uma vaga de alto escalão é um investimento não só financeiro, mas também de tempo e dedicação por parte das pessoas mais importantes da companhia, por isso, defendo que seja feito com paciência e cuidado.

"Qual é sua relação com seu time?" e "Você acha que as pessoas vão querer segui-lo(a) quando você vier para cá?" são algumas das perguntas que costumo fazer nas entrevistas para tentar avaliar a capacidade de inspiração de candidatos.

Quem está entrevistando deve ter em mente que a pessoa pode não ter sido bem-sucedida no trabalho anterior, porque em determinados casos não havia um *match* entre o profissional, a função e a empresa. Ainda assim, dependendo da personalidade, das habilidades e até dos gostos pessoais do candidato ou candidata, é possível perceber que talvez aquele profissional se transforme em alguém com quem colaboradores mais jovens se sentirão estimulados a trabalhar.

Hoje em dia é fundamental também não se deixar levar por uma impressão pública baseada em perfis de mídia social. Existem pessoas que parecem inspiradoras por ter muitos seguidores em redes sociais, com perfis em que até dão boas explicações sobre assuntos técnicos, mas isso não quer dizer que a habilidade vá se reproduzir dentro de uma empresa. Há o risco de que ela não seja boa em trabalhar diretamente com as pessoas ou que esteja mais preocupada em fazer nome no mundo digital do que em se dedicar ao trabalho repetitivo do dia a dia.

O que faço na prática é consultar referências de empregos anteriores e tentar na entrevista "captar" um pouco do carisma da pessoa. Para cargos mais altos, a entrevista é mais longa, porque mais gente conversa com o profissional. As entrevistas do Google e do Yahoo ficaram famosas por se concentrar em questões de raciocínio, para tentar descobrir se o candidato tinha um pensamento independente. É como se estivessem tentando descobrir o tamanho da CPU da pessoa, a capacidade de processamento. Mais complicado que isso, porém, é perceber outros aspectos da personalidade.

Gosto de me guiar pela intuição que tenho sobre uma pessoa assim que ela entra, pelo modo como se apresenta, mas não é só o que analiso. O candidato precisa parecer esperto, perspicaz, interessante e interessado. Ele precisa estar alinhado – ou pelo menos ter o potencial de se alinhar – com o espírito colaborativo da equipe. É essencial tentar avaliar se vai se comprometer no longo prazo com a filosofia e a ética de trabalho que estão sendo implantadas na empresa. Essa é a parte mais difícil de avaliar no ambiente da entrevista, porque é um tempo muito curto para procurar eventuais sinais de alerta ou deslizes.

No Yahoo, uma vez estava entrevistando um candidato e fui o encarregado de levá-lo para almoçar, já que o processo teria mais etapas na parte da tarde – era comum que o processo levasse o dia inteiro. Para meu espanto e horror, ele foi grosseiro com o atendente do refeitório da empresa. Foi uma desclassificação automática, no momento em que se comportou daquela forma.

Se em algumas situações é possível perceber traços de arrogância, deve-se considerar que, em tecnologia, não é incomum que pessoas com grande potencial sejam excêntricas e/ou neurodivergentes. Nessas situações, os entrevistadores precisam ter sensibilidade para descobrir se elas serão capazes de jogar o jogo da empresa e se será possível montar uma equipe em torno delas ou com elas.

Quando eu estava no Google, procurávamos tratar o processo de entrevista como um algoritmo, com oito avaliadores que formavam opinião sobre o candidato de forma independente, e depois se juntavam para trocar impressões. Se um de nós tivesse alguma restrição à contratação, pecávamos pela cautela e eliminávamos o candidato.

Do ponto de vista de quem está sendo cortejado, o empenho pessoal das lideranças da empresa faz muita diferença. Em 2011, quando a busca do Yahoo passou a ser provida pela Microsoft, decidi mudar os rumos da minha carreira. Fiz entrevistas em vários lugares, entre eles o Google, e então recebi um convite para jantar por parte do Alfred Spector, que na época era vice-presidente de pesquisa da empresa.

Ele não precisou me levar a um restaurante de luxo nem me cercar de mil mordomias para me impressionar profundamente. Vi nele, naquele jantar, o que tomaria como exemplo para mim: uma liderança de renomada capacidade técnica e envolvida em projetos práticos, que me mostrou que agia de forma estratégica. Era um modelo se eu quisesse me transformar em um líder nessa frente de sistemas e pesquisa, mas ao mesmo tempo alguém muito atencioso, que se dedicou a estudar atentamente meu currículo, a ponto de reconhecer o "vazio" que havia na minha produção científica por volta do ano de 2006.

Com muito jeito, perguntou o que tinha acontecido naquele ano, por que eu não tinha conseguido produzir como vinha fazendo nos anos anteriores, e se portou com extrema delicadeza quando lhe revelei o motivo. Naquele período, minha esposa Renata havia passado por sete cirurgias e vários tratamentos agressivos de quimioterapia para combater um câncer de mama, que acabaria sendo fatal. A postura e o respeito dele comigo foram definitivos na decisão de me transferir para o Google.

Processo seletivo em massa e pluralidade

É comum haver processos de seleção diferentes para cargos seniores e para a base da tecnologia. Para os cargos mais altos, a responsabilidade em geral fica com a liderança de tecnologia, que conhece bem os Portinaris do mercado.

Para os cargos da base, a responsabilidade de atrair novos talentos costuma ser da equipe de recrutamento, que conta com iniciativas de seleção em massa, como seleção em universidades e desafios de programação online. Esse tipo de mecanismo de contratação oferece a oportunidade de ter um impacto social maior, assim como os programas de jovens aprendizes, os dedicados a jovens de comunidades carentes e os de *trainees*.

A Stone promove desafios de programação desse tipo. Em uma das edições, feita em parceria com outra empresa, foram selecionados os currículos de quem se saiu bem na competição, que era aberta para a internet e envolvia a criação de um jogo.

Também para estimular a pluralidade de pensamento, adotamos na Stone iniciativas para patrocinar a formação de pessoas de outras áreas de atividade que queiram trabalhar com computação. Em um desses projetos, selecionamos duzentas pessoas que tinham profissões como advocacia e arquitetura e financiamos um curso de programação para elas por seis meses. No final, dividimos a turma em times que tinham de implementar projetos desenhados por funcionários da Stone, que também atuaram como mentores. Fizemos um evento em um sábado, com toda a liderança da empresa presente, para avaliar os projetos, e acabamos contratando vários dos dezesseis finalistas.

Iniciativas desse tipo colaboram para criar uma marca empregadora forte, que atrai candidatos de nível inicial e médio. O nome da empresa precisa estar associado publicamente a um ambiente de educação e desenvolvimento. Entram nesse esforço consciente de solidificar a marca empregadora o patrocínio de eventos que combinem com a filosofia da companhia e a aproximação com o ambiente acadêmico, com programas estabelecidos de estágio e intercâmbio e apoio a centros de pesquisa.

É frequente, em processos de contratação, realizarmos testes de programação e perguntas do tipo "Quantas bolas de gude cabem em uma piscina olímpica?", ou desafios com perguntas abertas de arquitetura, como "Imagine que você precisa fazer um sistema para guardar os dados pessoais de todas as pessoas do mundo. Como você faria?".

São perguntas cujo objetivo não é que o candidato acerte a resposta, mas sim permitir aos entrevistadores enxergar como a pessoa começa a pensar no problema, se ela tem capacidade de raciocinar sobre ele, um pouco daquilo que mencionei anteriormente, tentar avaliar a "capacidade de processamento". Também damos tarefas bem concretas de programação para ver se ela é independente no básico da programação, para alinhar com o quanto estamos dispostos naquele momento, de acordo com as necessidades, a investir em formação básica para cargos específicos.

A escolha de pessoas jovens e inexperientes para trabalhar na empresa é uma aposta mais ou menos no escuro. E, já que é assim, sou favorável a adotar o viés do impacto social potencial que podemos ter sobre elas, colocando nossas fichas naquelas que vêm das áreas mais carentes. Um salário, mesmo que inicial, de empresa de tecnologia em um país como o Brasil é capaz de revolucionar o padrão de vida de uma família inteira.

Apoio inicial

No início dos anos 2000, para entrar no mercado de trabalho na área de pesquisa das *big techs* nos Estados Unidos, era praticamente imprescindível ter cursado pós-graduação em uma universidade norte-americana. Nesse ponto eu estava em desvantagem, porque toda a minha formação tinha sido feita no Brasil, mais precisamente na Pontifícia Universidade Católica do Rio de Janeiro (PUC-Rio). É uma instituição excelente e me deu uma educação sólida, mas quem cursa a graduação e a pós-graduação em universidades dos EUA está naturalmente mais próximo das grandes empresas e da participação de programas de estágio dentro delas. Eu não tive essa experiência nem alimentei esses contatos durante minha formação.

Entrei no vestibular da PUC-Rio em 1991 para cursar matemática, depois de ter me encantado com o mundo dos números nos anos finais do ensino fundamental. Foi só cruzar com a primeira disciplina relacionada à computação, no entanto, que me apaixonei e mudei de rumo para a engenharia da computação. Foi um período atribulado, porque, no meu primeiro ano de faculdade, meu pai foi diagnosticado com linfoma. Como ele estava doente e enfrentando os tratamentos, não considerei me afastar longamente do Brasil nos anos seguintes para fazer mestrado e doutorado no exterior. A alternativa que encontrei junto com o meu orientador, o professor Carlos José Pereira de Lucena, foi acelerar o mestrado e o doutorado na PUC-Rio mesmo, enquanto acompanhava a doença do meu pai.

As quimioterapias e os tratamentos foram se sucedendo, e, em determinada altura, os médicos anunciaram à família que tentariam uma última medicação, nova, que tinha surgido. Ou funcionava ou não haveria mais nada a fazer. O remédio funcionou – meu pai está bem até hoje! Mais tranquilo, parti para um pós-doutorado em Princeton, nos Estados Unidos, com duração de um ano.

Mesmo tendo passado pela prestigiosa Universidade de Princeton por aquele período, meu currículo com formação brasileira não parecia entusiasmar as empresas e universidades em que me candidatei no país, a contar pela falta de respostas. Resolvi então mandar um e-mail para o brasileiro Jean Paul Jacob, engenheiro que tinha um cargo importante na IBM e com quem nunca tinha conversado pessoalmente.

Dono de uma carreira brilhante no laboratório de pesquisa da IBM de Almaden, na Califórnia, Jean Paul teve a generosidade de responder à minha mensagem. Por intermédio dele, consegui uma entrevista e acabei sendo contratado para trabalhar na IBM, onde iniciei um período de mais de vinte anos atuando em empresas de tecnologia nos Estados Unidos.

Assim como o professor Lucena, Jean Paul se transformaria em uma grande inspiração para mim, e uma influência definitiva na minha formação profissional. A especialidade de Jean Paul era fazer a interface entre a pesquisa e o público em geral. Ele era um comunicador nato, uma pessoa muito divertida, que conseguia explicar para quem não era da área da tecnologia como os computadores e a internet revolucionariam o futuro.

Tomo sempre como modelo a atitude que Jean Paul teve comigo: conversar com pessoas que me procuram, dar oportunidades, ser acessível. Procuro servir também de exemplo para que os profissionais que contrato e a quem dou mentoria repliquem essa postura aberta com seus próprios liderados e mentorados.

Mentoria e desenvolvimento

O esforço para contratar profissionais curiosos, empenhados, inspiráveis e inspiradores é fundamental, mas não deixa de ser apenas um primeiro passo. Uma vez que as pessoas com potencial cheguem à empresa, não importa o nível do cargo, é preciso mantê-las interessadas e produtivas, porque é isso que vai garantir que elas fiquem na companhia e que o investimento na contratação não seja jogado fora com uma transferência precoce, em um mercado como o da tecnologia, em que a mobilidade é grande e há um assédio até agressivo por parte de outras empresas na tentativa de captar os melhores talentos.

O processo de integração de um novo colaborador à empresa, o chamado *onboarding*, é crucial. Ele é a porta de entrada da nova pessoa na companhia, ou seja, a primeira impressão que se tem. Diversos estudos mostram que esse período inicial da contratação é determinante para a permanência da pessoa, pois até 20% das novas contratações vão embora nos primeiros 45 dias[10].

A parte mais conhecida do processo de recepção é também a mais óbvia: apresentar à nova pessoa desde o sistema até a cultura da empresa, as ferramentas e os processos. As organizações vêm se aperfeiçoando em criar uma boa experiência de *onboarding*, mas vale reforçar que

10. "To retain new hires, spend more onboarding them", de Ron Carucci, em *Harvard Business Review*, de 3 de dezembro de 2018. Disponível em: https://hbr.org/2018/12/to-retain-new-hires-spend-more-time-onboarding-them. Acesso em: 28 mar. 2024.

há muito mais em jogo do que dar aquele brinde bonito, enfileirar uma palestra atrás da outra e fazer a pessoa se sentir acolhida e bem-vinda. É claro que tudo isso é necessário, ainda mais quando o sistema de trabalho é remoto e há uma distância física a ser superada. Gosto de me envolver pessoalmente nessa primeira semana, com o papo no formato *Ask me Anything* (pergunte qualquer coisa) de que participo com todos os recém-chegados à Stone.

Nesse papo, tento estabelecer um contato inicial com todos que estão começando a trabalhar na área de tecnologia. Conto a minha trajetória profissional, falo da minha visão para a Stone e permito que eles me façam perguntas sobre qualquer coisa. Até mesmo sobre futebol, mas essas não consigo responder bem. Esse primeiro contato é muito importante para criar um vínculo e uma relação inicial com todas as pessoas que entram no time.

O processo de *onboarding* em uma empresa de tecnologia só estará completo, no entanto, quando as pessoas que entram no time passam a se sentir produtivas, independentemente do cargo. Para que isso aconteça, além de treinamentos e da semana de recepção, o ideal é que o novo contratado tenha uma pessoa dedicada a mentorá-lo, e que seja imediatamente envolvido em um projeto inicial. Esse projeto deve durar poucas semanas e ser abrangente o suficiente para expor o contratado à metodologia de desenvolvimento, ao método de revisão de código e aos principais sistemas, ferramentas e bibliotecas com os quais irá trabalhar no dia a dia.

Nessa fase inicial, as pessoas do time da nova contratada vão prestar bastante atenção no código que ela está escrevendo. A revisão será feita de maneira mais assertiva, para ensinar a ela. Normalmente, com as ferramentas de engenharia, os colaboradores escrevem um código, testam, submetem o código e o teste à revisão, e outras pessoas veem e comentam, em um processo iterativo que se mantém até que o código fique bom e possa entrar em produção. Esse processo de validação e revisão de código funciona, na prática, como um processo de aprendizado.

Quando entrei no Google, todo mundo comentava nos meus primeiros *code reviews*, porque ali havia uma cultura muito forte de zelo pelo código. Era muito difícil conseguir um "LGTM" (*Looks Good To Me*, ou "me parece bom" em português), que indicava o final da revisão, quando todos estavam satisfeitos com o código. Lá, como em outras grandes empresas de tecnologia, a revisão do código é encarada como uma oportunidade de ensinar às pessoas que estão entrando quais são os processos, como o sistema está organizado, quais são os detalhes. É um processo muito significativo de acompanhamento dos novatos.

Em empresas menores e aqui no Brasil, a cultura da revisão de código pode não ser tão bem disseminada, ao contrário do que ocorre nas *big techs,* onde ela é muito criteriosa. Tem gente que acha, principalmente profissionais mais seniores, que a preocupação em educar as pessoas que chegam à empresa não faz parte de suas atribuições. Talvez não saibam que no Google, por exemplo, pelo menos enquanto estive lá, os líderes passavam cerca de 60% de seu tempo de trabalho fazendo revisão de código de pessoas juniores, e todos os desenvolvedores eram copiados em todas as revisões. Ler os comentários detalhados em revisões de código, tanto minhas quanto de meu colegas, me tornou um desenvolvedor melhor. Para as lideranças, tratava-se de uma porção fundamental do trabalho, porque, além de se estar treinando a força de trabalho, é uma maneira de mostrar áreas que exigem cuidados especiais, ensinar a escrever testes e, em suma, determinar qual será a arquitetura do sistema. Os líderes estão comunicando, por intermédio de código, o que querem que seja feito tecnicamente na organização.

Não dá para encarar a revisão de código como só mais uma tarefa, que alguém submeteu e que cabe a você simplesmente aprovar, sem comentar, sem critério. Quando se usa a revisão de código como uma oportunidade de ensinar, o patamar da equipe se eleva, a barra sobe. O objetivo é que, no futuro, essas mesmas pessoas façam revisões de código construtivas com os colaboradores que vão chegar. É uma forma de dar um *level up* na equipe, e um aspecto de cultura de engenharia que me empenhei em levar para a Stone.

Transferências em cargos elevados

Mesmo para um posto sênior, é comum se sentir perdido nos primeiros tempos em uma empresa nova, e um dos principais elementos que contribuem para a dificuldade de integração é o próprio vocabulário, algo primário, mas que afeta profundamente o dia a dia. A pessoa nova precisa aprender os termos usados pela equipe, os nomes dos sistemas e as siglas. É papel dos gestores garantir que a nova contratação esteja sempre acompanhada até que consiga se sentir mais à vontade. As reuniões individuais "um a um" (1:1, chamadas em inglês de *one-on-one*) semanais são uma boa ferramenta para isso.

Contratar um talento cobiçado no mercado é um enorme investimento e uma vitória para a empresa, e tudo pode acabar sendo desperdiçado se o recém-chegado se sentir mal por não estar se encaixando no trabalho. Uma das coisas que mais geram ansiedade é o profissional não conseguir perceber qual é a sua posição em relação às expectativas. A liderança precisa se mostrar próxima e acessível, e a transparência ajuda a reduzir a insegurança. Todas as oportunidades de comunicação devem ser aproveitadas, de comunicados via sistema interno de envio de mensagens a reuniões gerais do tipo *all hands*. Os comunicados regulares e constantes podem ser adaptados ao estilo de gestão da empresa. Mesmo que se trate de uma administração muito mais *bottom-up* que *top-down*, a frequência das comunicações dá o tom das diretrizes técnicas e estratégicas. "Ok, estou dentro desse barco, mas quero saber para onde o barco está indo" – esse é um pensamento muito justo por parte de quem se juntou à empresa.

É muito desconfortável não entender como a empresa funciona, e é a gestão que precisa assegurar à pessoa que não há problema em precisar de um tempo para se situar. Senti essa experiência na pele com uma transferência de cargo por que passei. Não era bem uma mudança de empresa, porque eu continuava dentro da Microsoft, mas tinha passado anos e anos atuando em máquinas de busca e de repente fui transferido para o Azure, a área de computação em nuvem da empresa. A sacudida era de certa forma proposital. O responsável pelo Azure Compute, Girish Bablani, queria levar para lá alguém com uma cabeça diferente, já que muitos que trabalhavam ali tinham vindo do Windows, com uma mentalidade de sistema operacional, enquanto o meu *background* era em motores de busca e sistemas distribuídos. A ideia dele era me colocar no fogo, e eu topei.

Como *chief architect* (arquiteto-chefe), eu seria o responsável por dar o direcionamento da área. Só que primeiro precisava aprender como as coisas funcionavam. Minha estratégia foi começar a frequentar as reuniões de um dos times, como se fosse um dos desenvolvedores, e tentar entender o que estavam fazendo. Nas primeiras a que compareci, saí sem entender nada. Só deu certo porque contei com o apoio de Girish e dos meus pares. E também porque peguei projetos concretos para realizar enquanto aprendia, mesmo que tenham sido projetos simples, para poder apresentar algum resultado. Quem é profissional no que faz não aguenta ficar muito tempo sem contribuir de alguma forma. Esse é o mesmo espírito de dar um projeto menor para quem acaba de chegar à empresa. Colaboradores trabalham com prazer quando têm espaço e condições para se sentir úteis, produtivos e valorizados. Isso cria um **ciclo positivo**, pois, ao se sentirem felizes no trabalho, têm disposição para criar mais, mentorar outros colaboradores e servir como exemplo. Ao longo do tempo, consegui aprender bastante sobre a minha nova área, Azure Compute, e contribuir com ideias novas que tiveram alto impacto, passando a liderar projetos cada vez maiores e mais complexos.

Caminhos possíveis: carreira em Y

Um erro muito comum que os gestores de tecnologia cometem com colaboradores jovens que começam a se destacar no trabalho é promovê-los cedo demais para uma função de gestão. É muito disseminada a ideia de que ser promovido significa virar gestor, com a visão errada de que prestígio, salários mais altos e valorização diante do resto da empresa estão muito atrelados ao número de pessoas que você gerencia.

Em tecnologia, transformar alguém de maneira precoce em gestor é um desfavor que se faz a uma pessoa promissora. Uma das primeiras providências que tomamos na Stone depois da minha chegada foi formalizar a chamada trilha de carreira em Y[11]. O conceito basicamente consiste em criar uma base comum para todos os engenheiros e desenvolvedores e depois, em determinado ponto da carreira, bifurcar um braço seguindo para cargos administrativos tradicionais, de gerência e diretoria, e outro braço para os contribuidores individuais, também chamados de especialistas ou *staff engineers* em algumas empresas de tecnologia. Contribuidores individuais ascendem na carreira em paralelo aos gestores, com salário e prestígio equivalentes. A diferença é que seu papel se mantém mais técnico do que administrativo. Esse profissional

11. Com o intuito de disseminar no Brasil a cultura de um plano de carreira que inclua contribuidores individuais, fizemos questão de tornar pública a *Star Trail*, a trilha que criamos para a Stone. Ela está disponível em https://stone-payments.github.io/stone-career-framework/.

se dedica a dar direcionamento técnico para as áreas, a mentorar colaboradores mais juniores, a estabelecer a cultura de engenharia e a escrever e revisar código, muitas vezes trabalhando dentro de algum projeto, mas sem ter a obrigação administrativa de cuidar de avaliações de desempenho, definir promoções ou aprovar viagens e passagens aéreas.

A progressão de cargo independentemente de posições de gestão é uma das melhores formas de dar evidência aos talentos técnicos de uma empresa, não apenas em termos de prestígio, mas também de remuneração. O desafio é dar legitimidade ao posto de contribuidor individual a ponto de torná-lo realmente atrativo para profissionais de destaque.

Faço aqui uma afirmação polêmica: em uma empresa de tecnologia, gestão importa, mas não é ela que vira o jogo. A gestão organiza a partida e permite que as vitórias venham, só que sua maior função é não atrapalhar. Passei a maior parte da carreira como contribuidor individual, e hoje estou na gestão, como líder de tecnologia, para onde direcionei minha trajetória por querer colaborar mais de perto com mudanças de cultura corporativa. No caso da Stone, minha missão é implantar em uma companhia brasileira a verdadeira mentalidade de uma *big tech*, com pensamento intencional de tecnologia.

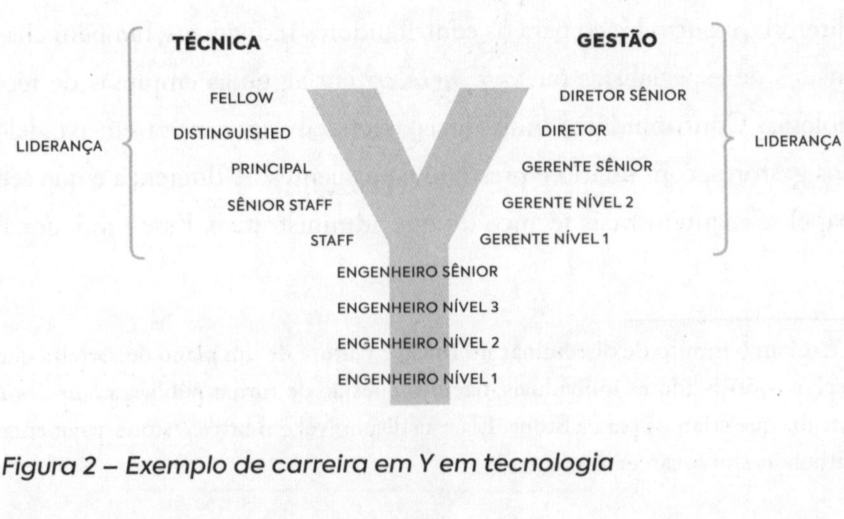

Figura 2 – Exemplo de carreira em Y em tecnologia

Normalmente as pessoas em tecnologia desenvolvem a carreira na parte técnica, que compõe a base do Y. Ninguém sai da faculdade e já vira gestor. Uma vez que o profissional começa a se destacar na área em que atua, passa a entender bastante do código, surge o risco de ser logo colocado para gerenciar pessoas. Só que essa pode não ser a melhor decisão, já que o colaborador chamou atenção por ter bastante habilidade técnica, e não necessariamente de relacionamento ou liderança. Os primeiros anos de um desenvolvedor são formativos, de grande aprendizado técnico, e é uma pena o processo ser interrompido por uma mudança de carreira que vai obrigá-lo a começar a pensar em orçamento, avaliação de desempenho, progressão da carreira dos colaboradores, aprovação de passagem aérea etc. Até pode ser que um cargo de gestão esteja no futuro desse profissional, mas é preciso deixá-lo percorrer a base do Y até chegar a um momento mais amadurecido de carreira, porque isso trará bons resultados tanto para a empresa como para o desenvolvimento da pessoa.

Outra questão é que parte das habilidades de gestão não é facilmente transferível para outra companhia. Um colaborador jovem e promissor aprende, por exemplo, o sistema de recursos humanos da empresa em que está hoje e, quando se transfere para outra organização, encontra um tipo de avaliação de desempenho muito diferente. Como é inexperiente, não tem nem condições de ter opinião mais estratégica sobre como uma avaliação de desempenho deveria ser feita. Essa interrupção precoce do aprendizado técnico do profissional de tecnologia pode ter impacto negativo na carreira em longo prazo.

Quando a empresa é muito pequena, e ainda tem espírito de *startup*, as pessoas não estão nem aí para qual cargo ocupam e acabam fazendo um pouco de tudo, porque estão embarcando em uma coisa nova e ninguém está preocupado com título. Essa motivação supre um pouco a desorganização e a falta de um plano de carreira. Uma vez que se tenha passado um limite de crescimento, porém, as pessoas querem se localizar. Em uma empresa grande e organizada, o profissional deveria entrar com plano de carreira, atribuições definidas e um caminho claro à frente, com as possibilidades paralelas de gestão e contribuição técnica.

O trabalho de um contribuidor individual é por natureza ambíguo. É excelente que a empresa tenha o plano de carreira em Y formalizado, porém, ainda assim os cargos são abrangentes, com funções pouco definidas que variam bastante, dependendo do perfil do profissional e da organização da companhia. A pessoa pode atuar quase como gestora, liderando times e mentorando pessoas – sem atribuições administrativas –, ou pode atuar praticamente como desenvolvedora, escrevendo uma parte mais complexa do sistema. Ou pode ser qualquer coisa entre esses dois extremos. Existe o risco de ela se sentir isolada ou perdida, embora seja experiente e faça parte da liderança técnica da companhia. Uma das iniciativas que tomei quando estava na Microsoft para amenizar esse problema foi criar uma comunidade de contribuidores individuais seniores do Azure, com comunicação ativa, palestras e um programa estruturado, para facilitar o diálogo e a troca de ideias entre eles.

Quando se é um contribuidor individual sênior, tudo o que se quer é resolver um problema relevante. A comunidade que criamos na Microsoft dava a oportunidade de essas pessoas colaborarem e trocarem ideias, o que tornava o trabalho bem menos solitário.

Vale ressaltar neste ponto que a divisão de caminhos para os braços do Y não é uma decisão definitiva, para sempre. É positivo que contribuidores individuais resolvam passar um tempo no outro lado, como gestores, e vice-versa, em mudanças que podem até se tornar definitivas. Sou um exemplo de quem fez esse trânsito, tendo passado de especialista técnico a gestor, e há profissionais de espírito irrequieto e movido a desafios que se beneficiam de fazer o movimento de pêndulo entre as duas trilhas de carreira, passando períodos em cada um dos lados. Não há nenhum problema nesse movimento.

Para quem se interessa mais a fundo por esse tema, gosto de recomendar dois livros bastante relevantes a respeito do desenvolvimento de pessoas na área de tecnologia. São obras de alguma forma espelhadas, sobre cada um dos braços da carreira em Y. Camille Fournier, que foi vice-presidente de tecnologia da Goldman Sachs, escreveu em 2017 o livro *A arte da gestão: Um guia prático para integrar liderança e recursos humanos no setor de tecnologia*[12], cujo título original em inglês é *The manager's path* (O caminho do gestor). Em resposta, ou como complemento, a engenheira Tanya Reilly, com mais de vinte anos de experiência como contribuidora individual em empresas como Google e Squarespace, lançou *The staff engineer's path*[13] (O caminho do contribuidor individual), destinado a quem está interessado em percorrer o braço técnico do Y. Os dois livros dão uma visão bem detalhada das possibilidades de carreira em tecnologia, sob a visão do profissional de engenharia trilhando essas carreiras distintas, de gestor e de especialista.

Inspiração e superpoderes

As pessoas-chave de uma organização, aquelas a que no começo do capítulo me referi como os Portinaris, servem de chamariz para as aspirações profissionais de todos os colaboradores e funcionam como

12. *A arte da gestão: Um guia prático para integrar liderança e recursos humanos no setor de tecnologia*, de Camille Fournier (AltaBooks, 2018).
13. *The staff engineer's path*, de Tanya Reilly (O'Reilly Media, 2022), sem tradução em português até este momento (2024).

grandes bandeiras, não só para a retenção de quem já está lá como também para a atração de novos contratados. Quando não há uma figura de destaque no braço de contribuidores individuais, é possível que haja menos procura por essa trilha de carreira, e a qualidade técnica da organização pode sofrer.

Pessoas que são colocadas em evidência atribuem certa identidade à empresa, e é responsabilidade dos gestores lhes dar essa visibilidade. Os cargos administrativos mais altos têm destaque por natureza, mas são escassos: só há lugar para um CTO. O topo da pirâmide é estreito. Se todo mundo quiser ser gestor porque só essas pessoas é que inspiram, vai haver uma limitação no talento. É preciso ter pessoas-chave, *role models*, que pertençam ao braço técnico do Y. O que se pode fazer para patrocinar e aumentar a visibilidade de contribuidores individuais é, por exemplo, incluir uma apresentação do trabalho de uma delas na reunião mensal da companhia e falar sobre seus projetos nos comunicados para a equipe.

Quando um dos gestores de tecnologia da Stone pediu para se transformar em contribuidor individual, contei o caso dele ao time todo na mensagem que envio toda segunda-feira de manhã à equipe, e celebrei a decisão. Minha intenção era demonstrar a importância do movimento dele e, ao mesmo tempo, enfatizar as duas possibilidades paralelas de progressão de carreira em tecnologia na empresa – em cargos de gestão e em cargos como especialista.

Uma das pessoas-chave do Google é o Sanjay Ghemawat, que está na empresa desde 1999 e hoje ocupa a posição de *senior fellow*, o posto de contribuidor individual mais alto da companhia. Nos meus anos de Google, nunca falei com ele pessoalmente, e isso não impediu que eu sentisse sua influência positiva. Toda vez que eu olhava um código, lá estava o nome dele. As pessoas eram inspiradas pelo fato de ele simplesmente ter escrito boa parte da infraestrutura técnica do Google. Como muitas vezes o código que estávamos escrevendo afetava a infraestrutura, a aprovação ia automaticamente para ele, e ele dava opiniões de forma sempre muito assertiva e direta. Era uma expressão de liderança e de influência puramente técnica, exercida somente por intermédio do teclado. "Gostaria de ser o novo Sanjay" era o pensamento padrão que praticamente todos os meus mentorados no Google tinham. Sanjay tinha trânsito fácil com toda a liderança e era altamente respeitado em qualquer nível – uma figura exemplar.

Na Microsoft, o grande ídolo, o exemplo mais inspirador, vem do outro lado, o da gestão. Todos sonham em se transformar no Satya Nadella, o CEO carismático que assumiu a empresa em 2014 e mudou seus rumos.

É da natureza humana se encantar com esses exemplos extremos de sucesso e almejar chegar ao mesmo patamar. Satya e Sanjay são de fato profissionais excepcionais e tiveram a inteligência de direcionar a carreira de modo a potencializar seus maiores atributos. Sanjay é um desenvolvedor fora do normal. Satya tem o dom de convencer as pessoas, é um visionário. Pouquíssimas pessoas serão desenvolvedoras tão boas quanto Sanjay ou tão visionárias quanto Satya. Elas serão alguma coisa intermediária. Mentorar as pessoas é ajudá-las a entender onde elas estão nesse espectro e como podem aproveitar melhor suas principais habilidades. A presença de figuras inspiracionais como Satya e Sanjay serve como motor para mostrar às pessoas que, assim como eles, elas têm um superpoder. Acredito que todo mundo tenha um superpoder, mesmo que não seja na escala de grandeza de um Satya ou de um Sanjay. O segredo é identificar qual é o superpoder de cada um e como colocá-lo no melhor uso possível.

Em computação existem muitas maneiras de contribuir, porque os papéis são variados: talvez a pessoa tenha a característica de ser muito organizada, é possível que tenha o dom de dar direcionamento ao time, ou então que seja ótima em um tipo de algoritmo específico, como sistemas de aprendizado de máquina. Há aquelas que conseguem ter uma visão panorâmica da área para conseguir determinar e ditar a arquitetura, que é mais ou menos o que eu faço: organizar o time e distribuir as bolas no meio de campo.

Uma das minhas fontes de inspiração, completamente indireta, era um dos vice-presidentes executivos da Microsoft, Scott Guthrie. Eu praticamente não interagia com ele, mas, a cada vez que participava de uma reunião em que ele estava presente, me sentia como em uma aula de comportamento em reuniões. Ele sempre chegava bem preparado, tendo estudado tudo o que seria discutido. Não ficava falando à toa, e dava apenas contribuições pontuais. Quando o time tinha feito um trabalho bom, elogiava e dava o crédito correto. Quando não estava satisfatório, fazia uma crítica construtiva. Era um verdadeiro mestre da gestão, um modelo aspiracional para mim, e sinto falta da oportunidade de aprender mais com a postura dele.

Promover uma **pluralidade de pessoas-chave** dentro da empresa também colabora para que as pessoas se identifiquem com aquelas de perfis mais semelhantes aos seus, ou para que elas se enxerguem como uma combinação de atributos. Quando se mapeia claramente como um funcionário pode contribuir melhor, ele tende a se sentir mais efetivo no trabalho, o que acaba se multiplicando como influência positiva para a equipe como um todo, em uma situação de ganha-ganha.

Organizar esse tipo de ambiente construtivo e, ao mesmo tempo, com diretrizes, expectativas, incentivos e canais de comunicação claros, é o que fazem os Portinaris da gestão. Portanto, quando penso em artistas dentro de uma companhia, vejo não só os magos do código e os contribuidores individuais com seus projetos especiais, mas também gerentes e diretores que tocam o dia a dia de suas equipes com maestria.

Avaliação de desempenho

A administração de expectativas profissionais é um processo delicado, e o sistema de avaliação de desempenho muitas vezes acaba gerando burocracias e frustrações. Isso porque empresas precisam avaliar o que cada um de seus funcionários faz e qual o impacto desse trabalho, e nem sempre há sintonia com percepções individuais. Por exemplo, horas e horas de trabalho de manutenção de sistema têm sua importância, mas uma solução criativa que tenha acelerado um processo em 30%, mesmo que sendo o resultado de uma implementação razoavelmente rápida, pode ter muito mais relevância para o negócio. Essa falta de correspondência entre horas trabalhadas e impacto gerado/percebido costuma mexer com vaidades e pode levar à perda de talentos.

Outro grande desafio das avaliações de desempenho é fazer uma análise justa e igualitária para papéis radicalmente diferentes, como os cargos mais altos de gestão e de contribuidores individuais. Além disso, como as atribuições de um contribuidor individual podem ser fluidas e indefinidas, é difícil comparar os impactos.

Fui contribuidor individual por muitos anos, com a função de dar o direcionamento de uma área. Quando iam me avaliar para questões de remuneração ou progressão de carreira, meus gestores usavam métricas do tipo "Quantas pessoas estão trabalhando em projetos que o Marcus definiu?", em vez de analisar o quão complexos eram os algoritmos que eu tinha feito. Em outros casos, contribuidores individuais podem trabalhar sozinhos desenvolvendo projetos complexos, como sistemas de armazenamento distribuídos. Nesses casos não era possível fazer a mesma pergunta, e o questionamento deveria ser sobre a complexidade dos algoritmos e seus impactos.

Com a carreira em Y, um contribuidor individual muito sênior pode estar no mesmo nível de um vice-presidente que comanda uma organização de cem ou duzentas pessoas, que em conjunto têm um número enorme de realizações. Ao fim do ano, o vice-presidente poderia declarar que fez tudo aquilo, mas na verdade quem fez foi o time. O mérito do vice-presidente é outro: ter contratado ou gerenciado ótimas pessoas, criado um ambiente para a inovação acontecer, e investido com sabedoria no curto e no longo prazo do negócio.

O contribuidor individual especialista, por outro lado, é aquela pessoa cujo trabalho solitário, e que às vezes leva tempo, traz avanços ou muda completamente o jogo – portanto, exige métricas bastante específicas de avaliação de impacto.

Para tentar dirimir um pouco as inconsistências do processo de avaliação, procurei na Microsoft estabelecer, junto com Girish Bablani, Alane Schettler, *business partner* de RH do Microsoft Azure, e Irada Sadykhova, diretora sênior de desenvolvimento organizacional, uma separação no momento de avaliar. Conversávamos sobre todos os contribuidores individuais de determinado nível primeiro e tirávamos nossas conclusões. Depois avaliávamos apenas os gestores daquele mesmo nível, tendo em mente que o impacto do trabalho deveria ser medido de forma distinta de acordo com a função. O simples fato de falarmos de especialistas e gestores separadamente nos ajudou a comparar de forma mais equiparada pessoas no mesmo nível em cada trilha da carreira em Y. Um *principal engineer* pode ter, individualmente, mais impacto que um diretor de engenharia, mas é difícil ter essa clareza quando acabamos de discutir a promoção de um diretor que descreveu os resultados da sua equipe de duzentas pessoas, possivelmente composta por vários *principal engineers*, entre outras pessoas seniores.

Outro ponto com o qual tomava cuidado era não avaliar e promover pessoas pelo critério do quanto eram conhecidas dentro da organização. Conheço muita gente excelente que é extremamente discreta ou introvertida e mesmo assim consegue ser inspiradora e ter uma influência do tamanho da do Sanjay, o superdesenvolvedor do Google.

Gestão de pessoas no longo prazo

Quando fazia pós-graduação, alguém me disse: "Todo mundo que está fazendo doutorado se preocupa e se descabela com a tese, mas o resultado mais importante do doutorado não é a tese, e sim o doutor". Cito essa frase aqui para lembrar que o profissional, em qualquer nível de senioridade, é o que conta no longo prazo.

A gestão de pessoas deveria ser vista como uma maratona, com o foco no futuro. Um comportamento que vem se disseminando, porém, é o de adotar remunerações muito agressivas, que variam ano a ano. Se o colaborador atinge metas e tem uma boa avaliação de desempenho naqueles doze meses, recebe um bônus gigante em comparação com o salário. Em compensação, se não cumpre os requisitos, fica sem nada ou é imediatamente demitido.

É como se fosse uma corrida de cem metros rasos, tanto para a empresa quanto para o funcionário. Essa prática gera instabilidade e prejudica a retenção, pois os colaboradores bem avaliados buscam no mercado a maior chance de bônus, e os mal avaliados deixam a empresa talvez sem terem a chance de experimentar posições e funções em que se encaixariam melhor. Mesmo pessoas brilhantes passam por altos e baixos na vida profissional.

Além de tudo, uma empresa precisa ter flexibilidade para lidar com fatores pessoais que afetam seus colaboradores, e que são inevitáveis. Na época em que minha mulher, Renata, estava doente, meus gestores sabiam da situação que eu estava vivendo, e minha avaliação não foi afetada. Também recebi apoio do Yahoo depois da morte dela, com a concessão de um período sabático para que eu pudesse me reerguer.

Como gestor, entendo o comportamento que leva os funcionários a querer ir para outra empresa, para maximizar o ganho de curto prazo. Mas acredito que, muitas vezes, esse tipo de movimentação termine por interferir no aprendizado e limitá-lo. Sempre me esforcei para gerir a carreira das pessoas pensando longe, e tenho vários exemplos de profissionais que ficaram comigo ao longo de muitos anos.

Essa maneira de enxergar a gestão de pessoas se aplica também ao momento em que um colaborador pensa em deixar a companhia. Quando nos chefiava no Yahoo, Andrei Broder, hoje *distinguished scientist* no Google, tinha a filosofia de até estimular que de vez em quando seus liderados fizessem entrevistas em outras empresas. Para ele, a exposição ao mercado de trabalho tinha algumas vantagens, e uma das maiores era ajudar o funcionário a entender se estava feliz ou não onde estava. Uma perspectiva concreta de transferência eliminava possíveis idealizações: alguém podia sonhar em trabalhar na *startup* A e, quando ia fazer uma entrevista lá, percebia que o clima não era o que imaginava, ou que a remuneração não era tão alta quanto ouvia falar. Por outro lado, fazer esse tipo de entrevista escancarava novas possibilidades de trabalho, e a pessoa podia se dar conta de que o encaixe na empresa atual realmente não era o ideal.

Quando uma pessoa decide sair, minha convicção é de que precisamos ajudá-la a fazer isso. É necessário olhar não só com os olhos da organização – fazendo antes, claro, tudo o que estiver ao alcance para reter a pessoa se houver uma alternativa –, mas também com os olhos da própria pessoa, para compreender o que ela busca para seu desenvolvimento pessoal.

O que justifica essa postura "compreensiva" não é benevolência da minha parte. Agir dessa maneira com quem deixa a empresa fortalece o relacionamento com o profissional, que vai continuar se desenvolvendo em outras áreas. Pode acabar indo para uma empresa com a qual a nossa tem relações comerciais ou projetos conjuntos, e pode até, daqui a alguns anos, voltar para a organização. O profissional pode também se transformar em mentor de outros talentos e indicá-los para nós no futuro.

Desde que saí da Microsoft, mantenho contato e ajo como mentor de pessoas que ainda estão lá. Evidentemente que não falamos de projetos estratégicos ou confidenciais, mas trocamos ideias sobre assuntos como eventuais mudanças de carreira. É um tipo de contato que faz sentido cultivar, tanto do lado dos mentores como dos mentorados.

O hábito de mentorar e de ser mentorado está intimamente ligado à **cultura do aprendizado** que defendo dentro de uma empresa de tecnologia. Uma cultura assim é intelectualmente estimulante e favorece o surgimento de ideias e soluções técnicas, que farão a diferença nos resultados.

Porém, o time de colaboradores de uma empresa não é feito só de exemplos de grande destaque. Também é um mérito da gestão de pessoas identificar aqueles que não pretendem chegar aos postos de liderança. São profissionais que sobem pela base do Y até o nível sênior, e estão felizes em permanecer ali. O ponto imediatamente anterior à encruzilhada de carreira do Y precisa ter prestígio e remuneração aceitáveis para uma parcela de funcionários de determinado perfil. A base da carreira é bem mais numerosa que a liderança, seja no braço dos especialistas técnicos, seja no da gestão. A distribuição desses papéis e a organização do time são determinantes para o sucesso da equipe de tecnologia, como veremos a seguir.

PONTOS IMPORTANTES DO FOCO EM PESSOAS EM UMA EMPRESA DE TECNOLOGIA

- Organização do time em torno dos melhores talentos, dando a eles espaço, liberdade e condições para ser criativos.
- Busca ativa, tanto local como global, de talentos plurais, inspiradores e multiplicadores, com sistema de entrevistas que permita identificá-los.
- Processos inclusivos de seleção em massa e mentoria nos postos iniciais da carreira, evitando a promoção precoce de desenvolvedores a cargos de gestão.
- Carreira em Y que valorize de forma paralela gestores e especialistas técnicos.
- Ambiente estimulante de trabalho, ligado à inovação, para criar uma marca empregadora forte que atraia mais talentos.

CAPÍTULO 3

A ORGANIZAÇÃO DO TIME

Passei os quinze primeiros anos de vida profissional, a partir da minha entrada na IBM, atuando como especialista técnico[14]. Nem no Yahoo Research nem no Google, nem em boa parte do tempo em que estive na Microsoft, fiz gestão de pessoas propriamente dita, tendo liderado no máximo equipes bem pequenas. Conforme os anos passaram, com o hábito de dar mentorias e encabeçar projetos técnicos, e inspirado pelos gestores aos quais fui subordinado, meu interesse em ir para o lado da gestão foi aumentando. Eu queria ter o maior impacto positivo de transformação nas empresas por que passasse, e sabia que a área de gestão é que me permitiria isso.

Após somente um ano no Bing, o sistema de buscas da Microsoft, fui convocado por Girish Bablani para ir para o Azure Compute, a área de computação em nuvem da empresa, ainda como contribuidor individual, na posição de arquiteto-chefe. Eu não tinha liderados diretos, e o Girish me via como parceiro: enquanto ele administrava o time, eu cuidava da arquitetura técnica dos sistemas. Sempre que

---

14. Para esclarecer, a posição também chamada, ao longo deste livro, assim como no mercado em geral, de "contribuidor individual" e "*staff engineer*", o braço técnico do Y (ver capítulo 2).

precisava fazer alguma reestruturação da equipe, Girish tinha o hábito de me convidar para jantar, e rascunhávamos a nova estrutura em um guardanapo.

Até que um dia, em um desses jantares, ele me disse: "Marcus, a organização está crescendo bastante. Você se sentiria ok em gerenciar um time?". Naquela altura, eu tinha chegado ao título de *distinguished engineer*, um posto alto no braço de engenharia da empresa, sem nunca ter ocupado um cargo de gestão. Disse "sim", e foi assim que eu, que no máximo tinha gerido um time de oito pessoas, comecei a gerenciar quatrocentas pessoas, que em pouco tempo se transformaram em mais de mil.

Funcionou porque, embora, teoricamente, eu estivesse à frente de todo esse contingente de colaboradores, na prática gerenciava diretamente, acompanhando bem de perto, não mais do que dez pessoas, que eram os líderes dos subtimes da minha organização, profissionais experientes e competentes a quem eu podia delegar boa parte das tarefas administrativas.

Conto essa história para trazer um conceito-base deste capítulo, que considero fundamental para a organização de uma empresa de tecnologia – e provavelmente de qualquer empresa –, o desenho organizacional. Como parte dessa discussão, falo sobre *overhead* de gestão e *span of control*, que poderia ser traduzido como amplitude de controle[15] ou a quantidade de pessoas que um gestor administra.

Quanto mais estabelecidos forem os processos e protocolos, preferencialmente na forma de sistemas e ferramentas, menos energia se gasta na gestão de pessoas, porque se reduz o número de duplicidades

15. Embora no Brasil às vezes se usem ocasionalmente as formas "amplitude de controle", "extensão de controle" ou "abrangência de supervisão", optei aqui pelo termo em inglês, *span of control*, que é o mais universalmente adotado.

e ambiguidades, e isso favorece que a equipe consiga produzir em alto desempenho. Discuto também neste capítulo os modos de formatar a equipe para favorecer a eficiência e a capacidade de criar: o balanço entre profissionais mais e menos experientes, a quantidade de camadas hierárquicas, a opção por organizar o time tendo como referência as áreas de atuação ou os projetos temporários e a importância dos ritos de gestão, como as muitas vezes famigeradas reuniões.

Overhead de gestão

Imagine uma gerente de tecnologia que tenha uma equipe com trinta liderados diretos, porque a área cresceu rápido, com a empresa investindo mais em contratar desenvolvedores jovens do que gestores. Se essa pessoa quisesse acompanhar de perto o trabalho do time com reuniões individuais *one-on-one* de meia hora uma vez por semana com cada pessoa, ia ter quase metade de seu tempo de trabalho comprometido apenas com essa tarefa. Se reduzisse os encontros para de duas em duas semanas, é muito possível que, com desmarcações e imprevistos, passasse mais de um mês sem que conseguisse trocar duas palavras com algum colaborador.

A época de avaliação de desempenho seria um outro tormento para ela, com trinta processos e formulários para preencher. Ela gastaria tanto tempo em tarefas de gestão, como aprovar férias de cada um dos colaboradores, organizar a escala de plantão, analisar eventuais promoções, solucionar conflitos internos, pensar em pacotes de retenção, que, mesmo com o apoio do setor de recursos humanos da empresa, ficaria sobrecarregada, e dificilmente arranjaria tempo para conversar com um especialista técnico para avaliar os planos para o futuro ou para escrever qualquer linha de código.

O que está acontecendo nesse exemplo é que existe um *overhead* de gestão grande demais. O *overhead* de gestão é o custo, principalmente em termos de tempo, de gerir uma equipe. Em tecnologia, mesmo com a divisão de carreiras em Y, com trilhas técnicas e administrativas separadas, é fundamental para o gestor ter envolvimento técnico para acompanhar o que o time está fazendo, trabalhar em planos estratégicos e orçamentários de curto, médio e longo prazo, lidar com incidentes e até para ter condições de avaliar os colaboradores. Por isso, além das tarefas diretas de gestão de pessoas, é importante que tenha tempo para atuar em projetos técnicos, mesmo que pequenos, de forma a se manter atualizado.

A situação pode se agravar mais para a gerente sobrecarregada do exemplo se ela não puder contar com um gestor direto experiente para dividir os problemas mais espinhosos e se esse superior não tiver muito mais tarimba que ela, algo frequente em empresas em que a força de trabalho é muito jovem. São casos assim que dão origem a profissionais que trabalham doze horas por dia para tentar cuidar de tudo, sentem que a equipe não está produzindo como deveria e deixam a empresa na primeira oportunidade que conseguem, buscando uma organização mais bem estruturada.

Burnout e ineficiência da equipe podem ser resultado direto de um desequilíbrio na montagem das equipes. O que se quer, em qualquer empresa, é aumentar a eficiência e diminuir o *overhead* da gestão.

Existem várias maneiras de reduzir o *overhead* de gestão, e um dos pontos centrais, sem dúvida, é a racionalização do número de liderados sob um líder. Há um limite de quantas pessoas um gestor consegue comandar bem, mas não é um número ideal que dá certo em todas as indústrias. Muita gente pensa e estuda essa problemática há bastante tempo, e meu propósito aqui é abordar o problema apenas sob a ótica específica da minha experiência prática em empresas de tecnologia.

Span of control pequeno demais

Quando cheguei à Stone, a área de tecnologia havia se expandido rápido com as conquistas e a inovação na área de pagamentos no Brasil, e contava, naquele momento, com dois mil colaboradores, sendo que aproximadamente quinhentos eram gestores. Em média, as equipes eram compostas de quatro pessoas, com um *span of control* de três (um gestor para três liderados). Havia casos ainda mais extremos em que um gestor comandava apenas um outro colaborador.

Até se poderia imaginar que times bem pequenos são uma boa solução, por diminuir a sobrecarga dos gestores, que têm menos pessoas para liderar e, portanto, menos tarefas. Mas a relação não é direta. O próprio fato de alguém ser gestor já implica uma série de deveres que tomam tempo, ou seja, existe um *overhead* de gestão inerente ao cargo.

Um outro complicador de gestão naquela época na Stone era a falta de senioridade dos líderes. Gestores inexperientes precisam de mais tempo e gastam mais energia para comandar o time. Com um número enorme de gestores e a grande maioria deles sendo pouco experiente, o que acontecia é que o tempo de um quarto dos dois mil colaboradores da equipe de tecnologia estava consumido por tarefas de gestão, e essas pessoas ficavam praticamente impossibilitadas de dar contribuições técnicas. Somando-se tudo, isso significava uma imensa perda de potencial e de força de trabalho.

Quem faz gestão de equipes de tecnologia é bombardeado por problemas todos os dias, independentemente do tamanho do time. Há todo tipo de conflitos, desde os operacionais, como alguém que precisa usar um sistema que não está respondendo, ou a *feature* nova da aplicação que está com *bugs* e prejudicando os usuários, ou a necessidade de brigar por mais orçamento para finalizar o projeto, até os problemas pessoais dos colaboradores, como um desentendimento entre dois funcionários, um comportamento inadequado que exija correção, um colaborador que enfrenta um problema grave na família etc.

Quando o responsável pela equipe tem vivência e traquejo para agir, há uma economia de tempo e energia. Já um gestor sem experiência provavelmente precisa transferir parte de sua carga para seu próprio gestor ou mentor, consultando-o sobre o que fazer, e assim o *overhead* de gestão se multiplica. E, se o gestor inexperiente não faz nada, o conflito da equipe ou o problema técnico ficam sem solução e prejudicam a produtividade.

Com o objetivo de equilibrar a equipe de tecnologia na Stone, adotei uma estratégia que aliava um plano de seniorização do time com a ampliação do *span of control*. Assim, a empresa teria equipes maiores para líderes mais experientes comandarem.

Mapeei, junto a Anderson Nielson e o time de recursos humanos, a situação com parâmetros que pudessem ser seguidos sem abrir espaço para as desconfianças e manobras políticas que tendem a aparecer quando se mexe em cargos e na sensação de poder das pessoas. O primeiro passo foi a criação da trilha de carreira, a Star Trail. Foi um processo colaborativo e complexo que durou quase um ano. Além de formalizar a carreira em Y, com trilhas equivalentes de gestão e de contribuidores individuais especialistas, a Star Trail descreveu cada uma das posições, com atribuições e competências bem claras, principalmente para os postos mais juniores.

A partir daí, com uma série de calibrações e reuniões de liderança, foi o momento de encaixar a força de trabalho nas posições da trilha de carreira, fazer o diagnóstico e tomar as medidas para começar a aumentar o *span of control* e melhorar a eficiência da gestão.

A primeira providência foi determinar que nenhuma pessoa que ainda estivesse na base comum do Y (ver Figura 2), ainda em fase de formação técnica, poderia ser gestor. A cada caso em que uma equipe era comandada por alguém ainda em formação, houve um esforço para fundir times, o que reduzia o número de lideranças e aumentava o *span of control.*

Como a Stone passou a ter uma trilha de carreira que dava oportunidades e remuneração iguais tanto para colaboradores que quisessem se tornar gestores, pelo lado da gestão, como para os que quisessem se desenvolver como especialistas, fazendo liderança técnica, mas sem gerenciar pessoas, a medida seguinte foi verificar quais funcionários do lado da gestão gostariam de se transformar em contribuidores individuais. Essa era uma alternativa que não existia de maneira tão estruturada antes, e se apresentava como uma nova perspectiva de carreira que precisávamos divulgar e incentivar. Dessa forma, conseguimos desinchar mais um pouco o braço inchado da gestão.

Nenhuma das realocações afetou negativamente a remuneração dos colaboradores, até porque isso seria ilegal no Brasil. Para dar mais importância ao desenvolvimento pessoal que aos cargos, foi estabelecido na Star Trail que as promoções seriam resultado de um processo de avaliação de desempenho preestabelecido e bem definido, que permite à pessoa avançar na trilha.

A estratégia para a ampliação do *span of control* adotou metas concretas estabelecidas a partir de **dados**. Como os colaboradores e a gestão estavam todos mapeados, foi possível determinar objetivos graduais de aumento da razão de liderados por líder. Partimos de um *span of control* de 4,5[16] liderados por gestor e definimos metas ano a ano que, ao longo de dois anos, elevaram a proporção para 6,5 liderados por gestor, que considero bem mais adequada.

16. Estou usando números realísticos, mas apenas ilustrativos, que não devem ser tomados como a realidade exata da Stone.

Sempre há exceções nessa proporção, claro: um trabalho superespecializado pode exigir um alto nível de controle e uma equipe muito enxuta, e uma atividade que tenha um processo bem uniformizado pode permitir que o gestor comande mais pessoas. De toda maneira, acredito que o número ideal de colaboradores para alguém gerir, na área de tecnologia, fique entre 7 e 8, chegando a no máximo 10.

O intuito da reorganização na Stone foi permitir que os colaboradores pudessem trabalhar em alto desempenho, sendo e se sentindo produtivos, atuando dentro de uma equipe com um gestor envolvido tecnicamente e com tempo de mentorar e motivar o time.

Uma das maneiras de medir resultados para esse tipo de plano é verificar periodicamente a taxa de rotatividade da empresa, também conhecida como *turnover*. No caso da Stone, vimos impactos positivos, com queda de mais de 20% do índice de rotatividade, para índices melhores do que a média do mercado em 2023, refletindo uma maior satisfação dos colaboradores e equipes mais estáveis como um todo.

Pirâmide de senioridade

O balanço entre profissionais experientes e inexperientes é crucial para que uma equipe de tecnologia funcione da maneira como idealizo, com um ambiente de trabalho inspirador e instigante, em que os colaboradores se sintam ao mesmo tempo úteis e com espaço para ser criativos, o que, por sua vez, aumenta a eficiência do time e permite que aconteça a inovação buscada.

Profissionais experientes e talentosos na trilha técnica são capazes de fazer enorme diferença nas estruturas da companhia e no planejamento estratégico, pois conseguem ter uma visão mais ampla para montar plataformas que darão fôlego e solidez à empresa no longo prazo. São também multiplicadores do pensamento intencional de tecnologia para o restante da equipe. É possível cercar uma pessoa assim de colaboradores que vão ajudá-la a ter um impacto ainda maior nas atividades da empresa.

Já profissionais seniores do lado da gestão têm a capacidade de liderar mais gente com mais firmeza e sabedoria, transmitindo segurança para seus sublíderes e ajudando a consolidar a cultura organizacional e as boas práticas de gestão.

Dei muita sorte porque comecei minha carreira na IBM, uma empresa em que a gestão dos novos pesquisadores era muito estruturada, com lideranças extremamente experientes que me deram um direcionamento sólido. Se eu tivesse começado em uma *startup* de garagem com uma turma com a mesma idade que a minha, teria tido uma formação e uma experiência profissional bem diferentes.

Pessoas com vivência corporativa e visão estratégica construída ao longo de anos têm melhores condições de estabelecer o equilíbrio que defendo, de dar espaço para a criatividade sem cair na falta de orientação técnica. Problemas de desalinhamento da equipe em tecnologia são especialmente complicados porque geram, por exemplo, códigos duplicados, sistemas mais complexos que o necessário e débitos técnicos potencialmente relevantes. As lideranças, tanto técnicas quanto de gestão, precisam estar atentas a esses desvios de rota.

Sei que os recursos de uma companhia serão sempre limitados, e também sei que o time de tecnologia costuma "comer" grande parte do orçamento de empresas em todos os ramos de atividade. O que defendo, e para isso escrevo este livro, é que investir em determinado tipo de profissional para cada situação vale a pena.

E é um investimento que na maioria das vezes se paga, porque, ao contratar um gestor sênior altamente eficiente, essa pessoa vai reduzir o *overhead* de gestão de forma generalizada dentro da hierarquia, vai atrair outras pessoas igualmente eficientes para a empresa, e assim por diante.

Defendo que se encare a organização como uma pirâmide, com um topo estreito. É necessário manter a atenção para preservar o formato de pirâmide, com níveis de senioridade distribuídos nas diferentes camadas, para não cair na armadilha de ter um time enorme em que ninguém saiba muito bem para onde está indo.

Quando se identifica que uma equipe está com uma proporção grande demais de profissionais juniores, é possível criar um plano de seniorização como o da Stone. O modelo ali foi determinar um ponto na trilha de carreira para servir como limite entre alguém ser júnior e sênior e, com o apoio da área de recursos humanos, alterar a proporção de novas contratações. Se antes a empresa trazia quinze funcionários juniores para cada sênior contratado[17], esse número pode ser alterado para três juniores para cada sênior, até alcançar o formato adequado para a pirâmide.

Entendo que esse é um processo demorado e gradual. Mas ele tem de ser também intencional, já pensado desde a fase da definição do orçamento anual e da abertura de cada vaga. E precisa incluir ainda a alimentação da base da pirâmide com funcionários – especialmente com programas como o de jovens aprendizes e os ligados a instituições educacionais, a fim de fomentar os **talentos do futuro** – e programas de formação de lideranças, com o oferecimento de cursos de alta qualidade e o incentivo à educação.

Na primeira década dos anos 2000, o Google decidiu estabelecer no Brasil um laboratório através da aquisição de uma empresa, a Akwan, que tinha se originado no ambiente universitário da UFMG (Universidade Federal de Minas Gerais) e era chefiada pelo profes-

17. Números apenas ilustrativos, que não refletem a realidade da Stone.

sor Berthier Ribeiro-Neto. À frente da unidade, em Belo Horizonte, Berthier manteve uma postura de contratação bastante cautelosa, focada na qualidade e no equilíbrio entre profissionais experientes e inexperientes, mesmo com o rápido crescimento da equipe. Com essa abordagem cautelosa, Berthier liderou o crescimento laboratório brasileiro e o posicionou para atuar em projetos fundamentais de inovação para o ecossistema do Google. Hoje, ainda sob o comando de Berthier, o laboratório conta com mais de 250 desenvolvedores, e atribuo o sucesso em parte à habilidade dele de preservar a pirâmide de senioridade.

Capacidade de gestão

Além dos parâmetros de liderados por gestor e de número absoluto de gestores com senioridade mínima disponíveis, outro fator que precisa ser levado em conta é o número de camadas na estrutura organizacional. Organizações com muitas camadas podem sofrer com problemas de comunicação, porque as diretrizes têm de passar por um longo percurso de "boca a boca" – ou teclado a teclado – desde a camada superior, de comando, até as mais inferiores, como naquela brincadeira que antigamente se chamava de "telefone sem fio".

Reduzir as camadas hierárquicas tende a melhorar a comunicação e tornar a empresa mais ágil, mas a consequência automática de fazer isso sem reduzir o número de colaboradores é aumentar o *span of control*, criando equipes maiores, o que traz outros prejuízos. A determinação do número de camadas e do número médio de funcionários por gestor estabelece, portanto, a capacidade de gestão da empresa.

Seria muito bom se essa fosse uma conta simples de fazer, o que não é o caso – nunca é. Assim como destaquei quando falei das exceções para o tamanho ideal do *span of control*, existem variações em relação à senioridade e ao número de camadas hierárquicas, dependendo da atividade e da posição estratégica da organização. Não é algo que possa ser imposto à empresa de maneira uniforme. Mas é positivo controlar esses parâmetros com métricas globais e métricas por área, para que as medidas sejam tomadas com base em dados, e não apenas em percepções subjetivas.

Por exemplo, a área de pesquisa de tecnologia, que se concentra em projetos de médio e longo prazo, mais focados na inovação, precisa de profissionais muito seniores. Já áreas como atendimento ao cliente e sistemas internos costumam ter proporção maior de colaboradores iniciantes, equipes maiores e líderes não tão seniores, embora nem por isso sejam desimportantes e possam ser negligenciadas pela alta direção da empresa.

Uma metáfora para representar a proximidade da supervisão é a construção de uma casa. Se, por um lado, a gestão precisa acompanhar muito de perto a colocação dos alicerces e a construção do encanamento, por outro, o serviço de colocação dos azulejos pode ser supervisionado de outra forma, porque, em caso de necessidade, será muito mais fácil recolocar os azulejos do que trocar o encanamento ou corrigir uma fundação malfeita.

Uma vez que se defina que o *span of control* médio de uma empresa é 10, por exemplo, e que não se quer mais do que cinco camadas de hierarquia, o limite máximo de funcionários será de 11.111 pessoas, sendo que, deles, 1.111 serão gestores. Sem monitoramento, é bem possível que a certa altura a liderança se dê conta de que a companhia, na verdade, está com 20.000 colaboradores e apenas 500 gestores. Ou que, pelo contrário, o número de gestores está inflado em 5.000 para um contingente total de 15.000 funcionários. São vários tipos de desequilíbrio que devem ser evitados ou, quando detectados, corrigidos.

Os sinais de que a organização está desbalanceada aparecem concretamente nas métricas de acompanhamento dos dados de pessoal, mas também podem ser percebidos de outras maneiras: em tecnologia, funcionários entram em *burnout*, a rotatividade aumenta, a quantidade de mudanças de código colocadas em produção cai, os incidentes acontecem com mais frequência e levam mais tempo para ser mitigados. O conjunto de métricas DORA (*DevOps Research and Assessment*) pode ajudar a detectar esse desbalanceamento.

O olhar intencional sobre a organização de tecnologia que proponho neste livro busca evitar esse tipo de desequilíbrio e chamar atenção a ele quando a situação se encontra descontrolada.

Alocação de recursos

Nas decisões estratégicas de como organizar o time de uma empresa de tecnologia, uma variável cada vez maior é a possibilidade de contratar serviços externos, em vez de manter equipes fazendo o trabalho "em casa". A terceirização de determinadas atividades é inescapável, especialmente depois da popularização da computação em nuvem. A terceirização é uma maneira de controlar o contingente de pessoal, tendo em mente que ainda assim será necessário ter uma equipe para fazer a interface com o prestador de serviço, embora ela seja bem menor.

A possibilidade de terceirização deve entrar na conta quando se decide qual é o tamanho máximo da equipe. Faz sentido reservar os recursos e o olhar mais atento para desenvolver internamente as atividades que compõem o diferencial competitivo da companhia e as áreas em que há potencial de inovação, e contratar serviços disponíveis no mercado para áreas consideradas *commodities*. Não faz sentido construir um sistema para detectar se o servidor está falhando ou não, porque os serviços de computação em nuvem, como o

Microsoft Azure ou o Google GCP, já fazem isso muito bem e com muita eficiência.

Por outro lado, sistemas que precisam escalar, como os sistemas de processamento de cartão de crédito e de Pix da Stone, podem representar um comprometimento de recursos muito alto em médio prazo se contratados junto a um terceiro, e nesse caso pode ser mais vantajoso manter seu desenvolvimento e operação na empresa, porque dessa maneira será possível fazer um planejamento para obter ganhos de produtividade e controlar os custos futuros.

O que se paga para contratar plataformas terceirizadas entra no balanço da empresa como custo operacional, chamado também de opex, abreviação de "operation expenditure" em inglês (despesa operacional). Em geral, as despesas com pessoal, especialmente com gestores, são consideradas operacionais. Em uma empresa de tecnologia, no entanto, existe a possibilidade de encarar parte do gasto com pessoal como capex, que são despesas de capital (capex vem de "capital expenditure"), a forma de classificar investimentos nos bens tangíveis e intangíveis da empresa.

O salário de pessoas pode ser considerado capex quando elas estão trabalhando na criação de um produto novo (um novo sistema é um ativo da empresa, assim como um prédio). As despesas de capital preveem um índice de depreciação ao longo do tempo: é como quando a empresa compra um lote de computadores. É previsto que o investimento feito vai se depreciar com o passar dos anos, conforme as máquinas forem pifando.

Gastos em opex e capex são reportados em linhas diferentes nos balanços das empresas e são observados por investidores para avaliar a saúde da empresa. Para o líder de tecnologia, é bem possível que tudo o que o CEO (*Chief Executive Officer*) e, principalmente, o

CFO (Chief Financial Officer) queiram saber é como o gasto da área se distribui entre opex ou capex.

Prabhakar Raghavan, que me contratou no Yahoo Research, costumava colocar meus pés no chão: "Para o resto da empresa, tudo que você faz é uma linha em uma planilha". Faz parte da intencionalidade do líder de tecnologia estar familiarizado com esses conceitos – os quais não vou aprofundar aqui – para saber como justificar o investimento em equipamentos, em projetos e em pessoal para a liderança e para os investidores. O planejamento inclui ter na ponta da língua respostas sobre o retorno esperado sobre o investimento (ROI). É uma visão estruturada que facilita a comunicação com o resto da companhia. Em relação a esse ponto, é fundamental para o líder de tecnologia trabalhar em parceria com um profissional da área de finanças que atue como um controlador, um *chief of staff*.

O orçamento da área de tecnologia é sempre considerável, e o CTO ou líder da área não pode promover um crescimento eterno de seu time, mesmo porque isso seria impossível. Os objetivos da liderança da área tech estão, ou deveriam estar, alinhados com os do CFO.

O que a tecnologia almeja é o que também agrada à área de finanças: ganhar eficiência operacional e reduzir custos. Isso se faz aumentando a automação, produzindo softwares mais escaláveis e reduzindo débitos técnicos, e o que permite que esses avanços se concretizem, em grande parte, são os ganhos em material humano, aquilo que a gestão de pessoas faz para direcionar o resultado do trabalho cotidiano dos colaboradores. Atingido o objetivo do investimento, ou seja, se os esforços da gestão de pessoas funcionam, há redução de custos em pessoal, porque menos mãos são necessárias para tocar o dia a dia. Essa diminuição em despesas operacionais faz sobrar mais recurso para ser reinvestido em forma de capex.

Um time sustentável para o número atual de gestores da empresa e uma pirâmide de senioridade equilibrada compõem as melhores condições para a empresa avaliar seu apetite de reinvestimento em tecnologia. A decisão de onde injetar recursos está aliada ao propósito de inovação detalhado no capítulo 4. O objetivo, ao colocar dinheiro em projetos de longo prazo, como em inovação, é que com o passar do tempo ele se transforme em produtos, serviços concretos e ganhos de eficiência que compõem o cotidiano da empresa, o custo operacional do chamado *business as usual* (BAU). Sempre que há ganhos de eficiência, sobram recursos que podem ser reinvestidos em projetos de horizonte distante, perpetuando o ciclo de inovação.

Assim, a equipe de tecnologia terá sempre uma boa parte de seu contingente trabalhando na manutenção e na operação dos sistemas atuais, uma parte em projetos de médio prazo, visando à otimização dos processos e plataformas (como veremos no capítulo 5), e uma parte em projetos estruturais e exploratórios de longo prazo.

Organização de times por projeto ou por área

Um time de tecnologia tem algumas particularidades em relação às possibilidades de organização. Para começar, existem os contribuidores individuais especialistas, que atuam dentro das equipes como uma espécie de consultores técnicos e que podem estar subordinados a gestores de nível hierárquico até mais baixo que o seu, considerando a trilha de carreira.

Times interdisciplinares são uma forma de dar flexibilidade e agilidade a projetos de tecnologia, e podem ser colocados em prática de diversas formas.

Quando passei pelo Google, entre 2011 e 2013, estava em uma equipe que atuava na infraestrutura da ferramenta de busca Google.com. A organização da equipe era muito fluida e intercambiável. Arredondo aqui para facilitar a visualização: digamos que tínhamos um grupo de 50 pessoas, com 5 gestores. Cada um dos gestores tinha um "time" de 9 pessoas, para as quais aprovava férias, fazia acompanhamento de carreira e dava nota nos processos de avaliação de desempenho. Mescladas nesse *pool* de 50 pessoas havia lideranças técnicas, e os 5 gestores também tinham grande envolvimento técnico. Eu, Marcus, que pertencia oficialmente ao time A, não trabalhava no projeto liderado pelo gestor do time A. Podia estar trabalhando ao mesmo tempo no projeto comandado por alguém do time B e em outro projeto que por acaso era chefiado pelo gestor do time C. Meus companheiros de projeto podiam ser dos times A, B, C, D ou E, totalmente misturados. Era tudo matricial, pois sabíamos que os projetos eram mais efêmeros que as pessoas.

Mesmo trabalhando sempre para outros líderes técnicos, na hora de passar pela avaliação de desempenho ou discutir minhas férias, eu tinha que falar com o gerente do time A, minha equipe oficial.

Em uma organização assim, os gestores que estão no *pool* precisam saber mais ou menos o que está acontecendo em todos os projetos para terem condições de, por exemplo, fazer a avaliação de desempenho de seus liderados.

Como descrevem Colin Bryar e Bill Carr no livro *Obsessão pelo cliente*[18], na Amazon foi estabelecida muito cedo a prática de criar equipes e chefias que fossem temporárias e totalmente autônomas, compostas de pessoas de várias áreas que dedicavam 100% do tempo a

18. *Obsessão pelo cliente: Working backwards – Histórias, segredos e insights exclusivos de dentro da Amazon*, de Colin Bryar e Bill Carr (Citadel, 2023).

um projeto específico – por exemplo, o desenvolvimento do Kindle. O líder desse tipo de projeto (*single-thread leader*) na Amazon comanda um time que só pensa no desenvolvimento daquele produto específico e que é independente para implementar o projeto sem precisar pedir autorização a outras áreas da empresa.

Esse modelo bem particular da Amazon nasceu devido à percepção de que a necessidade de comunicação e aprovação entre áreas e níveis hierárquicos emperrava os projetos da empresa. Em vez de melhorar a comunicação, a Amazon decidiu que era melhor eliminar a necessidade de comunicação. A montagem de equipes mistas assemelha-se também às estruturas de desenvolvimento de produto adotadas mais recentemente pelas metodologias ágeis.

A vantagem desses modelos é que eles possibilitam escolher dinamicamente os líderes com o perfil mais adequado para cada projeto, assim como as pessoas que mais eficiência levarão à empreitada. Também são mais propícios a se formar de modo espontâneo, em resposta às motivações e aos interesses profissionais dos integrantes, o que, como mostro no próximo capítulo, favorece a inovação.

Em geral, porém, é bem mais natural para qualquer empresa adotar uma organização tradicional determinada por área de atuação, pela função da equipe. Em uma empresa como a Stone, a gestão de *banking* é dividida em subtimes, como Cartão de Crédito e Core Bancário. Isso não impede, porém, que possa haver modelos híbridos de gestão, adotando organizações mais flexíveis dentro de equipes menores.

Em uma visão macro, no nível da empresa toda, faz sentido dividir equipes por área de atividade. Mas dentro de uma organização menor, com, por exemplo, cinquenta pessoas ou menos, existe espaço para a intercambialidade entre projetos. Os contribuidores individuais especialistas normalmente se encaixam em times formais para efeito de avaliação e questões administrativas, porém, são alocados de modo independente em equipes menores que estão tocando projetos, mesmo que sejam hierarquicamente superiores a quem está liderando o time. O trânsito livre que os especialistas têm entre times e projetos é um dos trunfos do estabelecimento da trilha de carreira em Y.

Ritos de gestão

Mesmo que haja ênfase na divisão da equipe por projetos curtos, é aconselhável que o acompanhamento profissional de cada colaborador seja feito de maneira mais constante, com um gestor determinado.

Assim como boa parcela dos gestores da área de tecnologia, sou partidário de reuniões individuais (1:1) com meus liderados, com frequência semanal. Como ressaltei no capítulo anterior, a frequência de uma vez por semana permite que haja eventuais cancelamentos sem grande prejuízo na comunicação. Reuniões semanais regulares criam uma boa cadência, que as torna objetivas e resolvíveis em meia hora de conversa.

Como ressalta Camille Fournier em *A arte da gestão*, não basta apenas manter uma política de "porta aberta" e dizer aos colaboradores que os líderes estão disponíveis para atendê-los sempre que necessário. Só buscando as informações de forma ativa é que é possível fazer o acompanhamento de carreira e do trabalho que está sendo feito pelo profissional, em especial levando em consideração a distância imposta pelo trabalho remoto e o perfil introvertido de muitas pessoas que trabalham na área de tecnologia.

As reuniões compõem uma parcela considerável do *overhead* de gestão, por isso é importante que sejam feitas de forma racional e com a máxima eficiência, sem perder o elemento pessoal que faz delas uma ferramenta única de desenvolvimento do material humano da empresa.

Racionalizar as reuniões significa, no meu ponto de vista, usá-las para os poucos processos que funcionarão melhor de forma síncrona em vez de assíncrona (por meio de comunicação por escrito, por exemplo). Formas de organização, como preparar pautas e agendas para que as pessoas cheguem com conteúdo já pensado para discutir, são boas práticas que devem ser estimuladas. Combinar o que vai ser discutido de maneira assíncrona, antes da reunião, pode torná-la muito mais produtiva.

Outro hábito que adoto e gosto de recomendar são reuniões do tipo *skip level*, que seria "reunião pula-nível", em uma tradução direta, quando um colaborador se reúne com quem gerencia o gestor dele. Esse tipo de encontro pode ser feito a pedido do colaborador e também de forma rotineira, individualmente ou em grupo. Na Stone, por exemplo, me reúno com os liderados dos meus liderados a cada sessenta dias.

É um tipo de reunião útil para aumentar a transparência dentro da empresa e para detectar problemas ou potencialidades. Talvez o gestor identifique um talento que merece ser observado e cultivado, ou que descubra que seu liderado direto – o gerente ou diretor do nível que está sendo "pulado" e que, portanto, não está presente na reunião – não está conseguindo dar conta de acompanhar o trabalho da equipe, por estar sobrecarregado ou por algum outro motivo menos nobre. O contato direto entre gestores e liderados de seus liderados aumenta o poder de supervisão e dá aos funcionários mais confiança de que há na empresa espaço para que expressem suas ideias e preocupações.

Reuniões *skip level* não devem, por outro lado, ser solicitadas por pessoas tentando obter acesso direto aos altos níveis de liderança apenas para tentar se destacar, pois é muito improvável que a estratégia dê certo. Há que se ter em mente que gestores seniores são, por natureza, pessoas bem difíceis de impressionar.

Não é saudável para uma organização quando existe uma impressão generalizada de que tudo se resolve com critérios subjetivos baseados em favorecimento pessoal, e de que alguns funcionários se aproveitam de brechas nos sistemas em benefício próprio. Esse tipo de percepção cria um clima muito ruim. Os processos da gestão de pessoas precisam ser muito claros e a gestão deve estar bem alinhada com eles.

Costumo dizer que o conjunto de gestores de uma empresa deveria funcionar como um algoritmo. Se alguém perguntar a qualquer uma das lideranças hierárquicas "O que um colaborador precisa fazer para ser promovido do nível B para o nível A?", as respostas deveriam ser sempre semelhantes, demonstrando que todas elas têm os mesmos padrões de promoção e enxergam os processos da empresa pelo mesmo prisma. Conseguir essa uniformidade entre os gestores é uma tarefa trabalhosa, e a constância de ritos como as reuniões é um elemento importante para que as lideranças formem um grupo coeso e alinhado.

Ferramentas em vez de processos

Para garantir a uniformidade nos procedimentos de gestão de pessoas, o ideal é que se criem sistemas automatizados e protocolos escritos, como o feito ao se definir muito claramente a trilha de carreira da Stone, a Star Trail.

Um plano de carreira bem descrito e um sistema de avaliação que funcione como uma ferramenta colaborativa baseada nesse plano são exemplos de práticas que deixam a empresa menos aberta a favoritismos e injustiças. As regras estão explicitadas e integradas nas ferramentas, e nem a gestão nem os colaboradores precisam gastar energia tentando interpretá-las.

Protocolos escritos ainda assim estão sujeitos à interpretação de cada gestor. Quando protocolos são transformados em ferramentas, o espaço para questionamentos diminui muito, e se reduz a frequência de pensamentos do tipo "Que sorte trabalhar para a pessoa X, porque ela é mais 'boazinha' e promove seus liderados sem exigir tanto quanto a pessoa Y". Esse tipo de inconstância não pode acontecer.

As ferramentas e os processos funcionam como salvaguardas para minimizar distorções de interpretação. Nos níveis mais superiores, promoções devem ser conferidas e aprovadas por um conjunto de gestores, em vez de ficar na mão de uma pessoa só, para reduzir o risco de viés. Quanto mais constantes os comportamentos forem, mais confiança as pessoas terão de que integram uma organização isenta, com padrões e funcionamento claros, confiança que dará a elas mais espaço mental para que executem suas funções com eficiência e criatividade.

Criar ferramentas de gestão de pessoas, monitorar os dados da área e basear na análise desses dados as decisões estratégicas sobre o time, garantir a comunicação, equilibrar a pirâmide de senioridade e controlar o *overhead* de gestão são medidas de organização da equipe que dão sustentação a um ambiente fértil que favoreça a inovação em tecnologia.

PRINCÍPIOS PARA ORGANIZAR O TIME EM UMA EMPRESA DE TECNOLOGIA

- Definir e controlar o *span of control* (quantidade de liderados por líder).
- Reduzir o *overhead* de gestão, a sobrecarga das tarefas de administração da equipe, para que os gestores tenham também atuação técnica.
- Equilibrar a pirâmide de senioridade para que a organização não perca padrões de qualidade.
- Alocar recursos de pessoal levando em conta horizontes de inovação.
- Reduzir incertezas e subjetividades transformando processos em ferramentas.

CAPÍTULO 4

GESTÃO DE INOVAÇÃO

Quando eu estava na Microsoft, ouvi de gente do meu time variações da mesma pergunta muitas vezes: "Se temos tanta coisa para fazer no Azure, por que dispor de uma equipe para se focar em computação quântica?". A resposta a esse questionamento e a tantos outros envolvendo projetos mais experimentais ou de aparente futurologia é que toda empresa precisa investir em horizontes de conhecimento e crescimento mais de longo prazo para não correr o risco de perder vantagem competitiva.

Lembro que o Satya sempre falava: "Eu preciso que os meus líderes de tecnologia enxerguem além da curva". Compartilho dessa filosofia com ele, porque alimentar processos e ambientes que propiciem o surgimento e o desenvolvimento de ideias é o único antídoto para o chamado dilema da inovação, nas palavras de Clayton Christensen. Segundo o professor de Harvard e autor do best-seller *O dilema da inovação*[19], uma companhia que somente mantém a atenção e os recursos para aquilo que já faz bem se torna suscetível a se

19. *O dilema da inovação*, de Clayton Christensen (M.Books, 2011), originalmente publicado em inglês em 1997.

tornar obsoleta com o aparecimento de novas tecnologias ou superada pela agilidade da concorrência.

Com questões dessa grandeza em mente, discuto neste capítulo como manter a chama da inovação sempre acesa em empresas maiores ou menores, no que diz respeito à estrutura organizacional, aos processos e até às ferramentas de engenharia. Trago também alguns exemplos de como certas inovações surgiram nas empresas por que passei e tento com eles generalizar conceitos que possam ser aplicados por líderes de engenharia em seus times.

Pensamento científico como instrumento de inovação

Quem está acostumado com a publicidade personalizada e dinâmica de hoje em dia na internet pode não saber ou não lembrar que, no começo dos anos 2000, os anúncios eram praticamente estáticos e não necessariamente direcionados aos interesses e gostos dos usuários. Não era incomum, portanto, que alguém lesse em um portal de notícias sobre os resultados do Brasileirão no final de semana e visse uma página com anúncios laterais de casacos de inverno.

Nesse contexto, quando me juntei à equipe que criou o Yahoo Research, em 2005, Prabhakar Raghavan, que comandava a iniciativa de embasar os processos e produtos da empresa com dados e métodos mais científicos, nos encarregou de olhar a questão dos anúncios de uma forma criativamente exploratória.

Para liderar a pesquisa em anúncios no laboratório, Prabhakar recrutou Andrei Broder, que mencionei anteriormente. O Yahoo Research ficava na região do Vale do Silício, e uma vez por semana pegávamos a ponte aérea para Burbank, cidade próxima a Los Angeles, onde trabalhava o time responsável por anúncios, que na sua maioria viera da Overture, que havia sido comprada pelo Yahoo em 2003.

Nosso objetivo era entender o sistema existente e buscar formas de fazê-lo evoluir, tanto no que diz respeito à relevância dos anúncios quanto ao custo e disponibilidade dos sistemas. Passei cerca de um ano e meio fazendo essa viagem às quartas-feiras junto com o Andrei e também o Vanja Josifovski, um outro jovem engenheiro na época, que depois viraria CTO do Pinterest e do Airbnb. Nos outros dias da semana, explorávamos e testávamos possibilidades, seguindo a diretriz de fazer isso com método científico.

Em determinado momento daquelas visitas a Burbank, percebemos que o sistema existente não produzia anúncios relevantes e não era estável, e que seria necessária uma mudança radical na maneira de servir anúncios. Não se tratava de um simples acréscimo incremental ao que já existia, mas sim de uma quebra de padrão. Como já estávamos trabalhando em ideias havia certo tempo, foi a oportunidade de colocar alguma coisa nova em produção para validar as hipóteses das nossas pesquisas. Aproveito para dizer aqui que essa virada, do sistema que desenvolvemos na pesquisa para o sistema de produção de anúncios do Yahoo, só foi possível pelo apoio que tivemos por parte de Qi Lu e de David Ku, executivos responsáveis pelos sistemas de produção da empresa e visionários na forma como apoiaram a inovação.

A partir das muitas conversas, comparações, observações e coletas de dados, chegamos à conclusão de que precisávamos de anúncios que captassem a intenção e a inclinação das pessoas, além de serem mais contextuais e complementares ao conteúdo exibido – um conceito bastante disseminado hoje em dia de servir anúncios de acordo com o perfil de navegação do usuário, mas basicamente novo naquele início de milênio.

A nova área de *computational advertising*[20] nasceu desse caldo de pessoas bem formadas e curiosas, que haviam sido contratadas pelo Yahoo com liberdade para trabalhar de forma independente e criativa e estavam dispostas a resolver problemas e pensar em soluções para questões do futuro.

Andrei Broder é um mestre em inspirar o time e conseguir os melhores resultados com isso. Trabalhei com o Andrei por quase dez anos em vários projetos, todos bem-sucedidos, e ele nunca nos cobrou por nenhuma entrega em datas. Em todos esses projetos, o time estava sempre supermotivado, e grande parte do entusiasmo vinha à tona porque Andrei sabia como nos estimular. Quando começamos a trabalhar em *computational advertising*, vários problemas propostos por ele eram inéditos – por exemplo, "como representar que pessoas que gostam de Fórmula 1 podem ser mais propensas a anúncios de Rolex?".

Resolvemos esse problema específico dos anúncios de Rolex-Fórmula 1 usando técnicas de recuperação de informações, representando esses conceitos como documentos e computando similaridades entre os documentos. Dessa forma, os documentos representando a consulta "Fórmula 1" e o anúncio de Rolex poderiam ser entendidos com informações semânticas, como "luxo" e "excêntrico", e esses termos comuns pesariam na conta de similaridade.

Nem imaginávamos naquela ocasião, no Yahoo, que nossas pesquisas e a nova abordagem para anúncios que ajudamos a desenvolver e colocar em prática viriam a alterar completamente a maneira como as pessoas compram, negociam, escolhem, interagem e vivem. Dou enorme crédito ao Andrei por isso.

---

20. *Computational advertising* ou propaganda computacional é uma ferramenta tecnológica que se vale de um algoritmo para servir anúncios relevantes aos usuários da internet baseados em suas preferências e interesses.

No dia a dia do trabalho, Andrei era um cara que unia o talento da teoria com a habilidade de compartilhar as histórias de vida mais inusitadas do mundo, a visão de caminhos possíveis onde ninguém ainda enxergava horizonte e a capacidade de gerar resultados práticos. Conseguia com tudo isso despertar a nossa própria criatividade para projetos de engenharia, desde o laboratório da IBM, onde o conheci, e depois no Yahoo e no Google, para onde tantos de nós fomos nos anos seguintes, inclusive ele.

Quem trabalha diretamente comigo provavelmente já deve ter percebido que sou um adepto convicto da "filosofia Andrei" de gerenciamento de projetos. Pessoas talentosas e capacitadas são naturalmente motivadas, portanto, cobrá-las por datas geralmente não tem um efeito positivo no projeto. Muito pelo contrário, cobranças podem gerar estresse, que é um dos grandes inimigos do ambiente de trabalho propício para a criatividade.

Modelo Google X modelo Microsoft

Existe muita literatura corporativa que se dedica a analisar se são as gestões *top-down* (de cima para baixo) ou as *bottom-up* (de baixo para cima da pirâmide de hierarquia) que melhor conseguem fomentar inovação e produtos de sucesso para o público e o mercado financeiro. Mas esse não é o objetivo deste livro. Busco recontar algumas das experiências que tive na criação de uma liderança de tecnologia e de uma cultura de tecnologia que promova inovação.

Uma das empresas de tecnologia de maior impacto nas primeiras décadas do século 21 nasceu sem muita preocupação com mecanismos de gestão ou de ditar de maneira prescritiva como seus profissionais trabalhariam. O Google começou em 1998 com o intuito inicial de fazer uma máquina de buscas e, para isso, decidiu simplesmente contratar as melhores pessoas do mercado.

Essas contratações foram feitas com tal velocidade que, a certa altura, os gestores de tecnologia tinham times tão numerosos sob seu comando que nem conseguiam apontar quem eram seus liderados (o problema de *span of control* alto, como discutido no capítulo 3). Mesmo na época em que trabalhei lá, de 2011 a 2013, a estrutura organizacional ainda era muito achatada, com poucos níveis hierárquicos.

Como não poderia ser diferente, com tanta gente boa ali, uma infinidade de ideias brotava o tempo todo, especialmente porque existia uma política oficial da empresa de permitir que as pessoas dedicassem 20% do seu tempo pago, no horário regular de trabalho, a qualquer projeto em que quisessem se envolver. Surgiram desse momento mais solto sementes de projetos interessantes, como o Google News. Andrei Broder se refere a esse modelo de gestão como "deixe as flores brotarem" ("*let the flowers bloom*").

Porém, chegou uma hora em que havia uma média de apenas três ou quatro pessoas nesses pequenos projetos "autorais", que não necessariamente contribuíam para o modelo de negócios, e eles passaram a ser consolidados ou eliminados. O Google entrou então em uma fase de implementação de uma hierarquia um pouco mais *top-down* de gestão, com mais gestores intermediários definindo projetos e passando diretrizes e prioridades do topo do comando para baixo. Manteve-se, contudo, o espírito Google de oferecer autonomia para que as ideias circulassem entre equipes, com a ajuda de ferramentas de engenharia comuns a todas.

Na Microsoft, por outro lado, sempre existiu um foco maior em hierarquia organizacional, planejamento com definição de cenários a serem executados. Os gestores, desde o princípio, tiveram e têm a missão de imaginar qual problema precisa ser resolvido e como organizar os times para entregar soluções para aquilo no próximo ciclo de planejamento. É um modelo voltado para a eficiência de conduzir o que você já sabe que tem de ser feito: o líder de engenharia ou gestor planeja o projeto em detalhes e aloca as pessoas conforme a necessidade do que vai ser desenvolvido no ciclo.

Apesar dessa estrutura de gestão aparentemente mais rígida do que no Google, quando estive na Microsoft, entre 2013 e 2022, eu sentia que tinha espaço para criar, e que a engenharia não era engessada pelo processo rígido de planejamento. Isso certamente acontecia porque contávamos com um número de funcionários na equipe um pouco acima do básico para realizar as tarefas do dia a dia, com o entendimento de que a engenharia precisa operar com certa gordura para pensar sobre projetos de curto, médio e longo horizonte, ou H1, H2 e H3, na nomenclatura popularizada pela consultoria McKinsey no final do século 20. A gordura do time nos permitia pensar em uma ideia e seguir adiante para testar um protótipo ou algo do gênero, sem deixar de lado as outras funções de manutenção. Era, portanto, uma gestão *top-down* e *bottom-up* ao mesmo tempo.

Caminho híbrido da inovação

Obviamente que, quando se trabalha em ideias de cenários não previstos no planejamento de uma empresa, essas ideias têm de entrar em produção alguma hora e, para isso, precisam ser aprovadas por pessoas mais acima da hierarquia da empresa. Ou seja, mesmo que alguma coisa bacana surja com alguém mais júnior da equipe, de um jeito ou de outro essa ideia terá de ser submetida ao julgamento técnico de um ou mais líderes acima para vir ou não a ser integrada a algum produto, sistema ou serviço.

Conforme comentei, os engenheiros do Google tinham bastante autonomia para validar uma ideia e colocá-la em produção sem precisar de aprovação formal de níveis superiores. Isso era possível pois os processos e ferramentas de engenharia proviam segurança de que as mudanças não impactariam negativamente os clientes. Por exemplo, se alguém tivesse uma ideia de como deixar o sistema mais barato, com um custo de servir menor para o Google, porém, sem mudar a qualidade de resposta do motor de busca, isso podia ser executado de forma independente. Agora, se a ideia diminuísse o custo relativamente, mas impactasse a qualidade para o usuário, tínhamos que discutir os *tradeoffs* com as lideranças responsáveis.

A realidade é que esse tipo de necessidade de aprovação por níveis superiores nem acontecia com frequência no Google, porque sabíamos que a resposta seria "não" se impactasse os usuários, e tínhamos nós mesmos uma enorme preocupação com a qualidade do que fazíamos e do que seria entregue.

A maneira como operávamos em casos de alguma mudança que impactasse diretamente nossos clientes, como uma mudança de API, geralmente envolvia criar um MVP (*minimum viable product*, ou produto viável mínimo) para colocar em produção apenas para uma pequena porcentagem dos usuários e, com isso, validar a ideia. Havia também bastante experimentação validando com testes A/B – em que uma funcionalidade nova era testada com uma parcela dos usuários, enquanto a outra parcela continuava recebendo a funcionalidade antiga. Conseguíamos, assim, descobrir se as pessoas tinham gostado ou não daquilo.

Quando menciono essas situações dos meus anos no Google, elas não necessariamente devem ser vistas como a fórmula ideal para outras empresas, mas sim como uma fotografia do tipo de estrutura organizacional que permitiu à companhia dar à luz serviços tão inovadores. Um dos pilares para isso ocorrer baseava-se no fato de que o Google soube atrair, desde a sua fundação, uma equipe de engenheiros experientes e profissionalmente maduros. Havia, então, confiança no topo da empresa de que ninguém perderia tempo fazendo experimentos com projetos banais ou inúteis.

Existiam poucos processos de gestão também porque havia muito controle sobre como os times eram organizados e como as ferramentas de engenharia eram construídas e compartilhadas. Cada time tinha responsabilidade por uma parte do código, e não havia como mexer nele sem obter aprovação do criador original. O processo de aprovação estava integrado à plataforma, o que impedia que alguém fizesse mudanças e as colocasse no ar sem elas estarem testadas e aprovadas.

Outra diferença é que os projetos em que trabalhei no Google naquela época eram produtos para o consumidor final. Quando se trata de um produto *business-to-business* (B2B), o processo para colocar qualquer nova *feature* em produção precisa ser muito mais rigoroso, pois envolve necessariamente mudanças em APIs que requerem desenvolvimento por parte dos clientes para que sejam adotadas.

Minha experiência com esse tipo de produto B2B foi com o Azure, na Microsoft, em que planejávamos minuciosamente todas as funcionalidades que faríamos e estabelecíamos datas e planos. Organizávamos o time para fazer cada entrega conforme o cronograma. Contudo, mesmo em projetos B2B, sempre é possível fazer mudanças internas que não impactem interfaces externas – por exemplo, melhorar a eficiência de um sistema.

A comparação entre esses dois modelos de gestão, mais *bottom-up* com autonomia da equipe, ou mais *top-down* com diretrizes mais definidas por gestores com um planejamento mais rígido, me leva a crer que o que acaba dando certo em muitas empresas de tecnologia é um **modelo híbrido** entre os dois, conforme vivi na Microsoft. Nem tudo em uma organização deve ser planejado tão rigidamente, com prazos de entrega bem definidos, e nem tudo pode ficar totalmente solto com os desenvolvedores.

Pesquisa X produção

O espaço para a experimentação não precisa ficar restrito a empresas enormes que sejam capazes de criar um laboratório de pesquisa separado, como pode ficar parecendo pelo fato de eu mesmo ter passado por departamentos assim tanto na IBM quanto no Yahoo no começo da minha carreira.

Quando o Google foi buscar no mercado os pesquisadores que estavam trabalhando com buscas, não os colocou dentro de um departamento ou laboratório de pesquisa. Eles atuavam diretamente na produção. Quando produção e pesquisa funcionam separados, é frequente que os pesquisadores, os únicos com "licença" para exercer a criatividade e a inovação, desenvolvam um protótipo e o entreguem para a produção. Essa costuma ser uma receita de fracasso, porque a visão da inovação não é compartilhada com quem evolui, mantém e opera os sistemas.

Fazer o meio de campo entre a inovação e a produção se transformou em uma das minhas principais características, e isso começou justamente no Yahoo Research. Apesar de ser um laboratório de pesquisas pensado para ser independente, logo nos envolvemos na produção, para validar nossas ideias gradualmente, em vez de entregar um produto pronto.

O diagrama a seguir mostra como as equipes de pesquisa e produção podem se misturar. Nem o time de pesquisa pode ser 100% pesquisa, nem o time de produção pode ser 100% produção. Enquanto a fase é de experimentação, o pessoal de pesquisa domina o time, mas é importante que haja, desde então, algum envolvimento de quem cuida da produção. Na fase de implementação, a relação se inverte, mas ainda há pessoas envolvidas com a pesquisa atuando.

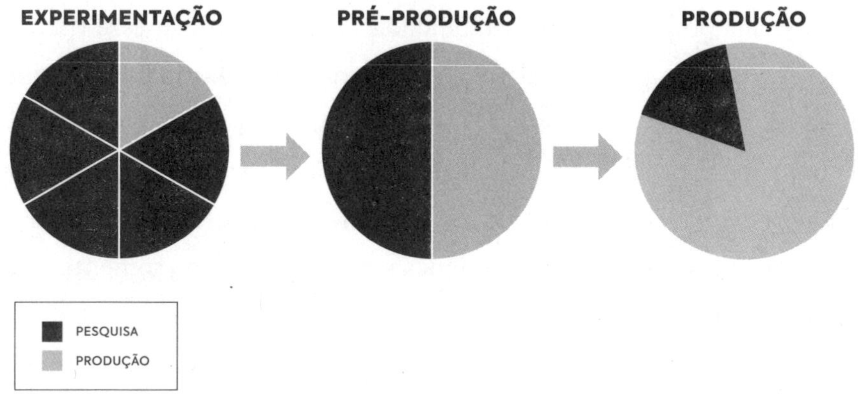

Figura 3 – Equipe de tecnologia no ciclo de inovação

Criatividade com segurança

Conversamos muito na Stone sobre que tipo de cultura corporativa para experimentos das equipes devemos abraçar, especialmente porque não há um departamento totalmente dedicado à pesquisa. As pessoas podem então testar o que bem entenderem?

De cara a resposta é não, até porque a área em que a empresa atua é regulamentada pelo governo. Na Stone existe, inclusive, um comitê de produtos com profissionais de várias áreas, incluindo a jurídica e a de assuntos regulatórios, então nem é possível colocar um produto em produção que não atenda a todos os requisitos mínimos legais e regulatórios.

Outra preocupação, seja na Stone ou em qualquer empresa de tecnologia, é com a estabilidade dos sistemas, incluindo segurança cibernética, desempenho e disponibilidade das aplicações. Por exemplo, antes de uma funcionalidade ser posta em produção, é papel do time de segurança cibernética validar que não há qualquer brecha que deixe a companhia vulnerável.

Existe ainda a consideração de que, por menor que uma alteração seja, ela pode acarretar instabilidades. Para minimizar esse risco, é preciso criar salvaguardas, alguma **estrutura de validação técnica**, que pode ser tanto um processo de testes automáticos como a aprovação de um time específico. Organizações de maior porte contam com *site reliabilty engineers*[21] (SRE), que são profissionais dedicados a analisar o impacto operacional de uma mudança sem juízo de valor, somente pela ótica da estabilidade dos sistemas.

A liberdade de criação dos engenheiros depende de uma base de segurança que pode se sustentar a partir de processos, de ferramentas técnicas ou de ambos, mas ela precisa existir, para controlarmos o risco do negócio. Por outro lado, mesmo quando existe uma rigidez regulatória ou há restrições de produto (algo como todo cartão de crédito agora tem que conter um chip), ainda assim dá para exercer a criatividade na engenharia, porque sempre há espaço para o líder de tecnologia organizar sua equipe de forma a permitir inovação e influência nas definições de produto.

Profissionais de engenharia e de tecnologia que entendem bem sobre o produto em que trabalham precisam poder fazer testes e MVPs para validar novas ideias e ter *insights*. Na Stone, por exemplo, adotamos uma ambidestria entre as equipes de produto e de tecnologia, o que significa que, para cada produto da empresa, como *banking*, existe um líder de engenharia e um líder de produto com times trabalhando conjuntamente. Definimos que essas pessoas são

21. A expressão surgiu no Google para designar um time separado que trabalhava na disponibilidade das aplicações.

pares, sem uma ser mais importante ou ter mais *status* que a outra, e estabelecemos para todo mundo que existe criatividade de produto e criatividade de engenharia.

Muita gente pode nem entender o que é **criatividade de engenharia**, mas ela se expressa em como se opera um sistema, em como se coloca algo em produção ou em como se calcula e equilibra o custo de executar um sistema. Várias das inovações de engenharia são completamente independentes das inovações de produto, e a forma como funciona melhor é quando elas se juntam para impulsionar a qualidade de um serviço. Fazer análise de fraudes em tempo real, por exemplo, é uma inovação de engenharia que pode habilitar inovações de produtos – por exemplo, crédito instantâneo.

Oportunidade para ideias em todas as direções

Toda empresa, quando cresce, acaba criando algum tipo de estrutura organizacional e certa hierarquia, portanto, sempre terá algum nível de decisões do tipo *top-down*. Mas, quando pensamos que uma companhia pode ter centenas ou milhares de funcionários, é impossível acreditar que apenas os poucos líderes que estão lá em cima da pirâmide de comando é que produzirão as ideias e as sementes de inovação.

Posso ser o CTO da Stone, mas duas mil pessoas trabalham lá na área de tecnologia, o que faz de mim um em dois mil para gerar ideias. Não seria inteligente da minha parte desperdiçar a mente de 1.999 pessoas porque sou o cara que designaram como líder. A chance de haver talentos geradores de inovação nesse *pool* de pessoas é altíssima, e é por isso que cada vez mais se valorizam diversidade e pluralidade nas empresas. Quando você junta experiências, formações e visões de mundo distintas para criar qualquer coisa, o resultado só pode ser melhor do que quando todo mundo pensa e age igual.

O que o Google fez muito bem foi criar mecanismos que permitiam às pessoas ser criativas com a ajuda de ferramentas de engenharia colaborativas. Era muito fácil prototipar uma ideia, fazer um MVP, botar algo em produção ou validar uma ideia. Ao mesmo tempo, um engenheiro que quisesse iniciar um novo projeto tinha de exercitar seu poder de convencimento perante os outros colegas para "vender" seu projeto e angariar apoio para seguir em frente.

A realidade é que não basta ter uma boa ideia, é preciso que ela ganhe suporte. Para isso ocorrer, o ideal é que a companhia tenha abertura e mecanismos prontos para que as pessoas saibam como fazer as ideias inovadoras avançarem e colocá-las em prática ou teste de alguma forma.

Uma empresa com perfil mais *top-down* tende a ter menos desses mecanismos disponíveis ou já pensados para alguém que está mais abaixo hierarquicamente ter acesso aos tomadores de decisão. Sem esse acesso, os funcionários imaginam que nunca terão possibilidade de contribuir com algo novo e acabam menos motivados para trazer ideias à tona.

A meu ver, no entanto, é quase uma obrigação da liderança abrir canais de comunicação para que todos os funcionários sintam que são ouvidos e que têm o poder de contribuir com ideias e inovação. Ideias podem vir de qualquer lugar de uma empresa, então, vejo como meu papel e minha responsabilidade manter aberto o fluxo das ideias de baixo para cima.

Na Stone, por exemplo, implementei o *Ask me Anything* (pergunte qualquer coisa), que é uma forma de quebrar o gelo de um diálogo inicial com todo mundo que entra na companhia, e sempre deixo claro que sou acessível para ouvir ideias. Mais institucionalmente, é comum empresas terem *demo days*, em que as pessoas podem apresentar ideias para a empresa inteira, e *hackathons*, para pensar problemas e validar uma ideia de forma divertida e estimulante.

Algumas empresas chegam a permitir que seus funcionários façam captação de dinheiro internamente para suas ideias, criando como se fossem miniempreendimentos de *venture capital* (capital de risco) dentro da própria empresa. A pessoa escreve um projeto e circula para ver se consegue arrecadar o que precisa para testá-lo.

Tudo isso é muito válido, e cada organização de tecnologia tem que buscar soluções compatíveis com sua cultura para reforçar o conceito de que valoriza as ideias que vêm de baixo para cima da hierarquia.

Para que haja espaço para o surgimento de ideias na prática, uma maneira é investir naquela gordura que dá às equipes mais tempo e pessoal a fim de viabilizar o processo criativo dentro do horário regular de trabalho. Essa gordura permite a criação eventual de novos projetos de horizontes futuros, H2 e H3.

Minha experiência como gestor de tecnologia mostra que nem todo funcionário deseja dedicar tempo para novas ideias: há quem prefira executar projetos planejados e se concentrar naquilo que gera impacto direto para o negócio. Há pessoas, no entanto, com esse lado criativo mais pronunciado e que só se realizam quando têm liberdade para criar novidades.

Uma boa liderança sabe identificar como cada membro do seu time trabalha melhor e aproveita os pontos fortes dos indivíduos em posições que os valorizem. A natureza ajuda nesse ponto, porque a maioria das pessoas prefere trabalhar em projetos predefinidos e ponto final. São menos numerosas as pessoas que têm a angústia de querer produzir uma coisa nova. Mas é nelas que está o potencial de disrupção positiva que pode dar à empresa um grande diferencial competitivo.

De modo geral, uma equipe equilibrada precisa de um mix de pessoas divididas entre os diferentes horizontes de planejamento.

Projetos de impacto presente ou futuro

Inovação é essencial para uma empresa de tecnologia existir e perdurar, portanto, ter profissionais trabalhando em projetos mais experimentais não é uma concessão, mas uma necessidade de negócio. E quanto mais houver ferramentas de engenharia básicas para facilitar a movimentação das pessoas entre projetos e departamentos, mais propício ficará o ambiente para brotarem ideias de qualquer nível organizacional. Imagine a perda de tempo que é alguém ter que aprender uma nova linguagem de programação ou um sistema computacional diferente cada vez que se integra a um novo projeto.

Outra forma de incentivar o florescimento de ideias é por meio de programas formais em que, depois de determinado período em um departamento ou projeto, o colaborador seja incentivado a fazer alguma coisa diferente na empresa. Novos olhares para problemas antigos ou problemas que virão mais à frente costumam gerar soluções surpreendentes. Todas as empresas por onde passei têm programas vigentes em que, se um funcionário deseja trocar de função, ninguém pode impedi-lo, desde que tenha boa avaliação no que faz e que um gestor da área onde deseja trabalhar o receba.

Projetos novos nem sempre atraem um grande número de pessoas, porque têm menor impacto no presente e muitas vezes são vistos como meras experimentações ou especulações. Às vezes demora anos até que a área tenha um produto ou serviço para seguir para produção, mas é parte do investimento na inovação bancar times assim.

Aconteceu comigo na época em que estava na Microsoft, e tivemos a ideia de fazer uma área nova de controle de energia nos *data centers*. Comecei esse projeto com apenas um engenheiro focado nisso, o Nithish Mahalingam, e ele passou anos trabalhando sozinho e com zero impacto visível do que fazia. Passados alguns anos, contudo, aquela área vingou, ganhou prestígio e importância e gerou um impacto relevante para a companhia. Formamos uma área do nada até chegar a um número bem alto de milhões de dólares de impacto[22], e aí, obviamente, todo mundo passou a querer trabalhar lá.

É uma função essencial do gestor de tecnologia essa fomentação dentro de suas equipes do desejo de participar de algum projeto ou assunto que ainda não tenha glamour nem atenção. Entendo que o apetite para risco profissional de cada pessoa é diferente (e até depende bastante das circunstâncias de vida do momento), mas temos que estimular movimentações de carreira e apontar vantagens de às vezes se juntar a algo desconhecido ou criar algo completamente distinto.

Bancando suas ideias

Um dos meus primeiros projetos no laboratório da IBM, onde estive de 2000 a 2005, foi um projeto de inovação tanto do ponto de vista de produto como de engenharia, realizado em conjunto com um colega tão júnior quanto eu na época, o Vanja Josifovski, que mencionei anteriormente neste capítulo. Antes de trabalhar comigo no Yahoo, Vanja também fez parte daquele grupo que trabalhava em buscas no laboratório da IBM. Um dia, nos deparamos com um problema técnico.

Os requisitos eram armazenar e processar no banco de dados da IBM (o DB2) um documento XML muito grande contendo todas as declarações de imposto de renda de alguns estados norte-americanos.

22. Não, infelizmente a minha remuneração não era proporcional ao impacto gerado.

A dificuldade é que esse documento acabaria sendo tão grande que ficaria maior que a memória disponível no sistema e, consequentemente, impossível de processar materializando o documento todo.

Vanja teve, então, a ideia de processar o documento de maneira *streaming* – para minimizar o uso de memória, o arquivo seria processado aos poucos. Essa forma de processar o documento XML usando algoritmo *streaming* foi inovadora na época, já que nenhum processador de XML operava assim.

Ninguém botou muita fé nem deu muito apoio inicial à solução de *streaming* do Vanja, porém, achei interessante e topei trabalhar na ideia com ele. Mesmo desencorajados pelos gestores diretos, fomos em frente. Vanja e eu sabíamos que a IBM era um ambiente de pesquisa que propiciava certa autonomia na carreira, e sabíamos também que tínhamos de gerenciar, ao mesmo tempo, obrigações com outros projetos que eram de nossa responsabilidade. Assim, montamos rapidamente um protótipo sem um aval direto, mas validando as ideias, para garantir que não perderíamos tempo com algo ineficaz.

O que acabou acontecendo é que descobrimos uma inovação de engenharia para habilitar um produto. Uma vez que as pessoas viram que funcionava, o protótipo virou um projeto, e passamos a trabalhar nele oficialmente – até que virou a solução final do problema de processamento de documentos grandes XML no banco de dados. Foi um caso de sucesso *bottom-up* e ainda envolvendo dois funcionários de nível bem júnior, e com os próprios gestores meio que contra, apesar de não terem nos impedido de tentar.

Gosto dessa história do começo da minha carreira, porque ela ilustra bem como é possível, mesmo sem estar em uma posição de liderança, realizar um trabalho de impacto na organização. Vanja e eu bancamos que seríamos capazes de fazer aquilo, mas também tínhamos noção da relevância do nosso teste e de que não perderíamos horas de trabalho com uma elucubração não fundamentada em um julgamento técnico. E tínhamos também a consciência de que, como todo experimento, aquele podia não dar certo, mas a empresa não nos puniria por ter tentado. Mesmo profissionais mais jovens podem agir de maneira madura diante de um desafio, valendo-se de um **pensamento mais científico** sobre como lidar com problemas.

Do ponto de vista da empresa, cabe aos gestores dar o tom às suas equipes de que ideias podem ser testadas e exploradas mesmo durante o expediente normal de trabalho, instituir mecanismos sistemáticos que estabeleçam horizontes de projetos mais a curto ou longo prazo e criar fluxo de escoamento das ideias promissoras na direção da liderança.

Por outro lado, entendo que, em um ambiente corporativo, com pessoas muito inexperientes e profissionalmente/pessoalmente imaturas, é mais complicado e até custoso dar esse tipo de abertura. Se todo mundo faz o que quer, sem basear propostas em conhecimento técnico, a situação fica caótica. Trilhas de carreira são sempre um bom ponto de referência para saber em que momento profissional um engenheiro está quando se propõe a testar uma inovação. A partir de certo nível de senioridade, engenheiros devem ter mais autonomia para trabalhar e decidir como priorizar projetos de inovação.

Hackathons e *demo days* são ótimos para que a companhia tenha como avaliar o que está sendo feito durante essas horas mais experimentais de trabalho e para que os funcionários tenham canais oficiais de vitrine para seus projetos e protótipos.

Investimento consciente na mistura equilibrada nos horizontes H1, H2 e H3, no trabalho do dia a dia e no trabalho de inovação dos seus times não só motiva contribuições criativas de todos como também evita que o negócio se acomode no arroz-com-feijão, que inevitavelmente será copiado pela concorrência. Conforme mencionei na introdução do capítulo, esse tipo de investimento é o antídoto para o dilema da inovação de Clayton Christensen. Empresas cujos times trabalham quase integralmente em projetos H1 podem até querer fomentar inovação, porém, ela se torna praticamente impossível. Como é que, com o tempo regular de trabalho tomado por obrigações, alguém consegue se dedicar a novidades?

Quem só apaga incêndio não cria

Não é raro que equipes inteiras de empresas às vezes só trabalhem para "apagar incêndios" ou gerenciar problemas cotidianos, em vez de ter tempo predeterminado pela liderança para refletir sobre novas ou melhores soluções. Se todo mundo é bombeiro na sua organização, não adianta dizer que há espaço para a criatividade das pessoas fluir.

Débitos técnicos, incidentes e sistemas que funcionam mal também acabam comprometendo a habilidade de um time ou indivíduos de serem criativos. Em geral, os sistemas da companhia precisam rodar sem incidentes e complicações frequentes, para que as pessoas disponibilizem mais do seu tempo para pensar além de problemas. Além de ser tecnicamente confuso, trabalhar constantemente só com problemas acaba gerando frustração e *burnout* nos funcionários.

Sei que é comum *startups* trabalharem virando dias e noites, porque a equipe é pequena e está todo mundo correndo para produzir primeiras versões de produtos e serviços. Mas isso não quer dizer que esse modo de operar deva se perpetuar como o modelo de trabalho na empresa uma vez que ela cresça.

Costumo dizer para as minhas equipes da Stone que, a menos que haja algum incidente de prioridade alta – por exemplo, as máquinas de passar cartão de crédito deixarem de funcionar e precisarmos consertar aquilo imediatamente –, tudo o que fazemos hoje deveria poder ficar para amanhã. Emergências têm de ser encaradas como esporádicas, não como o trabalho do dia a dia, e cabe à liderança disseminar esse tipo de cultura.

Nem toda aparente boa ideia dá certo

Como contei, há poucas páginas, a história bem-sucedida do projeto que fiz com o Vanja Josifovski na IBM, acho justo trazer aqui também outra história pessoal em que uma ideia não deu certo e tive que me conformar com isso como parte do jogo de quem tenta inovar.

Em 2011, quando trabalhava com o saudoso engenheiro Luiz André Barroso[23] no Google, tive a ideia de criar uma biblioteca de comunicação em RDMA para acelerar o processamento de consultas no nosso motor de busca usando uma estratégia de processamento em grafo, em vez do RPC (*Remote Procedure Call*) tradicional. Convenci o Luiz a alocar três engenheiros para me apoiarem no projeto por uns seis meses. No final, não conseguimos fazer o que pretendíamos, apesar de termos tido resultados intermediários bem positivos. Muito tempo depois, fiquei sabendo que as ideias geradas nesse projeto foram recicladas, e hoje em dia estão em produção em outros sistemas do Google.

Em situações assim, é preciso lembrar que em engenharia (e em outras áreas também) sempre se aprende com os erros, porque existe uma investigação posterior sobre o que deu errado e um ajuste futuro de aplicações. Por exemplo, talvez o que não dá certo para o projeto A possa

23. Luiz tinha uma visão única sobre inovação, formalizando o conceito de *roofshots* (tiro no telhado) e a reação entre *roofshots* e *moonshots* (tiro na lua), descritos no Roofshot Manifesto (disponível em https://fontoura.org/papers/barroso.pdf).

dar certo se for aplicado no projeto B ou no C, e não se perderá mais tempo com linhas de tentativas que se provaram falhas.

É evidente que todos queremos acertar mais do que errar, e o nível de ousadia para arriscar varia muito de profissional para profissional. Venho de uma formação acadêmica rigorosa no método científico e tive treino de como aplicá-lo tanto na minha formação acadêmica quanto nos laboratórios de pesquisa da IBM e do Yahoo. Tendo a compreensão de que é parte do processo científico propor uma hipótese e testá-la para chegar a uma conclusão, trabalhei ao longo dos anos no mundo corporativo bastante à vontade com o conceito de que vários dos nossos testes darão errado.

Percebo que essa mentalidade mais científica vem sendo incorporada à cultura das empresas de tecnologia, e as pessoas estão ficando cada vez mais confortáveis com o processo de experimentação, validação e recolhimento de dados em pequena escala para testar novas ideias e produtos. Filosofias de trabalho ágeis de como criar um MVP e a metodologia da *lean startup*, descrita inicialmente por Eric Ries[24], valorizam justamente a abordagem de que deve haver uma forma simples e rápida de testar inicialmente uma ideia e de colher dados antes de partir para uma implementação ampla e sem fundamentos para justificá-la.

A Amazon, cuja metodologia de gestão é descrita no livro *Obsessão pelo cliente*, sobre o qual já falei, também teve bastante influência no ambiente empresarial brasileiro com o conceito de trabalhar a gestão a partir de dados e métricas específicos, inclusive no que diz respeito a como e por que promover ideias e produtos que impulsionem o negócio à luz de uma necessidade do cliente.

---

24. *A startup enxuta*, de Eric Ries (Sextante, 2019).

Corridas longas ou curtas

O *business as usual* (BAU), ou investimentos H1 de uma empresa, é o que dá lucro, seja ele o pacote Office ou o serviço de nuvem da Microsoft, então é preciso haver orçamento para operar esses produtos no mais alto nível. Muita gente não entende que, uma vez que um sistema ou serviço esteja em produção, ele ainda assim tem de ser operado, porque sempre serão necessárias melhorias e manutenção. Toda vez que alguém usa o Google Meet, por exemplo, está utilizando um serviço que requer responsáveis técnicos para monitorar que essa ferramenta rode sem problemas nos servidores do Google.

O custo operacional de manter funcionando esses produtos rotineiros de qualquer companhia de tecnologia é elevado. Porém, uma empresa que só se concentra em *business as usual* e não investe em inovação não tem como crescer além de determinado ponto, e vai acabar sendo superada. O mercado de capitais enxerga o valor de uma empresa de tecnologia justamente no que não é seu arroz-com-feijão, por apostar que ela terá capacidade de inovar naquilo que já oferece hoje. É mais ou menos como se o mercado tivesse confiança de que, do dia para a noite, o Google possa criar um outro YouTube ou a Meta lançar outra plataforma tão popular quanto o Instagram.

Para uma empresa de tecnologia, esse potencial se traduz fortemente na construção de sistemas e plataformas de engenharia que a permitam escalar em tamanho e complexidade de produtos e serviços no futuro, conforme explicarei mais a fundo na Parte II.

Esse tipo de planejamento é o que permite a companhias como o Uber, que teve origem em um serviço, o de transporte de passageiros, se transformar em uma plataforma mais ampla de entrega de mercadorias, alimentação e frete, ou a Netflix, que começou como uma locadora de filmes por correio, virar uma empresa de *streaming* de vídeos que produz o próprio conteúdo.

Empresas assim criaram plataformas robustas para alimentar o crescimento e a nova variedade de produtos oferecidos e alimentaram um ambiente de inovação. Foram decisões intencionais que diversificaram o negócio e o prepararam para o que vinha pela frente.

Para as grandes inovações se concretizarem, um ingrediente inquestionável é a criatividade que vive dentro das pessoas que formam a empresa. Pode haver verba, espaço para criar e um ambiente positivo, mas os protagonistas precisam estar lá para fazer tudo acontecer.

MEDIDAS PARA INCENTIVAR A INOVAÇÃO EM UMA EMPRESA DE TECNOLOGIA

- Times de todas as áreas com incentivo para testar ideias e soluções de maneira mais experimental.
- Liderança com abertura para escutar e promover ideias vindas dos mais variados níveis hierárquicos (isso pode ser institucionalizado de alguma forma, como os *demo days*).
- Promoção da filosofia de que criatividade pode e deve ser expressa em qualquer setor da empresa, seja na pesquisa, seja na produção.
- Estabelecimento de diferentes horizontes de trabalho em curto, médio e longo prazos (H1/H2/H3).
- Ferramentas de engenharia básicas e sistemas integrados, a fim de facilitar trocas entre departamentos e uma maior diversificação de ideias.

PARTE II

TECNOLOGIA

CAPÍTULO 5

PLATAFORMAS REUTILIZÁVEIS (AS "BICICLETAS")

Quando minha esposa, Renata, morreu, o Andrei Broder e o Prabhakar Raghavan, meus gestores no Yahoo, ofereceram que eu tirasse um período sabático para lidar com toda a carga emocional daquele momento. No começo, fiquei relutante, porque achei que permanecer trabalhando pelo menos me possibilitaria alguma continuidade diante da perda e da mudança radical de vida. Senti que ficaria ainda mais sem chão sem o trabalho e o tanto que ele também me preenchia.

Mas, como já estava nos Estados Unidos havia mais de oito anos, longe dos meus pais e do contato mais próximo com eles no dia a dia, depois de cerca de nove meses do falecimento da Renata resolvi aceitar a proposta de um afastamento. Tinha também interesse em estudar ioga e meditação, então passei os primeiros quatro meses viajando pela Índia e mergulhando nesse aprendizado – estudei até um pouco de sânscrito naquela época (esqueci tudo, infelizmente). Morei a maior parte do tempo na cidade de Mysore, no sul da Índia, onde conheci estudantes de ioga do mundo todo. Nessa época quase não fiz nada de computação, mas tive contato com uma realidade bem distinta, e de lá nasceram muitas amizades.

Os quatro meses seguintes foram no Rio de Janeiro, morando com meus pais e ministrando um curso na pós-graduação da PUC-Rio sobre como motores de busca funcionam, em uma matéria que nomeamos "Recuperação de informações na web", ao lado do professor Eduardo Laber[25], do Departamento de Informática. Esses meses na PUC-Rio foram muito ricos – adorei lecionar, e foi gratificante conviver por um tempo como par de vários professores que foram tão relevantes na minha formação.

Até hoje mantenho uma relação forte com a PUC-Rio, relação essa que culminou na criação de um laboratório de pesquisas da Stone lá, o Stonelab, inaugurado em 2024 (falarei mais sobre o Stonelab no capítulo 9).

Tanto os meses na Índia como os no Brasil me fizeram muito bem e serviram ainda para confirmar aquela minha sensação inicial: apesar da falta da Renata, fazer tecnologia e trabalhar nas plataformas que estávamos montando no Yahoo eram uma parte bem significativa da minha identidade. O tempo fora serviu para me dar mais ímpeto de voltar e de contribuir na construção de algo inovador no trabalho.

Ao retornar para o Yahoo, como tínhamos feito todo um arcabouço de plataformas estruturantes para *computational advertising*, consegui rapidamente voltar a ser produtivo, sem ter perdido muito do fio da meada. Eu já estava familiarizado com as plataformas de *computational advertising* e não foi complicado continuar a pensar em outras aplicações a partir delas. Acabou sendo também uma experiência especial chegar depois de quase um ano fora e descobrir que o time tinha crescido bastante e que as pessoas que entraram já tinham publicado novos

---

25. Eduardo Sany Laber é professor associado da PUC-Rio e pesquisa aprendizado de máquina e algoritmos. Para mais informações, confira o link: https://www.inf.puc-rio.br/blog/professor/eduardo-sany-laber/.

artigos utilizando as plataformas que ajudei a construir. Foi bacana constatar todo aquele progresso e o quanto de impacto com publicações e pesquisas havia ocorrido na área por causa das plataformas que tinham algo da minha contribuição.

Plataformas de computação são o foco deste capítulo do livro, e abri a conversa sobre elas com uma história bastante pessoal justamente para ilustrar o quanto esse assunto é integral tanto no cotidiano de desenvolvimento como na minha própria filosofia de vida e de trabalho. A construção de plataformas me propiciou entender o valor de investir tempo, energia e recursos em um alicerce básico montado para gerir, escalar e inovar. É de se pensar como algumas das nossas criações deixam legado muito além de nós.

Apresento nas próximas páginas como as plataformas funcionam como o bloco fundamental de onde surgirão depois sistemas, produtos e serviços que farão a diferença no negócio atual e nos negócios futuros de uma companhia, e falo também de como plataformas podem até ditar os diferentes horizontes de projetos das equipes de engenharia. Plataformas ajudam a dar mais agilidade para a engenharia, sustentam novas frentes de atuação e auxiliam a posicionar as empresas de tecnologia. Explico ainda como plataformas impactam a cultura do time.

Plataformas hierárquicas

Uma plataforma é um sistema que pode ser usado para mais de um contexto. Por exemplo, o Google inicialmente visava criar uma máquina de busca, mas não fez apenas uma máquina de busca, construiu, em vez disso, uma plataforma reutilizável. Os times do Google escreveram, entre outros, um sistema para revisão de código, um sistema genérico para testes, um sistema de *deploy* de código em produção, um sistema genérico de comunicação entre servidores, um arcabouço genérico de armazenamento de dados e sistemas de monitoramento de aplicações e servidores. Ao elaborar tudo isso de maneira genérica, o Google conseguiu reaproveitar o que já tinha pronto como ponto inicial de novos produtos, como o YouTube ou o Google Notícias. Nessa concepção, quando surgia uma nova ideia, ninguém precisava reescrever tudo do zero, porque o básico de onde partir já estava pronto.

Um sistema de computação tem uma hierarquia de níveis de sistemas conectados uns com os outros. Mais ou menos como se fossem peças de Lego[26] encaixáveis. O Lego pode ser pensado como o componente mais básico das plataformas, e dá para construir qualquer coisa com ele. Uma vez que você usou Legos para montar uma plataforma bem básica, é como se tivesse feito o chassis de um veículo, porque, com esse chassis montado, é possível fazer ambulâncias, carros de Fórmula 1, caminhões e tratores. Ou seja, é muito mais fácil reutilizar uma plataforma do que ter de construir do zero cada veículo que você queira fazer.

Existem plataformas em vários níveis, desde plataformas básicas, com perfil mais de engenharia, até plataformas mais especializadas, com perfil mais de negócios. Plataformas que servem para validar códigos ou colocá-los em produção são plataformas de engenharia, e plataformas para gerenciamento dos dados do cliente ou dados da própria empresa são plataformas de negócio.

---

26. Uso aqui de forma genérica a palavra derivada dos blocos de montar LEGO®.

Figura 4 – Plataformas de engenharia e plataformas de negócios

Digamos que exista uma companhia interessada em uma aplicação para refeições prontas de cachorro. O time de tecnologia faz um site todo completo para isso, só que, pouco depois, a empresa decide expandir o negócio e cria outra aplicação, agora para banhos de cachorro. Ela agora tem dois negócios diferentes, com sites diferentes, possivelmente equipes e tecnologias diferentes, mas os mesmos clientes. Onde ficará armazenada a informação dos clientes? Está em um negócio ou está no outro? Quem é responsável por essas informações?

Para resolver essas questões, a empresa resolve criar então uma plataforma comum, de gerenciamento de informações de cliente. Com essa plataforma pronta, a companhia entende que precisa também de uma plataforma comum de agendamento. Assim, aos poucos, vai construindo plataformas reutilizáveis, que não só passam a ser usadas para todas as faces do negócio hoje como servirão também para outras vertentes que possam vir a ser desenvolvidas. E pode contar ainda assim, se quiser, com plataformas de nuvem de terceiros como parte das plataformas para apoiar suas atividades.

Os serviços de computação em nuvem funcionam como plataformas genéricas terceirizadas, e podem ser de engenharia e também de negócios. Esses serviços, como o Microsoft Azure, a nuvem da Microsoft, por exemplo, rodam servidores espalhados em *data centers* pelo mundo. Isso significa que, em vez de você precisar comprar e gerenciar um servidor para rodar os seus sistemas, a Microsoft faz isso para você – e para milhões de outros clientes. E isso só é viável porque a Microsoft consegue conduzir o processo todo em escala, desde as pessoas que monitoram se os servidores estão funcionando conforme deveriam, passando pelos sistemas de gerenciamento de falhas de servidores, os sistemas de logística que têm como consertar ou substituir partes específicas de um servidor, até os sistemas que garantem que os servidores rodem de uma maneira sustentável do ponto de vista energético (com baixa pegada de carbono).

Com esse suporte todo de monitoramento genérico à disposição, uma pequena *startup* ou mesmo uma companhia de médio porte podem se preocupar em somente desenvolver plataformas mais específicas, voltadas para o seu negócio, porque a outra parte mais genérica, que não é o diferencial do negócio, mas é importante para o funcionamento atual e a expansão futura, está por conta de outra empresa (no caso a nuvem da Microsoft ou outro serviço de *cloud*). Se a *startup* não quiser usar uma nuvem, precisa pensar em uma série de assuntos técnicos, como onde vai rodar seus sistemas, quem vai reiniciá-los se houver falhas, como manter os sistemas conectados. Isso é obviamente possível, porém, implica em custos altos que não são ligados ao serviço ou produto do negócio em si.

Que tipo de plataformas construir *in-house* é uma decisão estratégica a cargo da liderança de engenharia, que encontrará o balanço entre sistemas internos e serviços terceirizados. O essencial, no entanto, é pensar sempre em termos de plataformas que possam ser reutilizadas. Por exemplo, na Stone decidimos investir em uma plataforma de *core* bancário genérica o suficiente para atender todos os nossos segmentos de clientes (micro e SMB).

As plataformas por trás do negócio

Mesmo com o avanço da inteligência artificial, ainda são pessoas que desenvolvem, operam e mantêm os sistemas. Os diferentes horizontes de trabalho de uma equipe de engenharia sempre partirão de uma primeira ideia, que vai virar o primeiro sistema ou plataforma. Uma vez pronta, essa plataforma atrairá clientes e continuará a evoluir até que, em algum momento, novas exigências de negócio exigirão funcionalidades novas e até mesmo novos sistemas.

Quando conversamos com investidores sobre o negócio da Stone, sempre falamos que o coração da empresa não é o sistema de *banking* ou de pagamentos, mesmo esses sistemas sendo extremamente robustos e complexos. O ponto forte dela é, sim, a nossa capacidade de **criar um sistema** de *banking* ou de pagamentos, ou de qualquer outra coisa. São as plataformas e o arcabouço de engenharia construído que fazem o diferencial do negócio, porque são eles que permitirão que existam o próximo sistema e o próximo negócio, assim como os processos de escalar e de melhorar os sistemas que já existem. É essa infraestrutura que possibilitará até que a Stone possa, porventura, decidir operar em outro país ou em outro segmento de mercado, sem precisar começar do zero.

Já virou um verdadeiro mantra da transformação de tecnologia da Stone uma imagem criada por João Bernartt, enquanto era CIO da companhia, de que gosto muito: em vez de gastar toda a nossa energia correndo a pé para ganhar cada "maratona" de que participamos, estamos investindo também em construir bicicletas, que nos permitirão disputar com mais eficiência muitas corridas futuras. As bicicletas são as nossas plataformas. No começo da empresa, ganhamos várias corridas isoladas, na garra, correndo o mais rápido possível. Isso fez com que a Stone construísse uma série de sistemas de larga escala, mas em silos, sem um arcabouço comum e sem uma diretriz uniforme de engenharia. Desde 2022, porém, mudamos o foco para a construção de bicicletas, investindo no longo prazo e em um arcabouço computacional comum, que nos darão mais agilidade de negócio. Em uma maratona, vale a pena "perder" o tempo necessário para construir bicicletas duradouras – as corridas são longas, e as bicicletas nos ajudam a vencer não somente as corridas atuais, mas também as que ainda nem sabemos quando e como virão.

Tenho bastante convicção de que, para ter vantagem competitiva, uma empresa de tecnologia precisa de plataformas e de arcabouços genéricos e reutilizáveis. Com eles prontos, os diferentes times têm tempo hábil para experimentar novidades, deixar a criatividade brotar, cometer erros e apostar em inovações transformadoras do ponto de vista de engenharia ou de negócios.

Uma superplataforma genérica

Às vezes uma inovação surge da curiosidade de uma pessoa ou de um grupo buscando respostas para questões aparentemente descoladas do seu trabalho diário. A inovação pode surgir também como resposta direta da constante procura por maior eficiência, algo que é bem presente no mundo corporativo e no cotidiano de uma empresa de tecnologia.

Quando eu trabalhava na Microsoft, alguns colegas e eu queríamos entender como melhorar a eficiência do Azure, nosso serviço de computação em nuvem. O objetivo de uma nuvem é disponibilizar serviços de computação para terceiros. Em determinado momento do desenvolvimento do Azure, paramos para nos questionar como esses terceiros usavam os nossos serviços. Ao contratar um serviço de nuvem da Microsoft, esse cliente contrata uma máquina virtual, mas, do lado da Microsoft, os equipamentos são físicos, instalados em prédios e *data centers*. Se o computador físico falha, a nuvem automaticamente se encarrega de dar outro computador virtual para o usuário.

O nosso objetivo era compreender mais a fundo como eram explorados os recursos desses computadores virtuais: eram usados para fazer um cálculo de um minuto ou eram usados para rodar os serviços de longa duração, como o motor de buscas Bing, que precisava rodar 24 horas por dia?

Nuvens servem para prover serviços de computação virtualizados, sejam eles guardar as fotos de um celular pessoal ou armazenar e computar dados de uma empresa enorme – e em ambos os casos é necessário também haver serviços de conectividade de rede para que as tarefas sejam executadas. A nuvem abstrai tudo isso (armazenamento, conectividade e computação) e devolve ao usuário uma combinação deles, conforme a demanda.

Queríamos desenvolver um sistema para prever esses possíveis usos. Por exemplo, se um cliente pedisse uma nova máquina virtual, não tínhamos como saber se era para rodar um sistema de *backup* de fotos, que usaria pouca computação e mais armazenamento, ou se era para fazer um cálculo de inteligência artificial com multiplicação de matrizes, usando muita computação. São usos da nuvem bem diferentes, que se refletem em exigências de recursos computacionais muito distintos uns dos outros.

Quando partimos para trabalhar nisso, Ricardo Bianchini, que era um pesquisador da Microsoft (e hoje é *technical fellow* e vice-presidente corporativo do Azure), e eu chamamos para se juntar a nós Eli Cortez, que na época era um engenheiro bastante jovem (e atualmente é diretor sênior de engenharia do Azure). Ricardo trabalhava na pesquisa, e eu no sistema de produção do Azure, e começamos um projeto aos moldes do que mostrei na figura 3 do capítulo 4, com um time que começou sendo mais de pesquisa e que gradualmente virou um time mais de produção.

Chegamos à conclusão de que deveríamos criar um sistema de inteligência artificial para predizer como os recursos da nuvem seriam utilizados. Fizemos um produto chamado de Resource Central[27], um sistema que pegava os registros de uso, ou *logs*, da nuvem e tentava derivar predições para poder gerir a infraestrutura da nuvem de uma maneira mais eficiente.

Ao desenvolvê-lo, não sabíamos ainda quais seriam todas as aplicações que precisariam de previsões sobre a utilização de recursos computacionais do Azure. Muitas equipes poderiam em algum momento querer entender comportamento de uso de nuvem, mas não tínhamos ideia de quantas, então fizemos o Resource Central como uma plataforma genérica. Poderíamos ter optado por construir algo para entender os recursos de nuvem apenas em termos de demanda energética, ou para calcular uma necessidade específica de armazenamento, mas priorizamos a construção de um sistema de predição completamente genérico, porque tínhamos consciência de que não conseguiríamos prever todos os cenários de uso futuro daquela plataforma.

Trago esse caso do Resource Central porque é um projeto que começou do zero, com a gente desenhando em um quadro-negro (ou branco, não lembro!), e que virou um sistema que hoje tem centenas de aplicações na Microsoft, muito além do que poderíamos ter imaginado quando o idealizamos. Fizemos uma plataforma desde o

27. O trabalho científico sobre o Resource Central foi publicado em 2017 e está disponível para consultas no link: https://www.microsoft.com/en-us/research/wp-content/uploads/2017/10/Resource-Central-SOSP17.pdf.

primeiro bloquinho de Lego, e essa plataforma acabou sendo bastante utilizada. O time inicial era basicamente nós três, eu, Ricardo e Eli, e mais o Anand Bond, de pesquisa, que atuava junto com o Eli. Quando saí da Microsoft, em 2022, o Eli já tinha um time de mais de vinte pessoas só fazendo Resource Central, e o Ricardo tinha uma equipe de pesquisas trabalhando em novas versões e novos algoritmos e modelos de predição. O trabalho foi evoluindo tanto em aplicações como em publicações científicas, incluindo um artigo[28] sobre por que fizemos a arquitetura do Resource Central tão genérica. A principal inovação científica do projeto, no final, não foi nem a capacidade de fazer as predições, mas a maneira como conseguimos organizar a plataforma de uma maneira genérica e desacoplada da maioria dos sistemas, dando a ela um potencial imenso de adaptação e utilização.

Destaco que ninguém falou que tínhamos que fazer o Resource Central, e ninguém nem sabia que não ter noção dos dados de uso da nuvem era um problema na época – nosso pequeno grupo se antecipou a um problema e criou a plataforma, em um exemplo prático das "flores que brotam" em um ambiente que permite que isso ocorra.

E aqui aproveito para incluir uma pequena história sobre os personagens desse projeto e os nossos caminhos interconectados. Ricardo estudou na Universidade Federal do Rio de Janeiro (UFRJ), depois fez doutorado em Rochester (no estado norte-americano de Nova York) e foi ser professor da Universidade de Rutgers, em Nova Jersey. Quando eu estava fazendo pós-doutorado em Princeton, entre 1999 e 2000, também em Nova Jersey, Ricardo já tinha excelente

28. "Toward ML-Centric Cloud Platforms", de Ricardo Bianchini, Marcus Fontoura, Eli Cortez, Anand Bonde, Alexandre Muzio, Ana-Maria Constantin, Thomas Moscibroda, Gabriel Magalhaes, Girish Bablani, Mark Russinovich, *Communications of the ACM*, v. 63, n. 2, p. 50-59, fev. 2020.

reputação como professor. Tive a oportunidade de visitar Rutgers e de me apresentar a ele. Eu era apenas um aluno, então fiquei muito feliz em conhecê-lo e agradecido pela generosidade que teve de me receber. Conversamos por um tempo curto na sala dele. Qual não foi minha surpresa quando, uns dez anos depois, cruzei com ele na Microsoft, para onde ele também tinha ido. Eu trabalhava em uma área de motores de busca, e ele, na de sistemas, então, a princípio, nossas atividades não tinham nada a ver uma com a outra. Mas, em determinado momento, comecei a ter mais interações com o Ricardo, e fizemos essa parceria de ele ser o braço de pesquisa do meu time por vários e vários projetos, com muito impacto na empresa.

Já o Eli conheci durante uma conferência em Indianápolis, em 2010, a mesma em que conversei pela primeira vez com o Luiz André Barroso, que estava fazendo a palestra de abertura. Eli era aluno da Universidade Federal do Amazonas (UFAM), e depois foi fazer um pós-doutorado na área de pesquisa da Microsoft. Passamos um tempo apenas trocando e-mails de vez em quando, até que ele disse que estava pensando em trocar de área e eu o chamei para uma entrevista. Acabei contratando o Eli para o pequeno time experimental que estava montando no Azure, e a partir de então acompanhei seu incrível desenvolvimento profissional: é uma pessoa que começou na Microsoft bem jovem e hoje tem um time com enorme influência na empresa. Tenho muito orgulho de ter participado ativamente do desenvolvimento profissional do Eli.

Plataformas, padrões e design

Um autor especialmente inspirador para mim quando reflito sobre plataformas é o arquiteto e matemático Christopher Alexander, que discute o processo de design da arquitetura em obras como *Notes on the synthesis of form*[29] (Notas sobre a síntese da forma). Segundo ele, a construção de prédios e cidades segue padrões sistemáticos que são verdadeiros *templates* de construção, algo mais ou menos como sempre existir dentro de um ambiente fechado o módulo "quarto" e o módulo "banheiro", e, em um nível mais abaixo, a plataforma "quarto" sempre contar com janelas. Já em níveis maiores, comunidades, por exemplo, seriam previstos lugares de lazer para seus habitantes, como parques. Esses módulos seriam, para Alexander, uma espécie de plataforma à prova de falhas para qualquer edificação, desde cidades até prédios ou casas, e sobre a qual depois se acrescentariam outras estruturas e novos detalhes de contexto.

Em computação é semelhante, porque há elementos iniciais que já são definidos e testados e ninguém precisa ficar o tempo todo checando. A plataforma básica garante a corretude e a coesão das ideias. Com isso, é possível encapsular as ideias de um componente reutilizável, que já foi bem pensado e estruturado, para seguir com outras partes mais ou menos complexas depois.

Se alguém olhar os diagramas das plataformas da Stone, vai ver muita coisa de engenharia básica até chegar na implementação do Pix, que é algo mais específico. A gente até brinca que, se tudo o mais der errado, podemos transformar a Stone em uma empresa de jogos eletrônicos, porque tem tanta coisa básica que já está pronta, tanto de conexão com o cliente como de dados e plataforma de computação para rodar os sistemas, que teríamos um bom caminho andado se quiséssemos mudar totalmente de ramo. Os elementos básicos permitem inúmeras possibilidades de criações incrementais posteriores.

---

29. *Notes on the synthesis of form*, de Christopher Alexander (Harvard University Press, 1965).

Seguindo com o paralelo dos *templates* arquitetônicos, podemos pensar em um exemplo baseado no módulo "piscina", um elemento que tinha determinado esqueleto de concepção, mesmo com variação de formatos e de acabamentos, até que um arquiteto teve a ideia de pegar aquele modelo básico e criar em cima dele uma piscina inovadora, sem bordas, que veio a ser conhecida como piscina de borda infinita. Com plataformas de engenharia pode ocorrer o mesmo: sistemas básicos podem ser reinventados e acabar se expressando (e sendo usados) de maneiras distintas.

Legos: limite à criatividade?

Linguagens de programação são um tipo de plataforma, porque ditam tudo o que se pode escrever em um computador, mas não precisam ser encaradas como limitantes, já que é possível escrever qualquer sistema de computação com elas.

O conceito do Lego é ótimo para explicar isso, porque com um conjunto de peças de Lego não há limites para montar o que a imaginação de uma pessoa possa ditar. O Lego em si pode ser visto como limitante pelo fato de a pecinha padrão ser quadrada ou retangular? Talvez. Porém, mesmo com essa limitação de formatos, considere que, a partir de peças de Lego, dá para construir de nave espacial a sorveteria de bairro e castelo de princesa. A limitação não é restritiva no sentido de impedir que alguém crie o que desejar, do jeito que for.

Quando se cria partindo de blocos maiores pré-fabricados feitos com Lego, obviamente há uma restrição maior, mas essa restrição na verdade é positiva, já que, por ter resolvido parte do problema estrutural, propicia mais agilidade para seguir com o resto, que é o que afinal importa mais. Pense no seguinte cenário: um construtor que parte de um chassis de barco básico, feito de Lego, para usá-lo em outros contextos, como montando uma réplica do Titanic, uma marina inteira ou uma batalha naval, não precisa ficar perdendo tempo de toda vez ter que começar reconstruindo barcos para finalmente chegar aos cenários maiores que deseja erguer.

As plataformas também são assim. É um sistema hierárquico que você vai compondo e que fica cada vez mais de alto nível e verticalizado para resolver problemas mais e mais complexos. Quando se fala em uma solução bem específica, como uma voltada para formulações de torra para uma fabricante de café, ela exige uma plataforma mais verticalizada; já a solução horizontal funciona para qualquer domínio, como uma plataforma em nuvem, que pode ser usada para desde aplicações alimentícias até sistemas médicos, de cartão de crédito ou de bibliotecas de universidades.

Abordo com destaque neste livro a questão do pensamento intencional e dos horizontes de longo prazo para resolver problemas que ainda não foram previstos, que estão "além da curva", mas nada disso seria viável sem essas plataformas verticais e horizontais, que são essenciais para se obter agilidade de produtos. Você tem que ter os blocos mais horizontais que preparam a empresa para as inovações sem perder tempo reinventando a roda. Com uma base pronta, não é necessário ter que recriar todo um arcabouço computacional toda vez que surge uma ideia de produto ou serviço, ou que há necessidade de uma atualização. Os módulos construídos em cima de plataformas são aqueles para resolver seus problemas atuais e assuntos específicos, como o sistema de Pix da Stone. Ainda assim, esses módulos podem ser pensados para funcionar de maneira genérica, como um módulo de Pix que funcione para os vários negócios da Stone, desde integrações para microempresários que alugam prancha de surfe na praia até empresas maiores que precisam de soluções mais sofisticadas para pagar seus fornecedores.

As várias camadas de uma plataforma compõem abstrações, que vão servindo a diferentes usos. Mas elas precisam ser construídas com uma previsão de crescimento. Por exemplo, você faz uma plataforma prevendo que poderá expandi-la para um crescimento de até dez vezes do seu número de clientes. Quando ultrapassa essa escala, ela até funciona, porém, não na sua eficiência máxima. O tempo de resposta de alguns serviços pode não ser mais satisfatório, por exemplo. Com o número de clientes aumentando ainda mais, essa plataforma já não rende, vira uma carroça, e então é hora de ou melhorá-la ou reescrevê-la, dependendo de como foi pensada a arquitetura da camada básica. É um processo mais complicado, porque você não quer afetar as camadas de cima e, ainda assim, tem que mexer nas de baixo. E, se não fizer nada, terá que lidar com débitos técnicos que se acumularão cada vez mais.

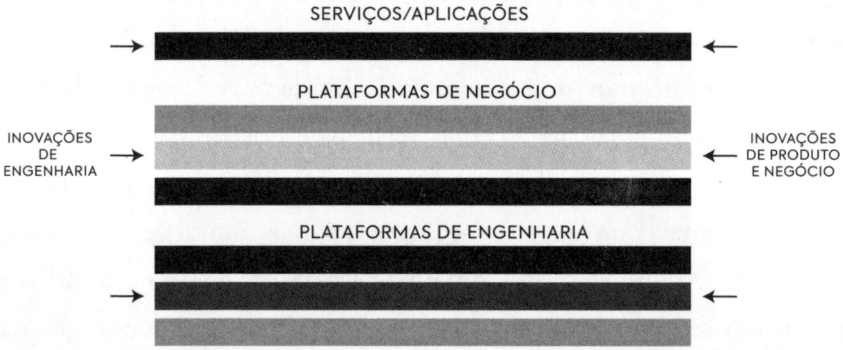

Figura 5 – Camadas de uma plataforma computacional

Ao contrário das peças de Lego, que são de fácil encaixe umas nas outras, as interfaces computacionais são mais complexas, por isso requerem módulos que se comunicam bem entre si. Se a maneira como os encaixes ou interfaces entre os diferentes níveis de uma plataforma for mais perene, as mudanças são mais fáceis; se o design não foi concebido de uma maneira escalável, você tem que ficar repensando as abstrações a toda hora. Outro problema é que as abstrações podem chegar a falhar ou se tornar obsoletas.

E é justamente para evitar esse tipo de surpresa que defendo tanto a presença de engenheiros experientes, com sólido conhecimento técnico, nas equipes das empresas de tecnologia. São essas pessoas que têm condição de melhor medir as vantagens e desvantagens de construir plataformas escaláveis e genéricas que, ao mesmo tempo, deem conta de necessidades presentes e futuras e tenham um custo aceitável. Não faz sentido, por exemplo, escrever uma plataforma que tenha capacidade para um volume de dados em escala global se a empresa com certeza só vai operar no Brasil.

No livro *Obsessão pelo cliente*, sobre a Amazon, que já citei antes, os autores contam como o catálogo de produtos da Amazon foi feito como um monólito. Com um sistema só, o do catálogo de produtos, qualquer coisa que precisasse ser modificada exigia mexer em algo que estava acoplado a uma estrutura fixa. À medida que a Amazon foi crescendo, muitos times precisavam alterar aquele sistema o tempo todo, e qualquer modificação arriscava deixá-lo instável, afetando a usabilidade dos clientes. Foi por isso que, em determinado momento, a empresa chegou à conclusão de que precisava romper o monólito em componentes menores. Foi um projeto de vários anos.

Claro que, se uma empresa tivesse uma bola de cristal para acertar todas as abstrações de uma plataforma desde o começo, seria muito simples. Como isso não existe, o que dá para fazer é realmente apostar em plataformas básicas, escaláveis e reutilizáveis, com peças intercambiáveis.

Digamos que uma empresa tenha uma plataforma para prever fraudes, que sempre roda à noite e é capaz de analisar todos os seus clientes, demorando 15 horas para concluir o processo. O problema é que a companhia cresceu dez vezes desde o início, e a plataforma passou agora a exigir 150 horas para completar o trabalho, o que obviamente não se conclui em um dia. Como passa a ter prejuízos, a empresa é obrigada a repensar a maneira como prediz fraudes.

A mesma lógica de mudança no número de dados analisados pode valer para motores de busca, como o Google e o Bing, que têm de constantemente dar conta de avaliar a qualidade relativa de todas as páginas da web. Há processos analisando esse tipo de coisa durante a noite, olhando para a relevância estática de cada página e site, como Facebook, New York Times, o jornal do bairro ou o blog de um universitário. Essas páginas precisam ser ordenadas e hierarquizadas quando há uma consulta de informação na busca. Só que lá atrás o número de páginas na web era um, e agora é outro bem diferente, e a plataforma tem que continuar realizando essa análise de relevância de qualquer jeito.

Plataformas fornecidas por terceiros

As plataformas de engenharia e de negócio disponíveis no mercado estão cada vez mais genéricas e melhores, mas não resolvem 100% dos problemas da empresa, e precisam ser adaptadas. Apesar da enorme versatilidade e utilidade dos serviços em nuvem, seria ilusão achar que a nuvem tem tudo de que uma empresa precisa para sustentar aspectos técnicos do negócio e que basta assinar o contrato que está tudo resolvido. O objetivo desses serviços é fornecer plataformas de computação básicas para que os arcabouços não precisem ser escritos do zero, mas ainda assim a empresa tem que ter o seu time de engenharia para cuidar de toda a integração, para checar se a comunicação com a nuvem está funcionando direito e se a utilização da nuvem pela empresa está rodando do modo mais eficiente possível. É mais ou menos assim: o chassis do veículo vem pronto, mas alguém tem que conectá-lo com o resto do carro e conferir que ele anda de fato de maneira eficiente e que não se solta em algum momento posterior.

Dessa forma, conforme já delineei em capítulos anteriores, o líder de tecnologia tem que entender o que é *commodity* para a empresa e o que é diferencial de negócio, e onde e como vai distribuir seus recursos humanos e financeiros para tocar cada uma dessas partes – é aquilo que mencionei sobre o **pensamento intencional**.

O Salesforce é uma plataforma que resolve o problema de gerenciamento de clientes de uma maneira bem genérica, porque quem contrata o Salesforce consegue contactar o cliente ou gerenciar um ticket de reclamação através do sistema deles, mas parecendo o seu. Há também empresas com plataformas de gerenciamento de RH com esse mesmo perfil de soluções genéricas para apoiar qualquer negócio.

Uma vez que esses assuntos estão resolvidos, entra o outro lado, que é o que você tem que fazer para o diferencial do seu negócio, aquilo que só você sabe criar. Na Stone são os aplicativos de *banking*, de pagamentos, a maquininha e os sistemas que rodam na maquininha. Se não existisse a nuvem, precisaríamos de um número grande de desenvolvedores para fazer o básico das plataformas de computação. Usando plataformas de terceiros, conseguimos focar a atenção dos nossos times de engenharia no que é diferencial competitivo para a empresa.

A maioria das empresas de tecnologia não vai nem tem motivo para competir com a Amazon, a Microsoft ou o Google, mas elas têm que buscar um espaço distinto do que já é desenvolvido por essas gigantes e inovar nessa direção – normalmente na parte de negócios. Existem plataformas muito específicas de engenharia, como alguma que usasse inteligência artificial de uma maneira inovadora para prever falhas de servidores. Uma plataforma assim provavelmente acabaria sendo aproveitada pelos grandes provedores. E nesse caso o diferencial competitivo da empresa seria uma inovação de engenharia.

A organização e a priorização do trabalho dos engenheiros devem estar voltadas para aquilo que só a sua companhia tem como fazer extremamente bem. Cada empresa tem que entender onde alocar recursos de engenharia para manutenção e integração de plataformas básicas e onde concentrar esforços na inovação, na criação e na implementação de novas plataformas.

As plataformas, e principalmente as plataformas mais internas, tendem a ser desacopladas e não visíveis para os clientes. É comum haver um grupo de engenheiros trabalhando em aplicações para os usuários no topo das plataformas versão 1, enquanto outro grupo já está pensando nas plataformas versão 2. Melhorar uma plataforma da versão 1 para a 2 pode ser muito complicado e envolver vários aspectos técnicos. O ideal é que tudo que é visível para os clientes, o que se trata de *business as usual* e de receita para a empresa, seja feito sobre um conjunto de plataformas, e aí você possa trocar as rodas do carro com o carro andando, sem impactar o serviço do topo das plataformas, enquanto a base está sendo ajustada para ganhar mais escala e mais eficiência.

Normalmente o trabalho com as plataformas é mais de longo prazo, e o trabalho de entregar uma versão nova de alguma funcionalidade para o cliente é mais de curto prazo, então, quando se considera a organização de times, é importante elaborar estratégias mais controladas e com ciclos menores, trimestrais ou semestrais, de entregas para o que é visível para o cliente, e outras com ciclos maiores e datas menos rígidas para plataformas internas.

Veremos mais à frente, no capítulo 7, sobre incidentes, como a organização deve se programar para lidar com o momento de implementação dessas novas versões de plataformas para minimizar os eventuais imprevistos e erros. A ideia geral é, sempre que possível, evitar grandes mudanças de uma vez e procurar executar, ao longo do tempo, mudanças incrementais com potencial de causar apenas microincidentes, em vez de macroincidentes. Dependendo do caso, dá para colocar em produção uma atualização para apenas uma fatia da população, e não todos os usuários.

Pensando nas camadas mais profundas de uma plataforma, nas camadas mais horizontais de sistemas de engenharia, qualquer pequeno problema ali impacta as outras, enquanto um problema na camada mais superior e específica é menos contagioso para o todo. As plataformas genéricas são ótimas para resolver questões complexas para vários times e têm um fator multiplicador grande, mas, em compensação, se falham, têm um impacto igualmente multiplicador de complicações. Uma plataforma de desenvolvimento em que todo o código da empresa é escrito e testado é um caso típico. Se o sistema de avaliar e testar código não está funcionando, isso vira um problema gigante, portanto, ele precisa ser cuidadosamente elaborado (e, de preferência, contar com um plano B).

Plataformas como trampolim de inovação

Na Stone, os aplicativos para os nossos clientes rodam em nuvem, e, pela ótica da empresa, essa plataforma de nuvem é uma *commodity*. Apesar de haver sistemas de integração e monitoramento internos, não é necessário que o engenheiro mais sênior da equipe seja responsável por isso. Em compensação, se a minha companhia é um provedor de nuvem, precisarei de gente experiente para entender quando uma aplicação está rodando e tentar prever por quanto tempo ela vai rodar – ao fazer isso, poderei usar os recursos do sistema de forma melhor e torná-lo mais eficiente e menos custoso, como fizemos com o Resource Central na Microsoft. Há uma série de inovações necessárias para cada tipo de negócio, em todos os níveis, e a empresa pode trabalhar em melhorias de suas plataformas para essas diversas camadas.

A Microsoft pensa na nuvem dela, mas não precisa inovar nas aplicações para Pix, ao passo que a Stone tem que seguir nessa direção. A Intel faz inovação em seus processadores, porque deseja que servidores consumam menos energia, durem mais e sejam mais resilientes, mas, para seus clientes, o processador não passa de um item básico para alcançar outras finalidades de negócio.

O ponto é que **plataformas têm inúmeros níveis de abstração**, e a aposta em inovação estará no nível de abstração que é o diferencial competitivo de cada empresa. Para a Stone, trata-se de plataformas financeiras de gestão de negócios criadas para facilitar a vida dos nossos clientes.

Temos também uma plataforma de avaliação de risco, que é algo extremamente importante para o funcionamento do negócio. A plataforma mede, por exemplo, o risco envolvido em um empréstimo. A inovação de engenharia ali embutida poderia estar ligada a encontrar uma forma de diminuir o tempo que leva para essa plataforma identificar se uma pessoa é um estelionatário ou não. Se, em vez de demorar dias para essa identificação ser processada pelo sistema, o tempo para dar um bom nível de certeza for segundos, a Stone passaria a poder conceder crédito instantâneo para seus clientes a risco baixíssimo, o que seria uma baita de uma vantagem competitiva[30].

Mesmo sendo consumidora de serviços e plataformas de terceiros, uma empresa como a Stone ainda assim tem que construir sua própria plataforma para lidar com problemas de detecção e prevenção de lavagem de dinheiro, ou de segurança cibernética, que são críticos e

30. Apenas um exemplo hipotético, não diretamente relacionado a nenhuma estrategia de produto da Stone.

particulares ao seu negócio. Esses, aliás, são exemplos de plataformas que requerem inovação tanto de engenharia como de negócios.

Se, para resolver a questão, eu conseguir usar um novo serviço que me traga mais dados para a análise, como um histórico de pagamento sempre pontual de contas de energia elétrica de uma pessoa, essa é quase uma inovação de negócio que vai contribuir para a eficiência da minha plataforma de avaliação de risco. Se, em um exemplo ainda mais radical, eu tiver acesso autorizado a absolutamente todos os dados de pagamentos de contas de uma pessoa ao longo da vida, terei então que pensar em como processar tudo isso, já que a informação viria em *petabytes*, e provavelmente levaria mais tempo para chegar a uma conclusão definitiva sobre a possibilidade de fraude. Seria um *tradeoff* entre mais custo e tempo de processamento e assertividade do resultado. Com um desafio desses, a torcida é para surgir, então, um Portinari da engenharia e descobrir que é possível agilizar o processo de dias para segundos ao comprimir os dados ou usar técnicas de indexação mais eficientes. Uma inovação de plataforma assim abriria o leque para uma gama enorme de produtos.

Sistema externo moldado do seu jeito

Sempre que se usa uma plataforma terceirizada, ela nunca cai como uma luva, e você precisa adaptá-la. Há prós e contras que têm que ser considerados, como o custo ou a velocidade de processamento. A plataforma externa pode fazer 90% do trabalho, e os outros 10% a empresa tem que construir de acordo com suas necessidades.

Por exemplo, a plataforma pode ser de uma companhia indiana que contenha a habilidade de determinar com bastante precisão se alguém é estelionatário ou não, porém, o resto da plataforma precisa se conectar à realidade de fraudes brasileira, como com os serviços do

Reclame Aqui. Para fazer isso, pode-se construir, então, um módulo extra para a plataforma indiana, que passa a ser bem mais completa para as suas necessidades específicas.

As plataformas voltadas a motivações de negócio podem ser desenvolvidas tanto porque uma companhia apresenta uma necessidade única que precisa ser solucionada quanto porque ela deseja inovar com algum tipo de produto, como oferecer crédito instantâneo aos seus clientes. Não há por que desenvolver uma plataforma cara de engenharia se não existe uma aplicação de negócios clara. Se uma plataforma que demora três dias para gerar o *score* de crédito do cliente é computacionalmente barata e dá conta do que a empresa precisa, tudo certo. Agora, se uma plataforma de *score* de risco é 10% mais cara, porém a aposta é de que a adesão ao produto "crédito" será muito maior, assim como o retorno no investimento (ROI) da empresa, faz sentido prosseguir com a inovação de plataforma. No caso do Resource Central, por exemplo, construímos uma plataforma genérica – que é mais cara e complexa – porque previmos a quantidade diferente de aplicações que ela teria.

Como tudo tem um custo e um retorno, o gestor de tecnologia e o CFO estão constantemente fazendo a análise de onde e como melhor investir os recursos financeiros e humanos da empresa. Quando já existe um alicerce de onde partir para adaptar aquilo que é o diferencial do negócio, consegue-se muito mais agilidade de produtos e até começar a determinar a linguagem que as pessoas de produto poderão usar para definir os novos sistemas. Exemplificando, imagine que o gerente de produtos deseje conceder crédito instantâneo, mas não conte com nenhuma estrutura de análise de risco do *score* dos clientes. O time de engenharia pensa então em como desenvolver uma plataforma para computar *score* de crédito, que passa a ser uma linguagem incorporada à plataforma dali para a frente. Para outros produtos, a plataforma já contará com esse componente também. E, claro, antes de qualquer execução, a equipe terá que estudar como bancar o tal componente, quão rápido será, quão assertiva será a produção dos dados de que a empresa precisa, se existe alguém que faz isso externamente ou não, e se será possível desenvolvê-lo para ser reutilizável e genérico para resolver outros problemas.

É sempre bom considerar que, ao pesar prós e contras sobre plataformas e sistemas, o líder de tecnologia tem que levar em conta o custo de criar plataformas reutilizáveis que evitarão uma série de aplicações e sistemas feitos de maneira independente, que cedo ou tarde produzirão débitos técnicos. Evitar esse tipo de duplicidade é um dos principais objetivos das iniciativas que implementei como líder de tecnologia na Stone, unificando pessoas, projetos e plataformas, e pensando em padronização como pano de fundo da organização da empresa, visando à comunalidade e à eficiência.

Plataformas evoluem

De acordo com a filosofia do arquiteto Christopher Alexander, há um processo evolutivo de design que leva à conclusão de que tudo no mundo só pode ser construído de uma maneira, e cabe a você entendê-la. No livro *The timeless way of building*[31] (A maneira atemporal de construir), ele discute os padrões de design, a arquitetura atemporal e as limitações de conceito e estilo. O arquiteto acredita que existe uma evolução das formas que é quase como um processo matemático, portanto, se você ainda não descobriu como fazer o encaixe de partes do seu Lego, precisa estudar mais para chegar lá, já que a solução é

31. *The timeless way of building*, de Christopher Alexander (Oxford University Press, 1979).

sempre possível, mais ou menos como um encaixe de peças de um quebra-cabeças de alta complexidade.

Cito novamente Christopher Alexander porque se trata de um autor muito influente no mundo da computação, que roubou dele a ideia dos padrões arquitetônicos para fundamentar os padrões arquiteturais de software[32]. O meu orientador de doutorado, o professor Carlos José Pereira de Lucena, do departamento de informática da PUC-Rio, considerava o *Notas sobre a síntese da forma*, do Alexander, um dos livros mais inspiradores que leu. E o meu trabalho de doutorado foi sobre arquiteturas de software reutilizáveis e bastante conectado aos conceitos do Alexander também.

Isso dito, não defendo que se mire o tipo de perfeição e forma definitiva de Alexander – é preciso considerar também que pode haver mais de uma maneira de construir um sistema. Outro ponto é que, com o passar do tempo, o que poderia parecer impossível em determinada época acaba sendo feito por alguém mais para a frente.

Entendo os limites teóricos do que pode ser feito em computação, mas hoje existe grande evolução de design e novas maneiras de interação usando até linguagem natural como interface. A revolução da inteligência artificial é significativa, porque achávamos que demoraria mais para se chegar a essa etapa em que a interface com o computador não necessariamente é programática e funciona simplesmente com alguém falando com uma máquina. Isso certamente abre outras avenidas de design para se pensar em possibilidades tecnológicas. É mais

32. O livro *Design Patterns: Elements of Reusable Object-Oriented Software* (Addison-Wesley Professional Computing Series), um dos mais influentes da engenharia de software, foi inspirado no trabalho de padrões arquiteturais proposto por Christopher Alexander.

ou menos como quando surgiu a televisão como uma forma de rádio com imagens, e mudou tudo.

Qualquer produto que se cria atualmente vem com mentalidade de *mobile first*, em que se considera que o usuário sempre utilizará qualquer serviço pelo celular primeiro, e não por um computador. Porém, antes de o iPhone existir, isso era impensável. O que em 2007 não era uma realidade, de repente virou.

Quando a linguagem natural realmente passar a ser o modo preferencial de interação com as máquinas, alguém ainda vai querer ter milhões de aplicativos no celular como hoje, ou vai querer ter um único, com o qual conversa? É difícil saber o que vai acontecer, porque tudo depende de como as coisas evoluem, mas a tendência é de a computação ficar mais difundida ainda e de todos os dispositivos serem conectados por interfaces mais centradas na tarefa que se deseja realizar. Em vez de usar um computador genérico para escrever um livro, por exemplo, você possivelmente terá um dispositivo melhor e mais específico para isso, talvez por voz. Meu palpite é que vamos ficar cada vez mais Jetsons[33]. Em um ambiente assim, as plataformas fazem muito sentido.

Luiz André Barroso costumava dizer que impor restrições a plataformas é uma espécie de convite para que todas as mentes brilhantes do mundo reflitam sobre aquela restrição, sobre como usar aquela interface de maneira melhor, sobre como fazer aquele componente ser mais eficiente ou mais escalável. Para Luiz, um bom exemplo foi o conjunto de instruções (ISA, *instruction set architecture*) do chip x86, desenvolvido pela Intel em 1978, que roda em tudo o que é computa-

33. Os Jetsons são uma série de desenhos animados produzidos pelo estúdio Hanna Barbera, nos Estados Unidos, entre os anos 1962 e 1963 e depois entre 1984 e 1987.

dor pelo planeta. Luiz sempre dizia que, quando a Intel definiu essas instruções, as pessoas foram logo falando que eram restritivas demais, mas o que ocorreu de fato é que elas viraram padrão e geraram incontáveis inovações.

Imagine se cada pesquisador que estivesse estudando arquitetura de computadores tivesse o próprio padrão – seria muito mais difícil evoluir a arquitetura, porque, em vez de as pessoas trabalharem em cima do mesmo problema, elas estariam se dedicando a um monte de problemas diferentes. A noção do Luiz é a de que **restrições de padrão muitas vezes impõem o foco para as inovações.**

Para o universo de interfaces e plataformas, a padronização também gera ambiente propício para a inovação. No capítulo a seguir, mostro como a padronização de ferramentas de engenharia é outra grande aliada da inovação nas empresas de tecnologia.

PLATAFORMAS DE COMPUTAÇÃO REUTILIZÁVEIS: PONTOS PRINCIPAIS

- Plataformas básicas pensadas como chassis de veículos.
- Plataformas com perfil de engenharia e/ou de negócios.
- Sistemas construídos para suportar e viabilizar funcionalidades ainda nem previstas.
- Componentes em cima de plataformas básicas com inovação e diferencial do negócio.

CAPÍTULO 6

FERRAMENTAS DE ENGENHARIA

Minha relativamente curta passagem, de apenas três anos, pelo Google foi muito marcante para a minha trajetória profissional. Encontrei ali maneiras de trabalhar que combinavam muito com o que eu acreditava: os processos eram padronizados, e muito da comunicação entre pessoas e equipes era feito através de ferramentas colaborativas e do próprio código, reduzindo abstrações, incertezas e ineficiências. Foi também um momento decisivo na minha vida, sob vários aspectos. Era 2011, e, pelo lado pessoal, eu estava em uma outra realidade, casado de novo e pai recente de duas menininhas, enquanto no trabalho no Google me via pela primeira vez encarando o desafio de atuar puramente em produção, e não em pesquisa.

Muitos gestores seniores não entendem a importância que as ferramentas de engenharia têm para facilitar a colaboração entre desenvolvedores e entre times, e consideram os processos do dia a dia – as linguagens usadas, os ambientes de testes, o sistema de validação – questões menores, que não precisam nem de investimento nem de planejamento, devido à enorme oferta de ferramentas no mercado e aos processos internos que cada equipe cria para executar seus próprios projetos.

Neste capítulo mostro como esses conceitos são equivocados e como, na realidade, a padronização das ferramentas tem o potencial de dar um ganho gigante de produtividade para a empresa. Explico como o compartilhamento de repositórios, a cultura de testes e de revisão de código e a integração de diretrizes nas ferramentas facilitam o fluxo de trabalho e permitem que os engenheiros consigam produzir e organizar as plataformas que serão o diferencial para proporcionar eficiência e inovação.

Repositório compartilhado e informação à mão

Um dos aspectos que moldaram a cultura de trabalho do Google praticamente desde o início foi o seu investimento em ferramentas de engenharia. Essas ferramentas foram construídas para facilitar a vida dos desenvolvedores, que contavam com tudo de que precisavam para escrever, testar e colocar códigos novos em produção. Não havia necessidade de tantos processos entre pessoas, porque as ferramentas em si simplificavam as ações, de tal forma que ninguém perdia tempo pensando de que maneira começar isso ou aquilo.

O ferramental de engenharia era tão padronizado que só havia uma maneira única de colocar o código em produção, e essa abordagem ditava a estratégia de colaboração. Um dos elementos principais desse sistema era a existência de um repositório comum que reunia todo o código da empresa e, mais que isso, era indexado. Toda vez que alguém escrevia um código, ele passava a ser buscável por palavras-chave – afinal, seria muito estranho o Google não ter um sistema bom de busca para o seu código. As linguagens também eram padronizadas e, enquanto trabalhei lá, eram usadas basicamente duas.

Uma vez eu estava trabalhando em um projeto e só faltava, para terminar a minha *feature*, criar um painel de monitoramento mostrando como os servidores estavam conectados. Pensei em usar um grafo para representar a informação se espalhando em tempo real, de forma que, se houvesse um incidente, alguém saberia onde estava o plano de execução. Fiz então uma busca na ferramenta interna do Google para ver se já existia algum código para executar aquilo, e achei.

Como existia uma comunalidade no modo como o código era escrito, com padrões de código e bibliotecas comuns, ficava muito fácil de ler o que tinha sido escrito por outras pessoas. Quando tentei usar aquele módulo, vi que existia um pequeno problema no código e, como era coisa simples, encontrei uma solução. Bastou dar uma olhada no diretório do repositório para saber quem era o autor e responsável pelo módulo que eu estava usando. Escrevi a modificação necessária e já submeti o pedido de revisão de código, sem saber nem de que equipe ou de que país era aquele "dono". Em poucas horas, a pessoa responsável viu meu pedido e o aprovou, e pude colocar a minha mudança em produção e usá-la. Não foi necessária nenhuma interação pessoal, porque toda a comunicação foi feita por intermédio da ferramenta de revisão de código. Continuei o trabalho com outros projetos sem nunca ter conhecido o dono do código ou, o que é melhor, sem ter precisado de quatro reuniões para resolver a questão.

Se o código não estivesse indexado e não fosse buscável, eu teria tido que sair perguntando para as pessoas se havia uma biblioteca de modelagem de grafos. Há empresas que têm centenas de repositórios, e é impossível pesquisar um a um. Talvez eu fosse procurar externamente se havia alguma coisa *open source*, que é o que muita gente acaba fazendo, porque pelo menos há uma ferramenta de busca para isso. Se, ainda assim, eu não achasse o que queria, teria de escrever eu mesmo o código, e poderia estar duplicando ou triplicando algo existente na empresa, além de gastar tempo e energia no futuro fazendo testes e manutenção. O processo todo talvez levasse uma semana ou mais, e não um dia.

É claro que nenhuma ferramenta é infalível e mesmo no Google poderia ter havido demora, se a pessoa responsável, por exemplo, não estivesse tão prontamente disponível, mas, com esse tipo de integração, a possibilidade de o processo funcionar de forma verdadeiramente ágil é maior. Sem contar que a **colaboração através de ferramentas** permite que o trabalho seja assíncrono e remoto, como detalho melhor mais para a frente.

Linha de produção eficiente

O ferramental de engenharia é o que os engenheiros de software usam no dia a dia. Explicando um pouco para quem não está familiarizado com esse cotidiano: um desenvolvedor passa a vida escrevendo, compilando e testando códigos. Quando está satisfeito com os testes, submete tanto o código que escreveu quanto os testes para revisão (*code review*), idealmente feita por engenheiros tecnicamente experientes. Quem revisa pode e deve fazer comentários e pedir alterações, e, quando tudo está certo e aprovado, o código entra em uma esteira que chamamos de CI/CD (*continuous integration* e *continuous delivery*, integração e entrega contínuas), que é um mecanismo de validações automáticas daquele código, por exemplo, verificando aspectos de segurança, ou checando se a formatação está toda correta.

Depois de passar por esse ambiente de validação, o código entra em produção, ou seja, entra para o repositório – antes estava só na máquina do desenvolvedor – e é integrado a ele. É um processo que afeta diretamente a produtividade dos desenvolvedores e pode perder velocidade dependendo do tanto de burocracia envolvida. O objetivo é que a maioria dos processos internos seja automatizada, e um dos pontos que geram mais impacto nisso é o repositório – se é um único para a empresa inteira, um único por time, ou um único por grupo ou subgrupo. O que acontece quando esses repositórios estão espalhados pela companhia, em grande número e de forma desordenada, é que não há uma maneira fácil de visualizá-los.

São múltiplas as razões para que exista uma superabundância de repositórios. É assim que a situação normalmente se desenrola: a empresa está fazendo, digamos, o sistema da maquininha de cartão de crédito, e o desenvolvedor cria um repositório para o código desse sistema. Com o crescimento, é contratado um diretor para fazer o sistema de *banking*. Essa pessoa acha que o sistema nunca vai usar nada do sistema existente da maquininha, e cria um outro repositório, construindo um sistema completamente independente.

Uma empresa como a Stone pode ter inúmeros repositórios assim, o que é explicado muitas vezes pela necessidade de rapidez: quanto menor o repositório, mais rápido as ferramentas funcionam. Se o processo vai ficando lento, há o impulso de o desenvolvedor criar um repositório novo, apartado, sem integrá-lo ao restante. Até podem existir vários repositórios, mas é preciso que exista uma ferramenta de busca que funcione como se só existisse um.

Um amigo engenheiro bem sênior até comentou comigo uma vez: "Marcus, quando você me falava sobre como era fácil trabalhar de forma colaborativa no Google, eu achava que entendia, mas só quando fui lá e vivenciei as ferramentas é que tive noção da diferença brutal que aquilo faz no trabalho". As pessoas não entendem o quanto de flexibilidade esse ferramental dá para os desenvolvedores e o quanto essas ferramentas, estando bem dosadas e integradas, proporcionam de liberdade e capacidade de colaboração.

Lembro quando o Google resolveu construir o Google+[34], um projeto – que não vingou – para tentar competir com redes sociais como o Facebook. A nova rede social precisava de um modo de fazer buscas, e eu, que trabalhava na busca do Google, acompanhava o projeto restringindo-me a observar os pedidos de aprovação de mudanças pela equipe do Google+, que estava reaproveitando a infraestrutura de busca que já existia no Google para a web. Eles usaram muito as nossas plataformas por intermédio da esteira de desenvolvimento.

Se não existissem essas ferramentas de colaboração por código, teria sido necessário convocar um engenheiro sênior, talvez com o impressionante título de arquiteto sênior de buscas do Google+, para colocá-lo para conversar com o time da busca e ver como poderia ser executada a integração do Google+. Eles fariam uma reunião, discutiriam as coisas de maneira abstrata, desenhando caixinhas e setas no quadro branco, depois montariam uma apresentação de slides, gerando um grande *overhead* de gestão que foi evitado. O Google+ pode não ter dado certo, mas pelo menos a busca interna mostrou-se sólida – foi feita muito rapidamente e funcionava de forma escalável e barata, sem precisarmos do tal arquiteto sênior recebendo salário para desenhar sistemas complexos na lousa.

As empresas que não têm esse processo bem azeitado são obrigadas a criar mecanismos envolvendo pessoas, reuniões e novos processos, com um empenho de recursos que seria muito menor se a questão das ferramentas tivesse sido resolvida. Não sou contra reuniões, inclusive sou um grande entusiasta das reuniões 1:1, como expliquei nos capítulos sobre gestão de pessoas. Acredito, porém, que elas de-

34. A rede social chamada Google+, ou Google Plus, foi criada em 2011 e desativada em 2019.

vem ser reservadas para assuntos nos quais a troca interpessoal seja realmente valiosa e insubstituível.

Ferramentas como aprendizado e cultura

No capítulo 5, defendi a construção de plataformas que possam ser reutilizadas múltiplas vezes, para servir de alicerce para sistemas mais específicos. Para que as plataformas possam ser usadas dessa maneira, elas precisam estar encontráveis em algum repositório. Não adianta investir em montar uma plataforma de *banking* reutilizável se ninguém conseguir localizá-la.

Quando o código é compartilhado por vários grupos da empresa, há diretórios, e cada um deles contém um arquivo com o nome dos donos do código, as pessoas-chave que precisam autorizar modificações ali. As ferramentas que funcionam bem e de fato proporcionam ganho de produtividade são integradas, de modo que se possa fazer uma pesquisa (os diretórios são gigantes, há milhões e milhões de linhas de código em uma empresa) em uma ferramenta de busca para achar o que se quer.

Conto aqui mais uma história que demonstra como esse tipo de integração pode inclusive evitar incidentes. Brendan Burns é um engenheiro que trabalhou comigo no Google e depois na Microsoft, onde hoje é um dos vice-presidentes corporativos. Quando estávamos no Google, nos deparamos com um *bug* no sistema de buscas, que acontecia muito raramente, mas precisávamos resolver. Ele descobriu a causa raiz, que era um erro no código, como se fossem Legos que estivessem conectados de um jeito que, dependendo do movimento, poderia fazer a estrutura toda cair (uma metáfora inexata, mas serve para seguirmos com o tema dos Legos). A partir desse diagnóstico, Brendan fez uma busca em todo o repositório do Google, de todos os times da empresa, para procurar padrões que fossem parecidos com aquele, e encontrou instâncias em três outros times. Apesar de terem o problema, eles ainda não tinham sofrido incidentes, porque ele só se manifestava em determinadas situações muito raras. Com acesso ao código do Google inteirinho, um engenheiro conseguiu implementar as correções e prevenir possíveis incidentes futuros.

E as vantagens não param aí, porque, além de dar agilidade, promover um trabalho colaborativo e assíncrono e permitir a correção de falhas em série, as **ferramentas potencializam o aprendizado** e a cultura de testes. Quando um desenvolvedor acha no repositório um arquivo que tem mais ou menos o que procura (uma plataforma, ou um módulo, que é algo menor) e lê o código, já tem acesso também aos testes, que não só validam aquele código como também servem de demonstração de sua funcionalidade. Um teste para validar uma aplicação de *banking* demonstra como aquelas APIs são usadas, e o desenvolvedor consegue ler os testes e entender cada vez mais profundamente o sistema, de maneira independente dos desenvolvedores que escreveram o código.

Na parte de ferramentas, a organização do Google era bem coesa, o que não significa que não houvesse duplicidades de outras naturezas na empresa. No início dos anos 2010, a companhia vivia um boom de crescimento, com uma gestão bem *bottom up*, o que ajuda a explicar como certa vez descobrimos que havia múltiplos times trabalhando em personalização através de perfis de usuários, usando técnicas diferentes. Todos eles, porém, faziam suas explorações considerando arquiteturas computacionais que se sustentavam sobre os mesmos blocos básicos. A duplicidade, se acontecia, era apenas em áreas mais específicas, como personalização, onde era bem-vinda, pois ninguém sabia qual era a melhor solução, e precisávamos experimentar. Uma vez que o problema de personalização em que trabalhávamos fosse resolvido, potencialmente com uma solução campeã para algum cenário, essa solução viraria parte do arcabouço computacional da engenharia para todos os times e passaria a ser usada daquela forma dali em diante, reduzindo duplicidades futuras.

Trabalhando dessa maneira, as bibliotecas vão ficando cada vez mais completas conforme soluções novas vão sendo incorporadas, deixando os desenvolvedores mais disponíveis para se concentrar no diferencial do negócio.

É importante lembrar que a solução de ferramentas do Google não é replicável, porque foi idealizada e construída em uma época diferente, quando não existiam serviços de nuvem. O arcabouço computacional que serviu de infraestrutura para eles foi erguido do zero, e isso não seria assim mais, pois hoje há uma infinidade de ferramentas terceirizadas à escolha de qualquer empresa. O Google mesmo provê várias dessas ferramentas com o seu serviço de nuvem, o Google Compute Platform (GCP).

As ferramentas de engenharia atuais não têm que ser criadas na empresa, mas é preciso escolhê-las bem e usá-las com constância. Existem inúmeras opções, para linguagens de programação, ambiente de desenvolvimento, ambiente de testes, sistema de revisão de código, sistemas para colocar código em produção e fazer as validações automáticas. Para tudo isso existem opções variadas de ferramentas, oferecidas frequentemente em forma de pacotes pré-montados.

A liderança de tecnologia tem de ser intencional na forma como usar esses serviços, que precisam ser escolhidos racionalmente e padronizados entre as várias áreas da empresa.

Outras companhias, como a Meta, seguiram o estilo do Google na uniformização das ferramentas e no uso de um repositório único para a empresa toda. No Brasil, um exemplo é o Nubank, que levou a padronização muito a sério desde a criação da empresa, chegando ao extremo – que tem seus prós e contras – de usar apenas uma linguagem de programação.

Código de leitura fácil

Desenvolvedores passam mais tempo lendo código do que escrevendo, e por essa razão a organização do código afeta a produtividade de qualquer empresa. Um número menor de linguagens e a padronização de formatos contribuem para que o profissional entenda rapidamente o que está lendo, saiba se precisa ou não fazer mudanças, e encontre problemas. Em vez de impor diretrizes determinando como o código deve ser escrito, o ideal é que as ferramentas adotadas pela empresa assegurem automaticamente essa padronização.

Existem discussões homéricas sobre onde se coloca o parêntese no código, se o conteúdo do parêntese vai na mesma linha, o que se coloca na próxima linha, se cada linha deve ter no máximo 80 caracteres porque esse é o tamanho adequado para imprimir, ou se isso tudo é irrelevante. Quando uma empresa conta com uma única ferramenta integrada para todo mundo, a formatação pode ser feita automaticamente, não importa como a pessoa tenha digitado, e os olhos dos desenvolvedores ficam muito mais treinados para ler com eficiência, inclusive em momentos críticos, como quando ocorre um incidente. Ninguém precisa despender energia fiscalizando se o código está formatado corretamente ou reforçando culturalmente essas diretrizes, porque elas são simplesmente automáticas.

Um conceito básico em programação é que tudo o que se faz com uma linguagem pode ser feito com outra[35]. Não existe uma linguagem que permita criar mais possibilidades, exatamente do mesmo modo como na linguagem humana: tudo o que se pode produzir em português, seja prosa, poesia ou *post* de mídia social, também pode ser feito em francês ou em grego. No computador é igual, porque Python não faz algo que Java não faça. Ainda que o resultado seja o mesmo, entretanto, há vantagens em padronizar e **limitar o número de linguagens** de programação usadas em uma organização, como explico a seguir.

Menos linguagens aumenta a comunalidade

É frequente encontrar nas empresas, além da multiplicidade de repositórios e serviços terceirizados, uma torre de Babel de linguagens de programação, às vezes com mais de vinte delas em uso, como consequência de um crescimento desordenado de tecnologia e da falta de direcionamento nesse aspecto, que costuma ser negligenciado. O instinto dos desenvolvedores é elaborar processos personalizados, que se adaptem a suas preferências. A situação fica ainda pior quando a companhia tem departamentos que não se falam e vivem em silos, com cada um tocando projetos à sua moda, sem ter ideia de como o pessoal da engenharia de outro departamento está se defrontando com processos e

35. Desde que ela seja Turing-completo (https://pt.wikipedia.org/wiki/Turing_completude). Tudo que é computável, ou seja, que pode ser resolvido por um computador, pode ser implementado em qualquer linguagem de programação que seja "completa" (Turing-completa), como todas as linguagens de programação usuais (C++, Java, C#, Go, Python, Lisp etc.).

problemas semelhantes. Não há ninguém ditando como as ferramentas devem ser usadas nem quais linguagens são preferenciais.

O melhor dos mundos é quando a empresa começa do jeito certo, como foi o caso do Google, porque isso evita muitos débitos técnicos futuros e dá a ela uma vantagem perpétua. Uma vez que isso não ocorra, quanto mais cedo se faz uma intervenção para focar nas ferramentas e aumentar a padronização, melhor, porque, com o crescimento da empresa e a proliferação de linguagens e serviços de terceiros, mais tarde qualquer tentativa de mudança parece impositiva e limitante para os desenvolvedores. A tendência é que cada desenvolvedor queira continuar trabalhando na linguagem e nas ferramentas de que mais gosta e tente preservar o código que já escreveu.

Usar ferramentas e softwares comuns leva as equipes a terem interdependência e a trabalharem juntas, o que é positivo para a empresa como um todo. Às vezes é preciso forçar um pouco a colaboração, porque as funcionalidades que precisam ser produzidas para o negócio são sempre mais complexas do que aquilo que cada colaborador poderia executar sozinho. Uma das formas de incentivar trocas é usar o código como colaboração. Um código claro, com linguagens e padrões em comum, aumenta a capacidade de entendimento entre os times.

Com menos linguagens de programação, cria-se maior mobilidade para os engenheiros dentro da organização, porque fica mais fácil mudar de um time para o outro. Se cada time resolve escrever código de uma maneira diferente e alguém troca de equipe, a pessoa nova tem que perder tempo aprendendo as ferramentas e padrões novos e vai demorar mais para se tornar produtiva ali. Se houver um projeto atrasado, as pessoas-chave de outros times podem socorrer e atuar para solucionar o problema. Sem as ferramentas padronizadas, toda essa colaboração fica prejudicada, porque quem for ajudar tem de aprender os padrões do zero.

O ganho em agilidade é ainda mais decisivo em situações-limite, como quando ocorre um incidente e se forma uma força-tarefa emergencial para algum projeto prioritário. Nessas situações, cada minuto que passa sem uma solução pode representar enormes prejuízos, e a possibilidade de o problema ser localizado e resolvido mais rapidamente é muito maior se os contribuidores individuais mais seniores da empresa são acionados e conhecem bem o código para contribuir.

Atuação e formação das lideranças técnicas

A padronização das ferramentas é, aliás, essencial para que os engenheiros que avançaram no braço técnico da trilha de carreira em Y[36] consigam exercer sua atividade de liderança da forma plena e decisiva que preconizo, atuando diretamente no código, em vez de trabalhar apenas em cima de abstrações em uma lousa.

Quando o engenheiro chega a *staff*+, ele já entende muito do sistema dele e passa a trabalhar em questões que envolvem várias áreas da empresa. Seu papel é definir padrões arquiteturais, tendo ideias de projetos estruturantes – um exemplo seria um sistema único de identidade para a empresa inteira –, cuja execução deve ser delegada a desenvolvedores mais juniores. O engenheiro especialista fica responsável então por mentorar essas pessoas e passa mais tempo revisando o código.

Quando alguém é recrutado no mercado, a uniformidade das ferramentas significa que esse profissional conseguirá se aclimatar mais rápido depois da contratação, tendo a capacidade de intervir prontamente em áreas diversas. Uma liderança que chega a uma empresa

36. Ver capítulo 2.

nova necessariamente tem muito o que aprender, e um alicerce de engenharia padronizado facilitará muito essa adaptação.

Existe mais de um caminho para contribuidores individuais em uma organização, como bem discute o livro *The staff engineer's path*, que já mencionei antes. A trajetória pode ser semelhante à do desenvolvedor Sanjay Ghemawat, do Google – alguém que escolha um pedaço complexo do negócio e vire um *expert*, passando a maior parte do tempo escrevendo e revisando código –, ou pode ser uma pessoa que deixou de escrever código há muito tempo, sendo do tipo engenheiro de quadro-negro, que dá o direcionamento, integra equipes e faz com que as coisas funcionem. Na Microsoft fui mais desse tipo, o engenheiro da lousa.

Sem ferramentas de engenharia uniformizadas, a tendência é que a empresa fique com uma quantidade desproporcional de arquitetos e o código fique relegado a colaboradores muito juniores. O Google, inclusive, era contra esse termo "arquiteto de software", que é uma denominação genérica para um profissional *staff* que fica menos no computador e mais desenhando quadrado e bolinha no quadro. Em vez de arquitetos que ficam só na prancheta, queriam ter uma quantidade bem maior de desenvolvedores seniores, aqueles que, mesmo em altos níveis de liderança, têm um trabalho cotidiano de mão na massa, ou melhor, mão no código. São apenas desenvolvedores muito melhores tecnicamente, lidando com códigos muito mais complicados e dando direcional para os desenvolvedores mais juniores.

Na minha concepção de gestão de empresa de tecnologia, é preferível que os profissionais sigam escrevendo código ao longo de seu percurso, conforme se aventuram em áreas diferentes da empresa, e isso só é possível quando existe um ferramental que facilite esse trânsito. Imagine um potencial Portinari do código, um futuro Sanjay, que esteja em formação em uma empresa em que o costume é que a liderança técnica se mantenha longe da programação. É bem possível que essa pessoa pense em dado momento: "Se eu seguir pela carreira de contribuidor individual, vou ser obrigada a deixar de escrever código e passarei a só ter que desenhar no quadro branco ou fazer reunião para alinhamento entre times". Talvez decida se acomodar e ficar onde está, sem desenvolver o talento, ou talvez procure outro emprego em que possa continuar progredindo na carreira apenas programando. De um jeito ou de outro, terá sido uma enorme perda para a empresa.

Uma organização pode ter, sim, os chamados arquitetos de software que não programam muito. São aqueles profissionais que estão pensando em tecnologias novas, focados no H3, o horizonte de mais longo prazo. Têm perfil para isso, uma visão macro e vocação para conduzir reuniões relevantes, convencer a cúpula da companhia das necessidades da área de tecnologia, falar publicamente em nome da empresa. A questão é que uma companhia precisa de pouquíssimos profissionais desse tipo.

Na Microsoft, eu fazia muita reunião usando a lousa, e brincava que na minha lousa o Azure funcionava perfeitamente e não acontecia nenhum incidente – bem diferente da vida real, porque, como destaco no próximo capítulo, incidentes sempre ocorrem. Esse tipo de reunião, desenhando estruturas em lousas, é até útil quando se está fazendo planejamento e direcionamento em alto nível, mas é inevitável chegar o momento em que é preciso fazer a transição da lousa para o código. É em código que tudo acontece.

Assim, a existência e o uso cotidiano de ferramentas padronizadas são fatores determinantes para que a trilha de carreira em Y seja efetiva em produzir especialistas técnicos para o topo da liderança e que participem diretamente no código, mantendo sua qualidade.

Revisão de código, um valor indispensável

Venho falando até aqui muito em "escrever código", mas a intimidade da liderança técnica com o código se concretiza no dia a dia bem mais na atividade de *code review*, um processo que é muitas vezes considerado menos importante ou apenas burocrático, mas que considero central para qualquer empresa de tecnologia. Boa parte do direcionamento técnico de uma organização deve ser feita por revisão de código, e não com discurso, e, para que isso funcione com eficiência, ferramentas de engenharia facilitam o processo.

Já mencionei, nos capítulos da Parte I, sobre pessoas, o poder da **revisão de código como estratégia de treinamento**, formação e mentoria, e retomo aqui o assunto em mais detalhes. Para começar, o *code review* pode ser encarado como uma continuação do processo de *onboarding* de uma pessoa que entra na empresa. Com revisões de código cuidadosas e detalhadas, pode-se ensinar a ela quais são os processos, como o sistema está organizado e quais são os detalhes que precisam de mais atenção. O processo de revisão de código é extremamente relevante para o aprendizado e o acompanhamento dos novatos, em especial no esquema de trabalho remoto.

Revendo código de forma atenta e criteriosa, os profissionais da liderança técnica da empresa conseguem transmitir o direcionamento técnico para a construção dos sistemas que darão solidez e proporcionarão inovação. Claro que isso não significa que um contribuidor individual nos níveis mais elevados deva passar o dia todo revendo código de sistemas que são *commodity* e que terão pouca relevância estratégica para a empresa. Pode até eventualmente fazer isso como forma de ter uma noção de como anda a qualidade do trabalho na base da pirâmide, mas o grosso de suas atividades estará concentrado naquilo de mais relevante e estratégico que a empresa esteja construindo naquele momento.

O zelo pelo código gera eficiência, porque é mais fácil corrigir um problema durante o processo de revisão e testes do que depois que o sistema já está no ar. E obviamente alguns incidentes são evitados pelo caminho, desde que quem é responsável pela revisão se sinta à vontade de realmente pedir modificações sempre que necessário, o que só ocorre quando o processo todo está enraizado na cultura da empresa. A revisão não pode ser encarada como uma tarefa que tem de ser feita com pressa para que o código entre logo em produção.

Independentemente de uma pessoa escrever textos ou códigos, erros sempre acabam sendo cometidos, e quem cometeu o erro costuma não conseguir enxergá-lo, por mais que tenha cuidado ao reler tudo. Em textos, como neste livro, há um processo de edição e depois de revisão, e com códigos é a mesma coisa: um segundo e até um terceiro par de olhos reduzem em muito a probabilidade de erros passarem para a frente, mesmo que vários testes tenham sido realizados. O revisor de código traz um olhar diferente e fresco, que pode captar um *bug* ou sugerir uma modificação que torne o software melhor.

Regras para que a revisão de código seja eficaz

Quanto mais diretrizes e padrões claros existirem na empresa, mais fácil é fazer a revisão de código, pois o que está fora do padrão fica evidente e não está aberto a questionamento. Quando não há padrões, ao contrário, a revisão é muito mais subjetiva. Se uma ferramenta já integrar, por exemplo, a formatação, o revisor nem vai precisar colocar comentários para corrigir a maneira como o código está formatado. E, mesmo que as diretrizes não estejam integradas à ferramenta, só o fato de haver um padrão protocolado já economiza o comentário, porque basta dizer "Não está seguindo o padrão", e nenhuma outra explicação é necessária.

Existe uma etiqueta que deve ser seguida na revisão de código, pois ela precisa ser respeitosa, e, embora a rapidez não seja o objetivo principal, a agilidade também conta. Em primeiro lugar, é preciso ficar claro para todos que a revisão não é algo pessoal. Tanto quem revisa quanto quem é revisado têm de tratar aquilo como um *feedback* construtivo, não ficar em uma briga de egos. Quem faz o *code review* não deveria competir com a pessoa que escreve o código. O pior caso que pode haver são aqueles líderes do tipo "diminuidor" – na terminologia de Liz Wiseman e Georg McKeown no livro *Multiplicadores* –, que recebem um pedido de revisão de código, o rejeitam e reescrevem o código da sua maneira. Quando líderes agem assim, não é incomum que os funcionários se frustrem e, com o tempo, acabem indo embora da empresa. Quem faz a revisão de código tem que ter maturidade profissional para perceber que não está competindo, e sim zelando pela qualidade do código, impondo os padrões arquiteturais da empresa e tentando evitar que incidentes aconteçam no futuro. Tanto quem submete o pedido como quem revisa têm que manter os comentários educados e objetivos, com a consciência de que a finalidade da troca é aprimorar o código para que todos saiam ganhando depois.

Do lado mais prático, é inegociável que qualquer pedido de revisão de código venha acompanhado dos respectivos testes. Assim que o revisor recebe o pedido, deve abri-lo, dar uma olhada rápida para verificar se os testes vieram junto, e dar uma resposta inicial a quem escreveu o código, já abrindo uma linha de comunicação. Se verificar que não há testes, que alguma coisa está fora do padrão ou que por algum motivo não é a pessoa ideal para fazer aquela revisão, deve devolver o pedido imediatamente, para que não se perca tempo e para que a nova submissão seja feita da forma correta.

A existência de ferramentas para conduzir essas iterações aumenta a eficácia do processo. Os comentários de ambos os lados ficam registrados e devem ser acompanhados pelas outras pessoas envolvidas no projeto, porque dessa maneira o aprendizado se multiplica. O tom dos comentários, tanto do lado do revisor como do autor do código, precisa ser educado, e o conteúdo, claro. Por mais que eu seja fã de usarmos ferramentas padrão para a revisão de código, se em determinado momento a conversa se estender demais, um papo ao vivo às vezes é o melhor instrumento de comunicação. E, quando há uma discordância que não está sendo superada, vale a pena pedir ajuda externa para uma terceira pessoa que consiga intermediar a "negociação".

Além de checar a corretude e a clareza do código, o revisor tem que ter em mente objetivos mais amplos, afinal, é pensando dessa forma que coloca em prática as diretrizes técnicas da empresa. Na revisão, ele avalia se a mudança proposta está sendo feita no lugar certo, se soluciona mesmo o problema, se o problema é o problema correto a ser resolvido e se se trata de um investimento necessário. Em termos arquiteturais, verifica que o design da alteração é escalável, se se acopla bem a outros elementos da plataforma, se é resiliente a falhas e se não vai causar dependências que levem a débitos técnicos. Checa também, pelos testes submetidos, se as interfaces propostas são extensíveis e intuitivas, e se há documentação correta, porque falhas nesses aspectos podem gerar problemas mais para a frente, na manutenção desse código. É responsabilidade do revisor assegurar que todo código novo tenha sido escrito dentro do espírito de facilitar a realização de mais testes em modificações ou adições futuras, e também de analisar o quão resiliente a instabilidades é o código e se há mecanismos para evitar que haja algum tipo de incidente quando for posto em produção, além de sistemas de alerta e de reversão de mudanças em caso de emergência. As considerações do revisor se estendem também a eventuais problemas de desempenho que a alteração possa causar, o que é mais comum do que se imagina, portanto, é necessário que haja testes específicos nesse sentido.

Quando uma liderança faz revisão de código, ela consegue verificar na prática se o conceito de plataformas que descrevi no capítulo anterior está sendo aplicado e tomar providências se achar que não está. E também assegura que o código seja claro, legível e padronizado, para que qualquer desenvolvedor da empresa seja capaz de lê-lo e compreendê-lo, mesmo que muitos anos depois. Por fim, está ajudando a construir na organização o pensamento intencional de evitar débitos técnicos, planejar horizontes de curto, médio e longo prazo e fomentar a inovação.

Valorização da revisão de código

Para estabelecer uma cultura forte de revisão de código na empresa, é preciso que essa priorização se reflita em promoções e aumentos de remuneração. Se o sistema de avaliação e de progressão de carreira mensurar apenas novas funcionalidades que tiverem sido postas em produção, a importância da revisão de código fica invisível e não há incentivo para fazê-la. Como pode ser premiada uma pessoa que passa 80% do tempo revendo criteriosamente o código escrito por outros engenheiros, garantindo que as diretrizes estruturantes estejam se traduzindo em sistemas?

A ênfase na revisão de código tem de estar alinhada com os parâmetros usados para a progressão de carreira, e outras iniciativas menos tangíveis podem reforçar o processo. Primeiro o exemplo: se a mais alta liderança técnica da empresa revisar código e disponibilizar os comentários publicamente por intermédio das ferramentas, fica claro para o resto da engenharia que se trata de um trabalho relevante.

Na Microsoft, Girish Bablani e eu implantamos o hábito de convidar para jantar, todo mês, os principais revisores de código da equipe, definidos por alguns critérios que escolhemos, como número de revisões, número de comentários e número de comentários que levaram a mudanças durante o processo de revisão. Era uma maneira de aproximar os engenheiros das lideranças em um ambiente mais informal e também de dar visibilidade ao desempenho, pois circulávamos uma comunicação nomeando os melhores revisores do mês.

O envolvimento pessoal das lideranças é um dos mecanismos do dia a dia para reconhecer conquistas e ditar a cultura da empresa. Os objetivos estratégicos têm de estar integrados tanto aos instrumentos de avaliação de desempenho e remuneração quanto a esses métodos mais informais de incentivo.

Outro motivo para valorizar uma cultura de revisão de código é o compartilhamento de responsabilidade na hora em que um incidente acontece. A pessoa que revisou o código não pode ser encarada como aquela que simplesmente autorizou a mudança apertando um botão, e sim como uma parceira no desenvolvimento daquele código, e que pode se envolver para solucionar um eventual problema que apareça.

Falo mais detidamente sobre incidentes no próximo capítulo, mas aqui considero crucial defender que uma empresa de tecnologia tenha uma cultura forte que apoie revisão de código e testes. Na Stone, quando cheguei, a cultura de testes não era tão disseminada quanto eu gostaria, e venho trabalhando para reforçá-la. O hábito da testagem exaustiva possibilita que os times se sintam mais seguros em abrir o código para contribuições externas, dentro da empresa e até fora dela, em um esquema colaborativo de verdade.

Inner source e open source

Códigos *open source* são aqueles que ficam em repositórios públicos, aos quais pessoas do mundo inteiro têm acesso para usar e para contribuir com melhorias. Os donos do repositório fazem as aprovações, em um processo distribuído e assíncrono, com uma governança que normalmente não é de uma organização, mas sim de um grupo de colaboradores que escreveu o software e determinou que seria um código aberto. A ideia se baseia na noção de comunidade e vem funcionando há muitos anos, com muita gente contribuindo, aprimorando e corrigindo erros, como com o sistema operacional Linux.

Um conceito útil é reproduzir dentro do ambiente da empresa uma versão limitada de código aberto, que pode ser chamada de *inner source*, contando com todos os benefícios do desenvolvimento de software de código aberto, mas mantendo-o protegido dentro da organização. Há ferramentas que dão suporte para esse tipo de fluxo de trabalho.

Com uma cobertura forte de testes e um bom sistema de revisão de código, diminui o temor de que uma modificação externa ao time vá introduzir algum problema. O código aberto funciona porque existe a exigência de muitos testes, e a revisão é feita com responsabilidade.

O uso das ferramentas deveria proporcionar a sensação de que se está fazendo *inner source*, um trabalho colaborativo. E, indo mais além, se, para alguma das bibliotecas que se estiver construindo fizer sentido buscar colaborações externas em geral, vale pensar em deixá-la como código aberto.

No Yahoo, por exemplo, trabalhamos em um projeto de sincronização de componentes distribuídos em uma biblioteca chamada ZooKeeper, que acabou se transformando em *open source*. Foi algo que nasceu naturalmente e hoje recebe muitas contribuições voluntárias, e é amplamente utilizado, sob a administração da The Apache Software

Foundation[37]. Quando um sistema desenvolvido localmente não é o *core* da empresa, é proveitoso considerar a possibilidade de abrir o código. Não é algo que se vá fazer, claro, com um sistema que seja um diferencial competitivo para a empresa, mas há muitos outros sistemas que têm a ganhar com a colaboração em massa.

Novos rumos: mentalidade focada em ferramentas

Alguém que tenha se convencido com argumentos como os que expus e que pretenda padronizar as ferramentas usadas na empresa certamente enfrentará opiniões contrárias. Há quem vá dizer: "Tenho três times de engenharia, é melhor deixá-los escolher a maneira como querem trabalhar". Um dos desafios é exatamente o fato de que não existe um conjunto de ferramentas ideal, porque, para determinadas tarefas, um sempre é mais eficiente que o outro. Minha resposta para esse dilema é que é pior que a companhia fique paralisada esperando um sistema perfeito, porque aí se cria um cenário em que cada time de engenharia fica com seu próprio conjunto de ferramentas, e a empresa toda deixa de receber os benefícios da comunalidade que a padronização proporciona. É preferível ter um conjunto de ferramentas bem escolhido e bem definido, mesmo que ele não seja ideal para algum dos times ou para alguns cenários.

Para uma empresa já estabelecida que queira, então, investir na uniformização das ferramentas e compensar um passado técnico mais heterogêneo, a primeira providência é criar um **time interno** dedicado ao arcabouço ferramental de engenharia. A função dessa equipe não está diretamente ligada ao diferencial de negócio da empresa,

37. Disponível em: https://zookeeper.apache.org/.

pois seu grande objetivo é tornar os desenvolvedores mais produtivos. Na prática, pode-se estabelecer 10% do total da equipe de engenharia para cuidar das ferramentas de engenharia. É fundamental que esse grupo seja composto de ótimos profissionais, porém, sua contratação pode oferecer desafios, devido à escassez de gente com esse perfil em um mercado que valoriza pouco a atuação de bastidores. A equipe precisa ter capacidade e prestígio suficientes para impor a padronização em todos os níveis.

Dependendo do tamanho da empresa, o projeto de reorganizar o ferramental de engenharia pode virar um plano de longo prazo, que demanda investimento pesado, pois exige limitar o número de linguagens de programação, escolher, contratar e migrar ferramentas e plataformas, além de rever a organização dos repositórios. E isso tudo tem que acontecer sem poder paralisar a produção de novo código e as atividades corriqueiras da companhia.

Pode não ser nada fácil justificar para o CFO de uma empresa com duzentos desenvolvedores que é preciso montar um time novo de vinte pessoas para definir e gerir as ferramentas de engenharia. A simples – e verdadeira – justificativa de que "a colaboração vai ser muito melhor no futuro" provavelmente não vai colar, e escrevo este livro exatamente para ajudar na argumentação, para que o projeto de reorganização não seja deixado de lado só porque, afinal, a empresa precisa daquele outro sistema novo para o lançamento do mês que vem.

Talvez um exemplo simples de produtividade colabore para convencer os responsáveis pelo dinheiro. Quando eu estava no Google, conseguia usar o intervalo entre reuniões, mesmo que fosse de meia hora, para programar, adicionar um teste ou escrever um novo módulo, mesmo que pequeno, porque essas tarefas eram facilitadas pelas ferramentas. Havia um único repositório, que estava na nuvem, sempre sincronizado. Se o repositório não estivesse sincronizado, seria preciso primeiro fazer a sincronização com o computador local, e só aí aquela meia hora já teria ido embora. É um tipo de produtividade que faz uma diferença incrível na força de trabalho e nos resultados financeiros decorrentes.

O caminho da padronização

Impor padrões costuma gerar resistência, por isso é preciso promover junto uma transformação cultural para convencer as pessoas da importância da iniciativa. A padronização das linguagens de programação é um ponto especialmente sensível, e explico a seguir o processo que venho adotando na transformação da Stone. A decisão sobre quais linguagens privilegiar e adotar não pode ser trivial, é preciso usar critérios como a popularidade da linguagem dentro da empresa, o quão fácil é contratar pessoas que usem aquela linguagem, o quão conhecida ela é no mercado e o quanto de abrangência de ferramentas existe para aquela linguagem.

É recomendável também olhar para o mercado e entender o que está sendo feito. Na Stone, ficamos um ano falando com pessoas para fazer *benchmarks* para chegar ao conjunto de linguagens e ferramentas que fazia sentido. Conversamos com outros protagonistas do mercado nacional e internacional, com os fornecedores de tecnologia como Amazon, Microsoft etc., fizemos prova de conceito com protótipos, testamos, vimos o que funcionava e o que não funcionava. Se uma solução parece ser muito eficiente, mas ninguém do mercado está adotando, procuramos entender o porquê, já que pode não valer a pena se comprometer com um caminho radicalmente original.

No tópico de linguagens de programação, por mais que as escolhas de linguagem possam ser encapsuladas por time, já que toda a interface entre sistemas é feita por APIs, para linguagens mais exóticas é possível que não exista um arcabouço computacional tão variado quanto o que está disponível para outras. Talvez, por exemplo, não haja um ambiente de testes adequado o suficiente e seja necessário criar um próprio para a empresa. Uma linguagem mais "popular" terá mais ferramentas para escolher, mais sistemas de código aberto, mais bibliotecas, e assim por diante.

Não existe uma recomendação exata de quantas linguagens adotar dentro de uma empresa de tecnologia. No tempo em que estive no Google, usávamos C++ para 90% das coisas, e o Android, que era um projeto de código aberto feito em separado, era escrito em Java. Sistemas específicos podem precisar de linguagens de programação especiais, como o software embarcado, aquele que roda, por exemplo, na maquininha de cartão da Stone. Como ali não há tanta memória e recursos computacionais, preferimos usar C++, que é uma linguagem mais eficiente para ambientes desse tipo.

Não há por que assumir posturas extremas. Nenhuma empresa precisa ter sessenta linguagens, mas também não é necessário adotar uma linguagem única. Uma alternativa intermediária é ter uma linguagem para cada cenário: uma para tudo o que é *back end*, uma para *front end*, uma para manipulação de dados, uma para software embarcado. Ao limitar o número de linguagens, fica mais fácil manter a padronização e impor a "cara" da empresa nas linguagens adotadas pelo mercado.

Mudança de cultura

Por mais que os critérios que se usem para a padronização de linguagens e ferramentas sejam racionais, quem é afetado tende a sentir uma imposição onde antes não havia restrição nenhuma. A uniformização é necessariamente impositiva, e é por esse motivo que prefiro que ela seja feita da forma mais precoce possível, porque, uma vez impostas as restrições, para cada pessoa nova que chegar à empresa elas já não serão restrições, serão apenas o padrão daquele lugar. Para quem já estava na empresa, a resistência só será atenuada se houver uma liderança de engenharia prestigiada e um trabalho de cultura fundamentado sobre a mentalidade de crescimento, o *growth mindset*.[38]

Mostrar na prática à equipe o quanto de flexibilidade a padronização permite ajuda no esforço de convencimento. Ferramentas são globais, e com elas as pessoas conseguem trabalhar de forma assíncrona e remota, em fusos horários diferentes, com ganhos à qualidade de vida e à saúde mental. Quase sempre se ganha pontos em trocar uma reunião por uma colaboração assíncrona, e tenho a mais absoluta certeza de que engenheiros gostam de fazer engenharia, não reunião.

Meu modelo de empresa de tecnologia é aquele em que a comunicação é eficiente, feita sempre que possível através de ferramentas padronizadas o suficiente para que os desenvolvedores se sintam ágeis e produtivos, cuidem do código e estejam abertos a colaborações, em um ambiente que valoriza o aprendizado, a mobilidade entre os times e a construção de plataformas que levarão a inovações.

Valorizo profundamente o talento das pessoas, mas não quero ter uma cultura de heróis. Acredito que o conhecimento tem de ser disseminado de forma integrada com o fluxo de trabalho, nas mentorias, nas revisões de código e até em uma ou outra reunião. Os Portinaris, aqueles grandes talentos a que aludi nos capítulos anteriores, têm o papel de inspirar e formar outras pessoas, mas não podem fazer tudo sozinhos.

Fui testemunha de muitas das ideias incríveis do brilhante Andrei Broder nos anos em que trabalhei com ele, mas várias ele não poderia ter colocado em prática se não estivesse cercado de outros profissionais

38. A mentalidade de crescimento, expressa no livro *Mindset: A nova psicologia do sucesso*, de Carol S. Dweck (Objetiva, 2017).

para ajudar na implementação, como quando imaginou usar técnicas de recuperação de informação para sistemas de anúncios e criou a área de *computational advertising*. Em cima daquela ideia original, outras foram construídas, com a minha participação e a do Vanja Josifovski, entre outras pessoas, e o projeto foi um sucesso. Sem o Andrei talvez não existisse a ideia inicial, mas o time em torno teve méritos também.

No caso de sucesso do Resource Central, a plataforma que prevê a utilização dos serviços do Azure que construímos na Microsoft[39], nem eu nem o Ricardo Bianchini podemos reivindicar os louros. Quem merece a maior parte do crédito é Eli Cortez, que estava lá dia e noite, comandando o time, gerenciando a plataforma, colocando tudo em produção.

Nem o próprio Candido Portinari sendo Candido Portinari teria conseguido executar os painéis "Guerra e Paz" sem o suporte de ferramentas e de um entorno de pessoas. E, se as ferramentas e as diretrizes impuseram limitações – não ultrapassar o espaço disponível para os murais na Assembleia Geral da ONU e seguir o formato da encomenda do governo brasileiro –, isso não foi empecilho para que o resultado atingisse a grandeza e a importância que sabemos que a obra tem.

39. Ver capítulo 5, sobre plataformas reutilizáveis.

COMO MONTAR UM ARCABOUÇO FERRAMENTAL DE ENGENHARIA COLABORATIVO

- Repositórios únicos ou integrados, pesquisáveis com ferramenta de busca.
- Intencionalidade na escolha e padronização de ferramentas terceirizadas.
- Limitação do número de linguagens de programação, favorecendo a comunalidade e a mobilidade na empresa.
- Padrões arquiteturais ditados por lideranças técnicas por intermédio de ferramentas.
- Cultura robusta de testes e revisão de código, com incentivos concretos.
- Sistemas colaborativos de *inner source* e *open source*.

CAPÍTULO 7

INCIDENTES E *POST MORTEMS* (OS "CAVALOS")

Se o CEO de qualquer empresa anunciar para todo mundo que vai trazer um novo CTO para finalmente acabar com os incidentes na área de tecnologia, já vou logo avisando que gastará dinheiro de contratação à toa, porque essa é uma expectativa irreal, à qual nem o melhor CTO do Vale do Silício poderá corresponder. E vou além: não só os incidentes de tecnologia acontecem como também são bem-vindos em certa medida, conforme explicarei ao longo deste capítulo. Eu quero ter incidentes! Quem nunca enfrenta incidentes nunca está preparado para lidar com eles quando inevitavelmente surgem. Isso não significa, porém, que se deva cruzar os braços e esperá-los acontecer. É preciso trabalhar ativamente para preveni-los e para conter suas consequências.

Falo nas páginas a seguir como é necessário ter times com musculatura para lidar com incidentes, assim como ferramentas automatizadas para minimizá-los, além de diretrizes de liderança claras para que eles sejam, no final das contas, circunstâncias de aprendizado no presente e propulsoras de ações estruturantes em curto, médio e longo prazo. Para que tudo isso ocorra de maneira efetiva, discuto a importância das reuniões de *post mortem* para entender o que se passou e buscar causas raízes do problema. Abordarei também a relevância da cultura corporativa sem atribuição de culpas (*blameless*) para criar um ambiente de trabalho em que todos possam se sentir seguros para errar (e admitir) e confortáveis para executar suas tarefas com a responsabilidade e a ousadia necessárias para inovar.

Meu ponto principal deste capítulo é: incidentes são esperados, ninguém deve ser repreendido somente por ter se envolvido em um deles, e engenheiros precisam ter liberdade para trabalhar sem temor. O bom CTO é, então, aquele que estabelece uma gestão que valoriza o trabalho colaborativo e planeja um sistema de freios e contrapesos técnicos para enfrentar incidentes, não aquele que promete acabar com eles.

Incidentes, pessoas e decisões

Em um 11 de novembro, conhecido em vários países como *Single's Day*[40] pela representação numérica 11-11, e famoso feriado de comércio na China, determinamos que não faríamos alterações no sistema da Stone, porque servimos clientes chineses e não queríamos correr nenhum risco de incidentes durante uma data forte de vendas para um dos nossos parceiros. Ainda assim, perto do meio-dia, o sistema caiu.

Como é de praxe, rapidamente organizamos uma reunião para entender a situação e, especialmente, mitigar o incidente o quanto antes. Estávamos todos perplexos e intrigados com os motivos técnicos que teriam deflagrado o problema, já que havia uma orientação explícita de ninguém colocar mudanças em produção naquele período, para garantir a estabilidade do sistema. Perguntei a todos e ouvi afirmações categóricas de que ninguém havia mexido em nada. Lembro-me de ter questionado todo

40. *Single's Day*, em inglês, é um trocadilho com a palavra *single*, que pode significar único ou solteiro.

mundo na reunião mais de uma vez: "Mas como é que um sistema caiu sem que ninguém tenha feito alguma modificação ou *deploy*?". Comecei a pensar em situações cada vez mais improváveis, e até liguei para o engenheiro do *data center* para saber se eles tinham feito algum *deploy* do lado deles que pudesse ter nos impactado – a resposta foi que não.

Depois de mais de vários minutos de uma operação de emergência envolvendo dezenas de pessoas que tentavam descobrir a origem da queda e solucioná-la, de repente, como se por mágica, o sistema estabilizou-se e tudo voltou ao normal.

Acabei descobrindo que alguém havia burlado a diretriz de congelar (dar um *freeze*) as modificações do sistema e colocado um novo código em produção naquele dia. Ao perceber que causara a instabilidade que temíamos, a pessoa não avisou ninguém, ignorando os esforços frenéticos do time lidando com o incidente, e simplesmente reverteu a sua mudança, trazendo o sistema para o estado anterior, o que, ainda por cima, poderia ter provocado novo incidente. Por sorte, tudo voltou a funcionar. A pessoa achou que o incidente estava resolvido e ponto final.

Mas deixar para lá não é a forma como se lida com um incidente, já que sempre há risco de ele vir à tona novamente se a causa não for adequadamente entendida pela equipe de engenharia. Assim, prosseguimos com a investigação e finalmente chegamos à causa raiz e ao funcionário em questão. Ele trabalhava em um projeto não prioritário e mesmo assim burlou as nossas diretrizes de *freeze*.

Fui obrigado a demiti-lo. Aproveitei a ocasião para escrever um comunicado para a companhia inteira sobre os motivos que me levaram à decisão de afastá-lo. Quis ser o mais transparente possível. Basicamente disse que qualquer um tem direito de errar na Stone e não deve ter medo de demissão por causa disso, porém, é essencial ter maturidade para admitir os próprios erros, ajudar a buscar a solução com o resto da equipe e compreender que, ao infringir orientações, há um risco real de perder credibilidade não só com a liderança da empresa como também com um cliente. O fato de aquele funcionário não se responsabilizar pelo erro levou várias pessoas da liderança técnica a ter que se dedicar a uma investigação às escuras de uma série de outras possibilidades para a queda do sistema. Além disso, ele estava na reunião quando perguntei sobre mudanças e não nos informou do seu *deploy*.

Acompanho incidentes técnicos e sei que eles fazem parte da natureza de quem trabalha com tecnologia, como afirmei na introdução do capítulo, mas esse incidente específico extrapolou de uma questão técnica para outras maiores: o descumprimento repetido de *guidelines* para não fazer *deploys* e a falta de confiança na cultura da companhia de buscar soluções para problemas sem ficar apontando o dedo para culpados. Se a pessoa tivesse avisado logo de cara algo como "Gente, foi mal, fiz isso e tal", teríamos tido a oportunidade de consertar rapidamente o problema, minimizando o impacto do incidente, e seguir a vida. A pessoa seria orientada a não descumprir as regras e provavelmente reforçaríamos ações educativas e medidas para evitar que episódios assim se repetissem, sem a necessidade de demissão. Mas não foi o que ocorreu. Além de não se identificar para esclarecer o *bug*, a pessoa fez um segundo *deploy* ilícito para reverter o erro, arriscando causar um outro problema pela nova mudança introduzida sem supervisão. Cometer um erro é compreensível e perdoável, mas fazer duas mudanças sem revisão de código é algo muito sério, assim como mentir tantas vezes para todo mundo.

Incidentes são da vida (e da tecnologia)

Gosto muito do livro *A lógica do cisne negro*[41], de Nassim Nicholas Taleb, por sua concepção de que o inesperado é, na realidade, parte integral da vida e que, portanto, podemos tirar proveito disso. O título do livro se refere ao fato de que não podemos assumir que cisnes negros não existem, como já aconteceu anteriormente na história da humanidade, apenas porque nunca vimos um. Esse tipo de pensamento é fundamental para a análise de sistemas de computação também: não podemos acreditar que não existem *bugs* e que o sistema está correto. Temos que pressupor que existem *bugs*, sim, e que apenas não se manifestaram em produção.

Os incidentes muitas vezes ocorrem porque alguma parte diferente do sistema é mexida, levando a um outro caminho de execução de um código e desencadeando um incidente, a tal manifestação do *bug* que estava lá havia tempos quietinha. Um princípio da engenharia de software é que, se um código não foi testado, ele tem *bugs* – em sistemas de larga escala, é impossível testar todas as interações, o que significa que *bugs* dormentes sempre aparecem.

A cultura de testes é importantíssima, mas não dá para prever todas as situações. Não existe uma única empresa do mundo onde não haja incidentes, porque eles fazem parte do jogo – e da vida, como prega Nicholas Taleb. Você pode ter certeza de que sempre levará 10 minutos para levar um filho de sua casa até a escola, com base na experiência das centenas de viagens que já fez no mesmo trajeto, mas um belo dia gastar 50 minutos, pois caiu uma árvore no meio do caminho e travou o trânsito todo daquela área. Eventos assim surgem, e não há como prevê-los.

---

41. *A lógica do cisne negro: O impacto do altamente improvável*, de Nassim Nicholas Taleb (Objetiva, 2021).

A ideia do incidente também é essa, a de que problemas aparecem sem ninguém imaginar. Os processos de engenharia são criados para minimizar incidentes, e o ideal é que esses processos sejam bons e rigorosos para diminuir a dimensão de um incidente. O pior dos casos é um incidente acontecer, ninguém fazer nada e ele se repetir. Esse tipo de situação, aliás, já nem é mais um incidente, e sim um problema recorrente, que vira um débito técnico.

Como líder de engenharia, não quero problemas recorrentes, mas apenas incidentes pontuais, que são coisas que ocorrem esporadicamente. Quando um incidente é identificado, devem ser ativadas ações estruturantes de curto, médio e longo prazo para que o incidente não se repita. É mais importante assimilarmos a lógica do cisne negro e nos preparamos para mitigar incidentes rapidamente quando acontecem, minimizando o impacto aos nossos clientes.

Luiz André Barroso costumava contar a história (verídica ou lenda, não sei) de um incidente sério de queda de um dos *data centers* do Google. Quando foram investigar a causa da interrupção do serviço, descobriram que era um... cavalo: em algum lugar, perto de um *data center* do Google na América do Sul, um cavalo morreu, e cavaram um buraco bem fundo para enterrá-lo. Acontece que, no processo de cavar, acabaram atingindo os cabos subterrâneos da rede que conectava o *data center* à rede do Google, o que os tirou do ar. Recontei essa história do cavalo durante um Stone Camp, evento de liderança da Stone que acontece todo final de ano, e ela teve tal repercussão que "cavalos acontecem" e "cavalos vão continuar morrendo" praticamente viraram mantras na empresa.

O que podemos tirar dessa história? Dava para ter evitado esse incidente do cavalo? Provavelmente, não, mas, depois que se descobriu que essa possibilidade existia, tornou-se necessário questionar se os cabos não deveriam ser instalados a uma profundidade maior ainda, ou se não deveriam ser envoltos por algum tipo de metal à prova de cortes.

Não dá para pressupor que o Google iria, para todos os seus *data centers* existentes no mundo, sair escavando seus cabos para enterrá-los mais fundo ou revesti-los de metal em cima. Quanto essas ações estruturantes custariam? Milhões de dólares, e seria um trabalho infinito. Se, por outro lado, nos próximos *data centers* os cabos já fossem construídos para ser resilientes a possíveis cavalos mortos, o incidente teria rendido um plano estruturante mais factível.

Para os incidentes corriqueiros da empresa, existem ações imediatas que podem ser tomadas, por exemplo, quando a causa de um incidente tenha sido a falta de testes suficientes. Reforçar a cultura de testes e integrá-los ao máximo às ferramentas é uma medida fundamental para evitar *bugs*. Se um desenvolvedor não testa o código antes de colocá-lo em produção, o erro pode passar despercebido e se perpetuar. Imagine, em um exemplo caricato extremo, se um equívoco desses se traduzisse em um depósito bancário sendo entendido pelo sistema como subtração na conta-corrente de alguém, em vez de adição de dinheiro. A pessoa deposita 200 reais na conta bancária e nota que ficou 200 reais mais pobre. Seria uma situação terrível em todos os sentidos, e é sempre pior quando a falha no sistema é percebida pelo cliente antes de ser detectada pela empresa.

Mecanismos de monitoramento

Uma empresa tem que ter alertas automáticos e monitoramento de sistemas para que ela própria detecte incidentes e *bugs* antes que eles transpareçam ao público. Ninguém quer depender de clientes avisando de falhas, como no exemplo hipotético e absurdo que citei. Os alertas internos precisam também ser suficientemente bons para garantir que você esteja recebendo um fluxo constante de informações de que um incidente aconteceu. A partir daí, é necessário um processo estruturado de gestão de incidentes para poder contê-lo e cuidar dele.

Uma vez que um alerta dispare, alguém que está de sobreaviso (*oncall*) é acionado, e essa pessoa fica responsável por analisar o que está acontecendo, valendo-se dos mecanismos de monitoramento da organização. Esses mecanismos servem para apontar quais os sistemas que estão dando problema e por que não estão funcionando, nos ajudando a tentar resolver a situação da forma mais rápida possível. Quando um sistema dá problema, o objetivo inicial é apagar o incêndio o quanto antes, às vezes de maneira paliativa, não de forma estruturante, que será um passo posterior.

Os provedores de computação em nuvem enfrentam uma situação ainda mais delicada quando há incidentes, porque tem muita gente no mundo todo dependendo deles, de maneira que publicam comunicados e relatórios oficiais explicando em detalhes o que aconteceu em incidentes graves. É o que ocorre também quando um produto de uso em massa como o WhatsApp fica fora do ar: o pessoal da Meta normalmente cria uma página para dar uma satisfação a usuários e *stakeholders*. Normalmente esse tipo de comunicação externa não é uma obrigatoriedade regulatória, mas uma boa prática, principalmente para empresas que podem impactar substancialmente seus clientes, como provedores de nuvem e instituições financeiras.

Quando ocorre um incidente crítico, é aberta uma reunião online de emergência, uma "sala de situação", ou "*war room*", para tentar resolver o problema, e se atribui o comando a uma pessoa específica. Nem sempre dá para saber a causa raiz de um incidente logo depois que ele foi resolvido, porque o objetivo inicial e urgente é mitigar o problema. Uma vez que se controle o incidente, o exercício de *post mortem* é investigar o que ocorreu e escrever um documento em relação àquele incidente, explicando a causa raiz e definindo as ações de pequeno, médio e longo prazo para evitar e minimizar a ocorrência de incidentes semelhantes no futuro.

Uma ação de curto prazo pode ser criar um alerta para a situação, se ela se repetir. Uma ação de médio prazo pode ser criar mais instruções no sistema de gestão de mudanças para que ele não consiga ser contornado ou burlado – essa pode ser uma ação significativa no sistema e demorar meses para ser implementada. Uma ação de longo prazo pode demorar anos, por ser relacionada, por exemplo, a sanar um débito técnico antigo de grande porte – isso requer uma ação mais estruturante e planejada.

Normalmente as empresas já contam com uma lista de débitos técnicos que precisam ser monitorados e resolvidos em algum momento, e quando a liderança faz o planejamento já leva esses assuntos pendentes em consideração.

Mil alertas, zero alertas

Seria ótimo se uma empresa conseguisse prever todos os cenários possíveis para incidentes. Não haveria mais problemas. Só que, mesmo com o melhor sistema de monitoramento do universo, o melhor sistema de alerta do mundo, um sistema de *code review* perfeito, os melhores desenvolvedores, um bom processo de verificações automáticas de CI/CD (*continuous integration*, *continuous delivery*), a liderança de engenharia até consegue minimizar os incidentes, mas sempre existirá algum lapso, porque as interações entre sistemas são complexas e estão em constante evolução, e não dá para validar tudo. Pessoas entram e saem de uma empresa, funcionários não entendem os protocolos, uma mudança interfere na outra, há muitas variáveis. Tanto o código quanto as pessoas estão sujeitos a falhas.

Quando estamos falando de alertas, o excesso é ruim. Ter mil alertas é a mesma coisa que ter zero alerta. O que se quer são alertas que sejam relevantes, que chamem a atenção de fato. Por exemplo, para provedores de nuvem não faz sentido alertar todas as vezes que discos rígidos falharem, pois, dado o número de discos que eles têm em todos os seus *data centers* no mundo todo e a probabilidade de falhas em disco, alertas disparariam sem parar. Melhor ter um sistema automatizado para lidar com essas falhas.

Desfazer uma mudança que causou um problema nem sempre é fácil ou possível. As modificações precisam levar em conta essa eventual necessidade, como a inclusão da capacidade de fazer *rollback* automático, que significa desfazer a mudança, quando possível.

Por exemplo, se o New York Times resolver fazer uma reforma gráfica do seu design, a equipe de tecnologia do jornal não terá a chance de testar o novo visual em todas as combinações de dispositivos, navegadores e computadores do planeta para saber se vai funcionar. Para evitar problemas, o que geralmente acontece é que os desenvolvedores planejam para que o conteúdo todo possa ser exibido com o design novo e o anterior. Isso não é trivial. Outra providência é colocar o design novo em produção, mas sem estar habilitado. O conteúdo continua a rodar no design anterior, com o novo em produção e já com uma *flag* embutida no sistema. Essa *flag* pode ser uma variável, como VERSÃO-DO-DESIGN, que pode ser alterada de 13 para 14, e com isso modificar como os usuários visualizam o conteúdo do site. Para ativar o design renovado, essa *flag* funciona como um interruptor, uma maneira fácil de reverter todo o conteúdo à versão antiga – se a versão nova não funcionar, mudamos o valor da *flag* de volta para 13 sem maiores problemas. Isso tem que ser **pensado de maneira intencional**, o que às vezes é difícil, porque uma mudança pode apagar uma parte do sistema e não ser possível retornar ao que era antes.

Idealmente os sistemas contam com testes que validam o estado de como o sistema está rodando em produção, provendo um indicador de saúde que é monitorado. Podemos também criar um *dashboard* geral de saúde. Quando percebemos que a saúde do sistema foi afetada por alguma mudança, automaticamente dá para voltar à versão anterior e criar uma investigação para entendermos o que aconteceu.

No Azure, da Microsoft, há uma combinação enorme de versões de servidores e *data centers*, com *data centers* na China, na Europa, nos Estados Unidos, no Brasil, e cada um deles pode ter tipos distintos de servidores, roteadores de rede, design de *data centers* e versões de software. Imagine a disparidade que existe, com mais de 60 regiões com *data centers* espalhados pelo mundo inteiro e um número bem alto de mudanças de software por dia. Ao longo do tempo, a heterogeneidade que se acumula em um parque de servidores da nuvem é gigante. Quando se desenvolve qualquer versão nova no sistema, o processo de gestão de mudanças tem que ser rigoroso. Na época em que eu trabalhava na Microsoft, uma coisa que tentávamos fazer era capturar o máximo possível dessa heterogeneidade na validação de mudanças. Por exemplo, em vez de fazer a mudança no sistema todo só nos Estados Unidos e depois descobrir que não funcionava no Brasil devido a uma incompatibilidade de hardware, buscávamos fazer 5% nos EUA, 5% no Brasil, e assim por diante, para ganhar confiança.

Às vezes, quando tinha um incidente no Azure, vinha alguém logo colocar a culpa na complexidade do Azure. "Por quê?", eu perguntava. "A gente validou, mas não testou na combinação xyz, porque o Azure é muito complexo e tem um número de combinações grande demais." Minha resposta na reunião era sempre a mesma: a causa de um incidente é que quem escreveu o código não se protegeu da complexidade. Se a função introduzida não foi validada simplesmente por se assumir que todos os roteadores do mundo iam se comportar do mesmo jeito, era de se esperar que causaria problema mais cedo ou mais tarde. **Complexidade não é o problema**, a complexidade é o estado do mundo, que, ainda por cima, é heterogêneo.

Volto ao conceito do livro *A lógica do cisne negro* de não ser possível prever todas as situações. Obviamente que não dá para antever todas as interações, mas, se cada partezinha for testada racionalmente, diminuem as chances de um problema maior ocorrer quando as partes forem combinadas. Agora, se não forem feitos testes, a chance de uma interação não prevista dar problema fica enorme. Como eu disse antes, se não foi testado, com certeza tem *bugs*.

O caminho é limitar o escopo de um problema e ter mecanismos ágeis para desfazer mudanças que causam incidentes. Uma boa prática para um aplicativo, por exemplo, é fazer um *rollout* da novidade não para todo mundo, mas para uma base inicial de usuários de 1% e pegar *feedback* para verificar se está tudo bem. Se está, passa-se para 5% de usuários, depois 25%, e assim por diante, até chegar a todo mundo. Vale a pena engatinhar no começo e, quando você já estiver andando suficientemente bem, acelerar depois.

O *bug* do milênio: incidentes evitáveis e inevitáveis

Geralmente um incidente ocorre quando há uma mudança. Não sempre – ninguém no Google tinha mudado nada quando o cavalo morreu e o *data center* foi afetado, como na história do Luiz André Barroso –, mas normalmente é isso que acontece. Se um time não trabalha, não faz nada novo, então o sistema não muda, e a chance de expô-lo a algum problema que já existia é muito baixa, mas ninguém quer uma área de tecnologia congelada no tempo. O ritmo das mudanças costuma ser rápido, e, assim sendo, o usual é que um incidente seja causado por uma modificação recente que não tenha sido bem testada, revelando alguma vulnerabilidade. É o lógico.

Raramente é um evento externo que causa um incidente. Na virada do ano 2000, havia uma grande preocupação de incidentes de computação, porque o que ia mudar eram os algarismos de representação de ano. Engenheiros do mundo todo tiveram que se antecipar a possíveis problemas em sistemas que assumiam o começo 19xx para anos, só levando em conta os dois últimos algarismos, e fazer todas as mudanças de código para que o ano "00" não fosse entendido como 1900, em vez de 2000. O *Y2K problem*, ou *bug* do milênio, como essa situação ficou conhecida, exigiu que proativamente se evitasse um incidente. Se ninguém tivesse cogitado isso, vários sistemas poderiam ter caído, possivelmente causando graves incidentes de escala mundial.

Tirando esses casos excepcionais de causa externa, previsíveis ou imprevisíveis, é mesmo uma alteração interna que gera um incidente. Dessa forma, a ação de mitigação do incidente envolve localizar o mais rápido possível a mudança que causou o problema e revertê-la o quanto antes, voltando para o estado anterior do sistema. Uma vez nesse estado anterior, tudo deveria voltar a funcionar. Por isso que testes, validações e alertas são tão importantes: com eles, quando você coloca uma mudança em produção, antes de dar problema, testes automáticos que monitoram a saúde do sistema podem apontar falhas para que se possa executar um *rollback* e retornar ao que estava antes da mudança indesejada.

Quando um código é aprovado pelo processo de *code review*, ele segue para um *pipeline* para entrar em produção pelo sistema de *continuous integration, continuous delivery* (CI/CD). Esse *pipeline* tem validações que rodam mais testes e mais validações. Na fase de produção, testes automáticos precisam continuar monitorando o estado das coisas, como se fosse uma pessoa que a cada cinco minutos tem sua temperatura medida para detectar uma possível febre. Esses testes automatizados estão rodando o tempo inteiro, e, uma vez que se perceba que algum sistema está com a saúde ruim, pode-se entender o que está acontecendo para tentar evitar um incidente maior.

Em muitos casos, quando o problema foi deflagrado por uma mudança, uma vez que você a reverta, o problema se resolve. Casos mais complicados podem envolver outros aspectos. Por exemplo, se alguma mudança levou o sistema de transações de cartão de crédito a ficar fora do ar, você pode voltar ao que estava antes, mas o que acontece com todas as transações que não foram processadas naquele meio-tempo? Possivelmente uma ação paliativa terá que ser adotada para permitir que as pessoas concluam o pagamento. É delicado, porque pode ser que alguém tenha tentado algumas vezes pagar um serviço por cartão de crédito e, como a operação não estava dando certo por alguma falha no sistema, tenha resolvido pagar por Pix. Pode haver, então, duplicidade de pagamento. Se isso ocorrer para várias pessoas, no dia seguinte a empresa terá uma fila enorme de gente ligando no setor de atendimento ao cliente para reclamar, o que vira um incidente de atendimento. Situações assim são uma **reação em cadeia de incidentes**, porque envolvem problemas técnicos e problemas de serviços.

Outro exemplo de incidente múltiplo: quando alguém tenta entrar no aplicativo da Stone, precisa fazer login com usuário e senha. Se o sistema de login está fora do ar, o usuário pode achar que o problema é com ele, e não com o sistema. Uma vez tivemos uma circunstância em que várias pessoas que não conseguiam se logar no aplicativo resolveram desinstalá-lo e reinstalá-lo para ver se dava certo. A questão é que, para prevenção de fraude, existia um cadastro do usuário ligado ao dispositivo. A desinstalação e reinstalação acabou gerando a necessidade de uma nova validação, e um monte de gente acabou tendo dificuldade com o aplicativo ao mesmo tempo, inundando de solicitações nosso atendimento ao cliente. Nesse caso, uma intervenção como um aviso ao cliente de que o sistema de login estava instável poderia ter evitado a desinstalação do aplicativo em massa e o incidente de atendimento.

Ferramentas, testes e IA no combate a incidentes

Um aspecto fundamental na discussão sobre incidentes, já que partimos do princípio de que são intrínsecos à tecnologia, é criar sistemas com resiliência. Mesmo com todo o processo de validação, quem é da área sabe que erros acontecerão, então o propósito é validar adequadamente, para evitar incidentes mais sérios. Não existe perfeito, e é por isso também que não é realista passar a vida só aumentando a cobertura de testes para os sistemas existentes, sem produzir nada de novo.

É necessário planejar para que a esteira de desenvolvimento, composta por ferramentas, processos e validações, chegue a um estágio tal que garanta aos times de engenharia e de produtos agilidade para inovar sem ter que ficar testando o universo. O objetivo, portanto, é que a maioria das plataformas já esteja testada, para que seja baixa a chance de uma equipe "quebrar" algo muito grande. Quanto mais débitos técnicos, disparidades e ausência de validações, maior é a insegurança do time. Só que há áreas de uma empresa, como a de desenvolvimento de produtos novos, que precisam andar rápido e validar suas ideias de forma veloz, sem sofrer com tanta insegurança.

O arcabouço operacional bem feito serve justamente para isolar essas áreas de problemas maiores, para que uma mudança não gere um maremoto de contratempos.

As ferramentas de inteligência artificial, como a Amazon CodeWhisperer e o GitHub copilot, ajudam bastante, porque podem ser integradas ao ambiente de desenvolvimento da empresa e exercer várias funções. Você pode apontar para um código que escreveu, e ela gera testes unitários de validação. Com esse apoio da IA, o grau de confiança cresce muito; ele é um elemento facilitador, embora humanos ainda tenham que se envolver para monitorar se aquele código gerado é bom, e, se for, encaminhá-lo para a revisão. Se a inteligência artificial alucinar e criar alguma coisa que não funciona ou que é falsa, o processo de revisão de código deveria entrar em ação. Os processos de engenharia já envolvem humanos naturalmente (*human in the loop*), o que torna o uso de copilotos para desenvolvimento de código uma aplicação de IA bem propícia.

Automatização contra brechas

O sistema de pagamentos da Stone é um dos mais robustos do mundo, e quase nunca há incidentes relacionados a ele. Mas tivemos um incidente histórico em setembro de 2022, e esse incidente foi uma falha que envolveu uma mudança feita por um desenvolvedor somada a vários outros fatores que também contribuíram. Foi meio como na descrição do Malcolm Gladwell sobre acidentes de avião[42], que, segundo o autor, são resultantes de uma série de pequenos erros simultâneos que culminam com um grande problema. Para Gladwell, o sistema do avião conta com tantas proteções que, para um avião cair, o piloto tem que estar dormindo, e o sistema falhar, e estar chovendo, e o motor pifar etc. Se tudo isso não ocorrer junto, o avião não cai, diz. O nosso "avião" caiu naquele setembro por um conjunto de proteções que falharam simultaneamente.

Só que, passados meros dois meses do incidente, aconteceu aquela outra queda do sistema do Single's Day, que descrevi há algumas páginas. A liderança de engenharia havia passado diretrizes explícitas de que estaríamos em *freeze* naquele dia de novembro, para não arriscar qualquer instabilidade de sistemas e um incidente. Mas o *freeze* não estava automatizado no sistema, era só uma orientação geral para o time.

Refletindo sobre o incidente do Single's Day, ficou claro depois que tínhamos margem para os processos serem burlados. Se só existisse uma maneira automatizada de fazer *deploy*, através de uma ferramenta, o *deploy* manual que o funcionário fez não teria existido, ponto. O sistema tinha brechas deixadas por nós, e precisávamos bloquear melhor a nossa infraestrutura com ferramentas mais eficazes para garantir a corretude das operações dali em diante.

42. Malcolm Gladwell fala sobre os acidentes de avião no livro *Fora de série – Outliers* (Sextante, 2011).

Outra brecha que identificamos naquela ocasião do Single's Day foi que o sistema havia permitido que uma pessoa realizasse alterações por conta própria sem deixar registro no histórico de mudanças, por ter usado um *script* pessoal. Munidos dessa informação, alteramos a gestão de mudanças para que os *logs* passassem a ficar sempre registrados.

O ideal é que as ferramentas em si possam proibir categoricamente que uma mudança não autorizada aconteça, ou seja, permitam que a liderança imponha o *freeze* direto na ferramenta, sem ambiguidades ou espaço para descumprimento. A conclusão do caso Single's Day do ponto de vista técnico foi esta: tínhamos uma ferramenta, mas o sistema não estava tão fechadinho quanto deveria e requeria ações estruturantes para blindá-lo melhor.

Dá para tentar evitar incidentes com *freezes*, que são uma forma proativa de a liderança não expor o sistema a instabilidades em momentos que considera sensíveis para o negócio, como foi o caso do Single's Day. Só que, além de avisar os engenheiros sobre o *freeze*, é necessário ter bloqueios no próprio sistema que reforcem a diretriz. O contraponto é que determinar *freezes* não é a melhor solução para o negócio em si, porque o mais produtivo é que haja *deploys* acontecendo continuamente. Isso traz mais velocidade à engenharia e à área de produto. Bloquear *deploys*, ou só os executar em prazos determinados, faz com que, quando aquilo finalmente entra em produção, possam existir muitas mudanças acumuladas. E se houver um *bug*? Com menos mudanças acumuladas, é bem mais fácil entendermos o que aconteceu e conseguirmos mitigar o incidente mais rapidamente. Por isso, *deploys* frequentes de mudanças menores são o ideal.

Uma semana sem realizar *deploys* para conduzir ações estruturantes gera um acúmulo de sete dias de mudanças. Se alguma coisa dá errado, é extremamente complexo procurar causas com tanta novidade ao mesmo tempo. A realidade é que, quanto menos bloqueios de *deploys* a equipe conseguir sustentar, mais simples é determinar a causa de problemas e minimizar incidentes em ações contínuas.

Incidentes durante o dia, quando está todo mundo no escritório ou online trabalhando, são mais fáceis de lidar do que naqueles horários em que a maior parte das pessoas está dormindo. Às vezes, para situações muito críticas, há uma escolha de fazer *deploys* no final de semana ou na madrugada, com a equipe de plantão, mas, de modo geral, os *deploys* devem acontecer nos horários regulares de trabalho. Se causarem microincidentes nesses períodos, há maior equipe presente para monitorar e mitigar o impacto. O processo de gerenciar incidentes é mais natural, mais fluido e mais ágil com *deploys* ocorrendo o tempo todo.

Por que, por que, por que...?

Falei até aqui sobre como prevenir, minimizar e gerenciar incidentes, e agora quero abordar com mais profundidade o passo seguinte, que é, uma vez que ocorram, como prosseguir. Nas empresas por onde passei, e na Stone, onde trabalho hoje, o processo no durante e depois de um incidente costuma envolver uma reunião com os engenheiros responsáveis, que tentam localizar a causa imediata do problema e contê-la o mais rápido possível. O principal do "durante" um incidente é fazer o sistema voltar a funcionar, para controlar os danos. Depois é que se corre atrás de limpar alguma coisa que ficou para trás, investigar e identificar a causa raiz. Parte-se então para escrever o *post mortem*, que é um relatório descrevendo o que ocorreu e propondo providências para o futuro.

Para o *post mortem*, gosto da estratégia dos **5 porquês**[43] desenvolvida na Toyota para resolver problemas de qualidade dos seus produtos. A técnica preconiza perguntar "por quê?" várias vezes: por que aconteceu esse incidente? É a complexidade do sistema? Não. Então o que causou o incidente? Um cavalo morreu! E daí? O cavalo morreu e o buraco que cavaram para enterrá-lo cortou o cabo do servidor. Mas por que o cabo foi cortado? Ele não estava enterrado com profundidade. Apenas isso? Ele também poderia estar melhor protegido. Ah, a causa raiz é, portanto, o cabo não estar protegido contra mortes de cavalos, não a morte do cavalo em si. Qual a probabilidade de isso acontecer de novo? A partir daí, sim, é possível começar a pensar em alguma ação estruturante nos *data centers* que faremos no futuro baseando-nos no que aprendemos com esse incidente do cavalo. O foco de buscar a causa raiz é gerar aprendizado e evitar que o mesmo problema ou problemas semelhantes voltem a aparecer.

No caso da falha do Single's Day, as perguntas seriam: por que o sistema caiu? Porque um funcionário fez uma mudança não autorizada. Essa é a causa raiz? Ainda não. Por que ele fez a mudança? Porque o sistema permitiu. Por que o sistema permitiu? Porque ele permitia brechas para um *deploy* manual. Uma causa raiz é então essa vulnerabilidade na nossa infraestrutura e nos nossos processos, e é nela que precisamos agir.

A ideia é também tornar o ambiente cada vez mais seguro e sempre evoluir. Outro ponto importantíssimo é que tudo isso se passe em um clima *blameless* (isento de culpabilização) – o *blameless post mortem* é uma análise de incidentes sem apontar dedos. A princípio ninguém é

---

43. A técnica investigativa dos 5 porquês para entender a origem de um problema foi inicialmente criada nas primeiras décadas do século 20 pelo inventor japonês Sakichi Toyoda e aplicada na montadora de carros Toyota, de sua família.

responsável pelo incidente, ele aconteceu. E quanto mais freios e contrapesos – *checks and balances* – houver na organização, com a cadeia de desenvolver o código, validar, executar testes, fazer revisão de código etc., mais se tira o foco de buscar culpados. Ok, na maioria dos casos é o código novo escrito por uma pessoa que causa um incidente, mas as validações teriam que ter garantido depois que aquilo não seria problema. Falhas humanas são esperadas, e isso precisa estar integrado ao sistema de gestão de riscos.

O processo de *post mortem* tem que ter como finalidade melhorar o estado das plataformas, ferramentas, sistemas e processos. O que se busca é subir a barra para que incidentes não aconteçam com frequência.

Por mais que a liderança reforce que a cultura da empresa é *blameless*, se você não bancar essa postura com atitudes, ninguém vai acreditar. Procuro falar bastante sobre isso com todos na empresa. Faço semanalmente o fórum de *post mortem* sobre os incidentes da semana anterior, revejo as ocorrências, e a engenharia inteira da companhia é convidada para participar. O conceito de *blameless* é sempre reforçado nessas ocasiões: "Não se esqueçam de que estamos apresentando aqui o *post mortem*, e ele serve para o aprendizado, para a gente crescer melhor", costumo dizer. O episódio do Single's Day foi atípico ao envolver uma demissão, justamente porque a pessoa não confiou na cultura *blameless* da empresa e não revelou o erro que havia cometido assim que a falha foi detectada.

Direcionar o *post mortem* para o aprendizado cria um ciclo para evitar problemas recorrentes e débitos técnicos.

Figura 6 – Resposta a incidentes

Fonte: adaptação de recomendações do National Institute of Standards and Technology (NIST).

Cultura realmente *blameless*

Abordei no início do livro minha filosofia de contratar as melhores pessoas, de desenvolver bons processos para estimulá-las e mantê-las, mencionei o papel central que plataformas e ferramentas devem ter para a engenharia da empresa de tecnologia, e trago, aqui, neste capítulo, o conceito de que profissionais precisam se sentir à vontade para trabalhar e tocar projetos sem temer incidentes e repercussões negativas para suas carreiras.

A solução para um incidente tem que ser bloquear ações inoportunas, não impedir as pessoas de trabalhar e de criar. Se um desenvolvedor não fizer nada, não colocar nada em produção, ele não corre o risco de incidentes, mas também a empresa não produz nada. É o pior dos cenários para todas as partes.

Quero que a equipe trabalhe com a mentalidade de *fearless execution*, que é executar suas tarefas sem medo de errar, falhar ou destruir alguma coisa. É vital, para uma pessoa de tecnologia, poder trabalhar dessa forma, porque é ela que permite que a criatividade e a inovação se manifestem. Mas, para que se possa agir sem medo, são necessários processos e controles secundários. Quem escreve um código precisa ser cauteloso e criterioso, testar o máximo possível, com a segurança de que todos na empresa sabem que em qualquer área existem falhas de sistema, falhas humanas e falhas de outras naturezas, e não dá para se proteger de todas elas.

Quando a Stone patrocinou uma ação de marketing na edição de 2023 do programa Big Brother Brasil, da Globo, minha maior prioridade era que contássemos com resistência ferramental suficiente para que, se houvesse uma sobrecarga dos nossos sistemas devido a um número elevado de acesso durantes as nossas ações no programa, tivéssemos um mecanismo automático para colocar o site no ar de volta. Prefiro assumir que um incidente vai acontecer e me proteger, minimizando o tempo de mitigação, que é algo bastante relevante. A cultura *blameless* gira em torno disso também. Sempre vai haver um componente humano em qualquer incidente.

No incidente do Single's Day, houve uma mistura de problemas humanos e técnicos. Se a pessoa tivesse a intenção de burlar o sistema de gestão de mudanças e fosse impossível, o incidente não teria ocorrido; por outro lado, se a brecha do sistema estivesse lá e a pessoa tivesse seguido a diretriz de não realizar um *deploy*, o incidente também não teria acontecido. Ainda existia a possibilidade de a pessoa ter escrito o código e compartilhado com outros profissionais para *code review*, o que teria gerado registro da mudança de código. Com testes, a pessoa poderia ter encontrado o problema da sua mudança antes de colocá-la em produção. Aquele *deploy*, no entanto, não teve revisão nenhuma. Muitos erros acoplados contribuíram para o incidente.

Mas houve, no episódio todo, chance de aprendizado por parte da equipe de liderança, eu inclusive, no sentido de que a cultura *blameless* precisava ser mais reforçada, e que era necessário deixar mais evidente para os funcionários que ninguém tinha que ser herói e fazer tudo sozinho. Difundir a cultura é fundamental para que as pessoas não queiram fazer coisas escondidas e para que realmente abracem a filosofia do trabalho colaborativo. Se tudo isso não estava transparente naquela ocasião, foi uma falha de liderança, assumo.

Fazendo aqui um "*post-post mortem*", talvez eu tenha pressuposto que a cultura *blameless* estivesse mais enraizada na organização do que de fato estava. Possivelmente eu não tenha sido tão assertivo no meu direcionamento sobre o assunto quanto era necessário para fazer as pessoas se sentirem realmente seguras para assumir um erro.

Demissões em decorrência de incidentes não deveriam acontecer em empresas de tecnologia, porque errar/assumir/consertar precisa ser uma cultura estabelecida. Os fóruns de incidentes tendem a ser duros, mas entendo que é preciso reforçar que o objetivo é o aprendizado, e não colocar a culpa em ninguém. O propósito é evitar que problemas semelhantes aconteçam e poder arquitetar soluções melhores de ferramentas, processos etc. no longo prazo.

Time que nunca perde não sabe se recuperar

Incidentes que se repetem criam o temor de existir alguma vulnerabilidade do sistema que produza a mesma situação novamente. A equipe de engenharia fica paranoica com essas coisas, com razão. E o líder de engenharia tem que estar presente e dar o tom da reação com calma, para não agitar ainda mais os ânimos. Ninguém consegue pensar de maneira estratégica quando está desesperado.

Um *war room* de incidentes tem que ser objetivo, investigativo e colaborativo, além de não fazer caça às bruxas. A tranquilidade precisa prevalecer, para que a solução apareça. Os 5 porquês da Toyota são úteis nesse sentido, já que o forçam a desafiar repetidamente suas premissas e abrem caminhos diferentes de pensar. Normalmente a causa raiz de um incidente nem é o que se acreditava de início, ou o que se pensava era uma visão deturpada da causa raiz.

Quanto mais você procura entender mais profundamente o que aconteceu, maior a chance de chegar a uma causa raiz melhor. A causa raiz costuma ser uma combinação de elementos, e o que se deseja é alcançar a percepção desse todo.

Quero retomar um ponto crucial: incidentes são bem-vindos. A chave de lidar com eles, no entanto, é buscar minimizar o impacto ao cliente quando ocorrem. Sem incidentes, um time de engenharia não desenvolve a musculatura de mitigá-los, não aprende a fazer reunião de *post mortem*, não precisa repensar seus processos. Ter incidentes faz parte da computação, e ninguém pode desejar que não haja incidentes em sua empresa de tecnologia. Com um pouco de sorte e muito planejamento, porém, esses incidentes têm impacto baixo.

Em um paralelo com o mundo dos esportes, uma equipe sem incidentes é como aquele time que ganhou todos os jogos do campeonato, mas chegou à final e perdeu. Para evitar pânico quando algo dá errado na final, é até positivo perder alguns jogos no meio do caminho, para haver possibilidade de o time identificar suas fragilidades e ter capacidade de se reorganizar e reagir. Da mesma forma, os incidentes são momentos de aprendizado, que acabam por nutrir uma **cultura de atuação proativa e consciente** para todos.

Às vezes até vale promover simulação de incidentes só para medir a reação do time. É importante a equipe estar treinada em como se comportar diante de uma emergência. Uma situação completamente nova em que a empresa está perdendo milhões de dólares por minuto gera uma pressão gigantesca, e o time tem que saber atuar com profissionalismo sob pressão.

Quando entrei na Stone, ainda não era muito difundida a prática de fazer reunião de *post mortem* ou de buscar causa raiz de incidentes no espírito *blameless*, e venho procurando nos últimos anos acertar o tom desses conceitos na comunicação com as pessoas, seja por canais como ferramentas de mensagem como o Slack, seja por trocas ao vivo. Mas é um trabalho de formiguinha. A construção de uma cultura em qualquer empresa exige tempo e paciência.

PONTOS IMPORTANTES SOBRE INCIDENTES

- Consciência de que incidentes sempre acontecerão – e devem acontecer porque são sinal de que temos sistemas em produção.
- Reuniões de *post mortem* para buscar a causa raiz de incidentes e reverter a experiência para o aprendizado.
- Cultura *blameless* e comunicação assertiva dessa cultura, promovendo um ambiente seguro para lidar com incidentes.
- Tranquilidade da liderança para gerenciar incidentes e a pressão sobre a equipe.
- *Deploys* contínuos e frequentes para apenas gerar microincidentes, em vez de macroincidentes.
- Musculatura de reação da equipe treinada, se possível em simulações ou em incidentes de relevância limitada controlada diante de problemas.

PARTE III

LI
DE
RAN
ÇA

LIDERANÇA

CAPÍTULO 8

AMBIENTE DE TRABALHO INCLUSIVO

Para um líder servir de exemplo a ponto de ser seguido pelos funcionários de uma empresa, além de inspirador, ele precisa ser visto como alguém que também pode cometer erros e passar por dificuldades. Assim, em nome de honrar esse compromisso de ser um ser humano mais transparente e verdadeiro com minhas limitações, em 2021 contrariei minha política de separar vida pessoal da profissional e acabei publicando um texto bastante confessional no LinkedIn. Reproduzo abaixo um trecho desse conteúdo por sua relevância com o assunto deste capítulo:

> Fatos e circunstâncias significativos tiveram um impacto profundo na minha vida pessoal, que acabaram afetando minha vida profissional. São experiências que agiram como ventos a favor, que me ajudaram, e ventos contrários, com efeitos negativos sobre mim.
>
> De longe, o maior vento a favor é minha família, desde que eu era criança e ainda hoje. Cresci me sentindo amado e protegido pelos meus pais, e sei que eles me apoiam sempre, não importa o que aconteça. Eles nos instilaram (em mim e na minha irmã) o valor da educação e do trabalho, mas, acima de tudo, acreditaram tanto em

nós que comecei a acreditar em mim mesmo. Essa confiança me permitiu fazer pós-graduação, me mudar para os EUA, mudar de emprego, sabendo que, mesmo que fracassasse em tudo isso, ainda teria o apoio dos meus pais.

No meu primeiro ano de faculdade, meu pai foi diagnosticado com linfoma, com uma expectativa de vida de seis meses. Era 1991, quando os tratamentos para o câncer não eram tão avançados. Perder meu pai teria sido um vento contrário que não sei como conseguiria superar. Subconscientemente, decidi naquela época que seria o melhor estudante possível e me formaria o quanto antes. Como por milagre, meu pai sobreviveu a sete anos de quimioterapia e radioterapia intensos e desde então está livre do câncer. O que poderia ter sido o maior vento contra da minha vida se transformou em uma experiência que me deu foco e força.

Casei em 1999 e, em 2006, quando morava nos EUA havia sete anos, minha mulher foi diagnosticada com câncer de mama. O câncer foi muito agressivo e em um ano e meio, apesar das várias cirurgias e tratamentos, ela morreu. Ver alguém que eu amava tanto deteriorando-se, passando de uma pessoa saudável e ativa para alguém que era incapaz de subir um lance de escadas foi uma experiência ao mesmo tempo exaustiva e que me fez sentir minúsculo. Por mais sofrido que tenha sido, aprendi a equilibrar meu trabalho para cuidar dela e a me concentrar nas coisas realmente importantes. Aprendi a ter empatia comigo mesmo quando falhava, ou quando estava simplesmente cansado demais para fazer qualquer coisa. Essa fase tão difícil me fez desenvolver uma visão de vida que reforçou meu senso de gratidão e de valorizar o momento presente, algo que tento colocar em prática todos os dias.

Depois de quatro anos casado novamente, e com duas filhas bem pequenas, minha segunda união acabou. Eu não sabia como

> reagir. No caso da minha primeira mulher, eu tinha certeza de que havia feito tudo o que podia para ajudá-la a combater o câncer, mas com a segunda eu me culpava por não ter feito o suficiente para tentar salvar o casamento. Fiquei envergonhado, a ponto de passar anos sem conseguir conversar sobre o assunto com amigos e colegas. Por muito tempo escondi essa parte da minha vida, evitando ocasiões sociais e sem falar da minha vida pessoal no trabalho. Esse é, no entanto, outro exemplo de que os ventos contrários mais intensos também podem ser moldados, para que, como na aviação, sirvam de sustentação. O divórcio me ajudou a alinhar prioridades (...). Ao me focar na família, não só me tornei um pai melhor, bem próximo das minhas filhas, mas também aprendi a ter uma vida mais equilibrada. Os anos que se seguiram foram os mais gratificantes da minha vida, tanto em termos pessoais como profissionais.

Foi um desafio enorme me abrir tão publicamente em uma rede social, falar da minha família, contar da morte da Renata, da doença do meu pai, do meu divórcio, mas escrevi e publiquei o texto porque senti que precisava mostrar a minha realidade, os caminhos que haviam me moldado e levado a ser, naquela época, *technical fellow* e vice-presidente corporativo de engenharia da Microsoft. Ao falar das adversidades por que passei, quis reforçar, principalmente para quem estava começando na carreira, que sempre haverá ventos contrários que em um primeiro momento parecem apenas empurrar você para trás.

Outra mensagem que busquei passar com minha publicação naquela época é que as dificuldades serviram para me tornar um líder que valoriza uma organização onde todos possam ser autênticos em seus ambientes de trabalho, sem precisar esconder nenhuma parte de si. Continuo a acreditar e promover isso até hoje.

Meu trabalho de aperfeiçoamento de liderança, que resultou no texto que abriu o capítulo, foi feito em conjunto com a Microsoft, que também investiu em uma profunda transformação de cultura e que buscava, naquele momento, aumentar a conscientização dos líderes sobre questões de inclusão, de raça e de diversidade em geral, e criar uma linguagem comum para que esses assuntos tão relevantes e inflamatórios não acabassem mal postos. Afinal, é muito comum que, com medo de falar ou fazer alguma besteira, as pessoas decidam simplesmente se manter caladas ou de braços cruzados.

É nessa posição que me coloco neste capítulo, aliás, a de alguém que não tem a pretensão de ditar soluções perfeitas para a fundamental missão de promover condições mais equânimes para todos, e que se arrisca a abordar o assunto porque é melhor errar do que calar. Destaco aqui a necessidade de colaboração e participação de um grupo diverso de pessoas em todos os níveis hierárquicos da empresa, até porque, sem isso, tarefas complexas, interações institucionais e inovação ficam prejudicadas. Defendo também a pluralidade de ideias e a segurança psicológica para que todos possam se expressar sem medo nem repressão.

Detalho ainda o que penso sobre o que a liderança precisa fazer para criar um ambiente de trabalho respeitoso e inclusivo. Se é urgente que toda empresa adote políticas ativas para reproduzir em suas equipes, e no time de tecnologia, a composição racial e de gênero da população, é também extremamente relevante ir além de apenas ampliar o processo de contratação. A inclusão real é aquela que permite que as pessoas que pertençam a minorias e grupos socialmente desfavorecidos se sintam confortáveis para colaborar, ser produtivas, crescer dentro da organização e poder se transformar em exemplo e inspiração para gente dentro e fora da companhia.

Sotaques e vulnerabilidades

Meu grande exemplo de alguém que faz questão de mostrar vulnerabilidades na liderança é o Satya Nadella, CEO da Microsoft. Lembro-me até de uma reunião em que ele chegou a exibir um slide com seus pontos fracos. A mensagem que ele queria transmitir é que não é preciso ser perfeito para alcançar o posto mais alto de uma empresa como a Microsoft. E foi com essa postura de empatia que ele encabeçou a transformação na cultura da empresa, como descreve no livro *Aperte o F5*[44].

Uma das minhas vulnerabilidades é que tenho dificuldade de me expressar em público com a eloquência que gostaria. Por mais que eu me esforce, não há *coaching* que me faça conseguir dar palestras ou entrevistas carismáticas como o Jean Paul Jacob fazia, quando falava em nome da IBM, no final do século passado, ou então apresentar discursos com a clareza e a fluidez de um Barack Obama.

Contei, porém, ao longo dos anos, com diferentes tipos de ajuda especializada para me aperfeiçoar como ser humano e como líder. O texto que introduziu o capítulo foi incentivado pela *coach* Gia Storms, com quem trabalhei não só nos aspectos pessoais, mas também estudando mais a fundo as complexas questões de diversidade e inclusão no ambiente profissional. Gia me deu força para escrever em um tom bem pessoal e me incentivou a falar em público mesmo sendo imperfeito, porque há um lado positivo nessa exposição: ao perceber que o líder tem fraquezas, as pessoas acabam se confortando, se permitindo ter seus próprios pontos fracos. Seria bem menos penoso para mim evitar esse tipo de situação, mas procuro enfrentar, me preparando da melhor forma que posso. Não é simples, e meu consolo é que isso tal-

44. *Aperte o F5: A transformação da Microsoft e a busca de um futuro melhor para todos*, de Satya Nadella (Benvirá, 2018).

vez ajude alguém que ainda precisa se aperfeiçoar em outra área, ou é mais tímido para falar.

Quando entrei na IBM, no ano 2000, fazia apenas um ano que eu estava nos Estados Unidos, tendo acabado o pós-doutorado em Princeton. Meu inglês era razoável para os padrões brasileiros, mas ainda insuficiente para expressar pensamentos e ideias mais complexos. Até hoje, depois de mais de vinte anos morando nos EUA, tenho sotaque – como minhas filhas, norte-americanas "legítimas", fazem questão de apontar. Houve situações, no começo da minha carreira na IBM, em que deixei de ser chamado para apresentar um projeto meu em uma reunião importante unicamente devido ao meu "*strong accent*" (sotaque pronunciado).

A experiência que vivi foi semelhante à de muitos colaboradores estrangeiros, ainda mais no cenário do *boom* de tecnologia na virada do milênio, que atraiu pessoas do mundo inteiro para os EUA. O fato de uma liderança da indústria se expor publicamente falando inglês com sotaque pode contribuir de certa forma para combater o preconceito.

Existe uma responsabilidade implícita para integrantes de grupos menos favorecidos que chegam a posições hierárquicas altas, porque eles funcionam como modelo e como inspiração. O engenheiro nigeriano Abolade Gbadegesin, *technical fellow* na Microsoft, é um exemplo de alguém que abraçou esse papel, colocando-se, desde que entrou na empresa, em 1998, como um expoente africano, e se tornando cada vez mais atuante conforme cresceu na carreira.

Abolade acredita firmemente – e concordo com ele – na importância de as pessoas se reunirem em grupos de interesse comum de forma a ter uma vivência comunitária, e foi esse seu objetivo inicial quando juntou os colaboradores africanos da Microsoft, principalmente para eventos sociais e de trocas mais pessoais. Com o tempo, no entanto, o grupo de africanos começou a perceber que desejava ter impactos mais efetivos, atuando para combater os obstáculos de carreira que os colaboradores negros em geral enfrentam e partindo também para ações mais estruturantes. O objetivo imediato era formar uma geração de líderes negros na Microsoft por meio de um programa de mentorias e de apoio, e havia também a meta de levar um Centro de Desenvolvimento da Microsoft para a África.

O ACD (*Africa Development Center*) foi inaugurado em 2019, sediado ao mesmo tempo em Nairóbi (Quênia) e Lagos (Nigéria), com a missão de romper uma abordagem mais assistencialista para a África e, em vez disso, levar negócios e desenvolvimento para lá.

Em 2020, quando houve a explosão de protestos antirracistas nos Estados Unidos após o assassinato de George Floyd por um policial branco, Abolade e eu decidimos promover uma conversa dele com a equipe, e uma das perguntas foi sobre o medo que as pessoas (brancas) podem sentir de falar sobre o preconceito racial, temendo revelar seus vieses inconscientes, preconceitos propriamente ditos, ou deixar escapar alguma bobagem. Ele respondeu que a única maneira de abordar esses assuntos altamente complexos é conversando, mesmo que se cometam erros inicialmente. É o que eu também acho: um ambiente de conversas respeitosas permite que as pessoas troquem ideias, informem-se e sejam corrigidas ao longo do tempo e da convivência.

Representatividade visível

Meu trabalho com Gia Storms foi importante para começar a me educar. Mergulhei no material que ela me passou, em livros, *podcasts*, textos e entrevistas. Em um segundo momento, porém, ficou evidente que de nada adiantava ter o vocabulário adequado sem aplicá-lo na prática, e partimos para estabelecer objetivos. Alinhado com meu gestor na Microsoft, Girish Bablani, incluí esses objetivos nas minhas metas anuais de desempenho. A anuência da liderança é essencial nesse tipo de iniciativa, porque a gestão tem de saber que parte do tempo de trabalho do colaborador será dedicada a questões interpessoais ou de diversidade, já que elas são um dos objetivos reais da empresa.

Escolhi concentrar minha atuação no ambiente de trabalho, para que ele fosse o mais inclusivo e acolhedor possível. Ao mesmo tempo, por intermédio da observação de métricas de velocidade de promoção entre diferentes grupos, busquei determinar se havia equidade e quais eram os pontos críticos a melhorar.

Outro dos meus objetivos foi passar a ter uma atuação mais visível no grupo de latinos da empresa, assim como o Abolade fazia com os africanos. Ficou claro para mim que era preciso que os colaboradores em geral soubessem que eu vinha da América Latina, para que eu servisse de modelo e fortalecesse a comunidade de latinos da Microsoft.

Embora houvesse um contingente de latinos em posições de liderança na Microsoft, eles não necessariamente eram visíveis se não tivessem traços "óbvios". Às vezes, por exemplo, as pessoas achavam que eu era russo, alemão, ou francês.

Os modelos dentro da empresa, como ressaltei nos capítulos em que falo sobre pessoas, são importantes para inspirar e para criar uma sensação de pertencimento. Procurei então passar a usar toda e qualquer oportunidade para me declarar como latino. Outros vice-presidentes latinos da Microsoft tinham o mesmo tipo de consciência.

Um imigrante recente trabalhando em outro país não conta com as conexões sociais de escola, de faculdade, que os colaboradores locais muitas vezes têm. Não é incomum alguém que se mudou mais recentemente para um novo país chegar a uma empresa sem estar inserido em um grupo social, e ela tem parte da responsabilidade de dar condições para que essa pessoa consiga se adaptar.

Encaro o esforço de criar um ambiente acolhedor e receptivo como parte essencial do meu trabalho como líder, que é tentar montar o melhor time de engenharia possível, com o mais variado material humano. De nada vale se dedicar ao assunto apenas durante uma ou duas "semanas de diversidade e inclusão" ao longo do ano.

Nos meus últimos anos de Microsoft, também me aproximei dos grupos de mulheres, com cujas causas havia passado a me identificar após a minha separação. Naquela época senti pela primeira vez o desafio que é ser o responsável principal por duas crianças pequenas e a dificuldade de conciliar criação de filhos, vida pessoal e atuação na empresa. Até o divórcio, eu vivia na confortável situação de ter alguém segurando as pontas com as crianças em casa, naquela divisão de papéis supertradicional e que costuma dar aos homens uma liberdade que as mães não chegam nem perto de ter.

Mulheres na tecnologia

A baixa participação de mulheres é uma conhecida deficiência na área de tecnologia. Na Stone, esse tem sido um dos grandes focos do compromisso de inclusão. Meu trabalho nessa área, como CTO, começou pela comunicação: tenho como meta pessoal falar explicitamente sobre as questões de gênero, de diversidade e de segurança psicológica no dia a dia, e esse é um dos assuntos mais frequentes das minhas mensagens semanais por escrito à equipe. Abri esse diálogo com o esclarecimento de alguns conceitos, mostrando, por exemplo, que quando discutimos diversidade estamos falando da representatividade de gênero, racial, socioeconômica ou de perfil de pessoas, enquanto a inclusão diz respeito a que todos se sintam bem executando seu trabalho e queiram permanecer na empresa. Não adianta ter uma coisa sem ter a outra.

De acordo com um estudo da Unesco (Organização das Nações Unidas para a Educação, a Ciência e a Cultura) de 2024[45], em todo o mundo, apenas 35% dos formandos em carreiras ditas STEM (da sigla em inglês para ciência, tecnologia, engenharia e matemática) são mulheres, e elas ocupam apenas um quarto dos empregos em ciência, engenharia e tecnologia da informação e comunicação (TICs). Já nos Estados Unidos, um relatório da National Center for Women & Information Technology (NCWIT) apontava que, em 2023, apenas 27% dos profissionais de computação eram mulheres. No Brasil, a proporção de graduandas em STEM era de apenas 26% em 2020[46].

Por uma série de convenções sociais ainda vigentes, as mulheres vão em menor número para a área de exatas. E aquelas que seguem adiante enfrentam discriminação no mercado de trabalho, discrepâncias salariais, menor velocidade de promoção, menos oportunidades em cargos de gestão, assédio e importunação, além dos injustos desafios de conciliar trabalho e vida pessoal.

Uma das frentes que adotamos na Stone para aumentar a representatividade de grupos mais diversos é uma prática cujo sucesso eu já tinha testemunhado na Microsoft: nas entrevistas de recrutamento para cargos mais seniores, precisa haver pelo menos uma mulher e pelo menos uma pessoa de outro grupo sub-representado tanto entre os entrevistados como entre os entrevistadores. Mesmo que o objetivo declarado para esse tipo de contratação de alto nível seja o de escolher

---

45. *Global education monitoring report 2024, gender report: Technology on her terms* (Unesco, 2024). Disponível em: https://unesdoc.unesco.org/ark:/48223/pf0000389406. Acesso em: 7 maio 2024.

46. Segundo levantamento do Insper baseado em números do Inep (Instituto Nacional de Pesquisas Educacionais Anisio Teixeira), do Ministério da Educação. Disponível em: https://www.insper.edu.br/noticias/mulheres-seguem-em-minoria-entre-graduandos-na-area-tecnologica-no-brasil/. Acesso em: 7 maio 2024.

a melhor pessoa para o cargo, sem imposições de cotas raciais ou de gênero, o simples ato de levar diversidade ao processo de seleção consegue aumentar a participação, por exemplo, de mulheres em cargos executivos. Na Microsoft, entre 2020 e 2023, com a adoção desse procedimento, a proporção de cargos executivos ocupados por mulheres passou de 24% para 29,3%[47].

É uma mudança lenta, e a não adoção de uma política de cotas para os cargos hierarquicamente mais altos pode não ser suficiente para mudar a situação no curto prazo na visão de muita gente, reconheço. Defendo que o esforço mais estruturante no recrutamento se concentre nas posições de entrada na empresa, ampliando a diversidade de gênero e a origem social dos candidatos, como detalho no próximo capítulo.

Acredito, no entanto, que uma atuação firme da gestão permite que a transformação vá ocorrendo organicamente, com programas de formação de aliados, de mentoria para mulheres e de apoio e flexibilidade para que elas consigam conciliar melhor a carreira com a gravidez e a amamentação, além de maior visibilidade para líderes femininas e programas formais de treinamento de combate a vieses e preconceitos.

Viés inconsciente

Em 2018, promovemos uma festa de fim de ano na Microsoft, e a Ana, uma engenheira que trabalhava no meu time e agora é CEO de uma *startup* na área de tecnologia para saúde, ficou bastante envolvida e empolgada. Ela organizou com grande sucesso vários aspectos da comemoração, assessorando a secretária executiva responsável pelo evento. Quando, algum tempo depois, resolvi planejar um encontro social para

47. *Microsoft global diversity & inclusion report 2023*, p. 17.

estudantes, fui direto conversar com ela, para perguntar se gostaria de participar da organização. "Claro, Marcus", ela disse, e começamos a discutir os detalhes, eu satisfeito, porque vi que ela estava animada por colaborar. Peguei meu carro e fui indo tranquilo para casa. No meio do trajeto, contudo, me deu um clique: me dei conta de que podia ter agido de maneira sexista. Será que eu tinha pedido para ela organizar o evento só porque ela era a única mulher da equipe? Dei meia-volta, dirigi de volta para a Microsoft e procurei a Ana para me desculpar. Ela esclareceu que realmente gostava do papel de organizadora e disse que eu não devia me preocupar, mas ficou muito evidente para mim naquela ocasião como é fácil cairmos nos estereótipos sem nos darmos conta.

Ter consciência da existência dos vieses, aqueles preconceitos que às vezes nem parecem preconceitos, é imprescindível para começar a mudar, portanto esse é um dos primeiros passos para a transformação da cultura de qualquer lugar. Como líder e gestor, quero estar aberto a receber os "puxões de orelha" que eu mereça; se o ambiente de trabalho for verdadeiramente respeitoso, esse *feedback* será dado no espírito de educação e aprendizagem.

A questão é que todos temos vieses inconscientes, que não percebemos ou que demoram para ficar mais claros, como aconteceu no meio do caminho entre a Microsoft e a minha casa naquele episódio com a Ana. No meu caso, procuro ser receptivo a que outras pessoas revelem meus vieses inconscientes para que eu tenha a oportunidade de refletir e evoluir. O que não quer dizer que eu não precise também trabalhar ativamente para reconhecer meus vieses e preconceitos.

Ao tentar fazer justiça ao assunto tanto no meu papel de CTO como na vida pessoal ou nas próprias palavras escolhidas para tratar do tema neste livro, obviamente corro o risco de estar destilando algum desses vieses. Mas só posso dizer por enquanto que, nessa etapa da minha jornada em 2024, é isso que penso sobre como promover um ambiente diverso e inclusivo dentro de uma empresa de tecnologia. Tenho certeza também de que já agi e ainda agirei de forma equivocada, por isso quero continuar me informando e aprendendo. Diversidade e inclusão são partes importantes dos princípios de gestão de tecnologia que prego.

Como ser (e como não ser) um aliado

Certa vez estava em uma reunião na Microsoft com o Girish e pessoas mais seniores na empresa, além de um engenheiro mais júnior, que havia sido convidado para fazer a apresentação de um projeto. No decorrer da reunião, achei que alguns colegas estavam sendo desrespeitosos com o engenheiro mais inexperiente, culpando-o por certos problemas e não deixando que ele desse as explicações ou conduzisse sua apresentação. Incomodado com as interrupções, eu quis agir como um aliado e assumi uma posição de combate contra todas aquelas pessoas, criando um verdadeiro climão. Minha intervenção, no final das contas, só piorou as coisas, e o engenheiro ficou em uma situação desconfortável, provavelmente considerando aquela reunião totalmente disfuncional. O encontro não foi produtivo: nem ele conseguiu se expressar, nem eu tive sucesso em defendê-lo. Deu tudo errado.

Apesar de a minha intenção inicial ter sido boa – no meu entendimento –, logo percebi que estava equivocado. Em primeiro lugar, pedi desculpas para o engenheiro que estava fazendo a apresentação, procurando confortá-lo. Em seguida, trabalhei junto a ele, dando sugestões de melhoria em certos pontos, e propus que enviássemos para a equipe que tinha estado presente o documento revisado, esclarecendo trechos que tinham sido contenciosos na reunião. Com os dois pares dos quais discordei na reunião, marquei reuniões individuais para reconhecer que havia errado a mão na defesa do engenheiro e perdido a linha, ao que eles também admitiram que haviam subido o tom mais do que o necessário. Independentemente de eles terem reconhecido eventuais falhas de comportamento, quis pedir desculpas de qualquer jeito.

Aprendi com uma das minhas mentoras que não faz sentido, quando se quer chegar a um entendimento, achar que se deve admitir apenas 50% de responsabilidade, dando à outra pessoa a tarefa de admitir os outros 50%. É preciso assumir 100%, ser 100% sincero e estar 100% disposto a mudar, e essa postura fará com que a outra parte possivelmente também se mobilize 100% do lado dela. Foi essa mentalidade que assumi nesse episódio: fui falar com meus pares admitindo estar 100% errado.

Passei a compreender que, para ser aliado de alguém, não se deve simplesmente pressupor que a pessoa queira ser "defendida". Essa atitude pode ser encarada como ofensiva e prepotente, por colocar o outro como mais fraco do que realmente é. Durante aquela reunião, eu poderia, por exemplo, ter mandado uma mensagem privada para o engenheiro, perguntando se ele gostaria de uma intervenção, ou procurado demonstrar apoio a ele por sinais visuais, ou ter deixado para conversar com ele depois, ou ainda intervir de forma neutra e contida. Ser um aliado não é virar o herói da situação, mas, sim, se dispor a colaborar ao lado de outra pessoa nos termos dela.

Naquele caso, me identifiquei com o engenheiro que estava na berlinda e protagonizei uma intervenção atabalhoada para defendê-lo sem pensar qual seria a melhor estratégia para fazer isso. Pode-se até achar que é fácil ser aliado: é só, ao ver uma coisa errada, se posicionar, porque a omissão já seria uma posição. Mas é preciso ter consciência de que, mais do que uma boa intenção, é necessário avaliar a forma mais correta de agir em prol de alguém.

Para me aprimorar sobre tudo isso, principalmente na posição de líder, conto há anos com serviços de especialistas e *coaches*, busco consultorias e faço terapia. Eu me cobro bastante porque tenho mais de vinte anos de estrada e ocupo cargo de gestão. No exemplo dessa reunião específica, eu tinha muito mais obrigação de saber como me portar que o engenheiro menos experiente. Preciso me comunicar da maneira mais efetiva possível, não só por esse ou aquele funcionário, mas também para resolver a questão para a empresa, que é o que está em jogo. Se eu ofender alguém e a pessoa for embora, acabo criando um problema maior.

Considero importante que empresas promovam treinamentos de como ser um aliado, como a Microsoft fazia enquanto estive lá. O material, elaborado por especialistas na área, explica a todos os colaboradores que ser um aliado é ter consciência do próprio privilégio e ter compreensão sobre as relações de poder e sobre quais comportamentos são não inclusivos. Por mais empatia que se possa ter, não é simples adquirir essa consciência, de maneira que o comprometimento e a disposição de aprender ao longo de uma longa trajetória são os principais pontos para ser um verdadeiro aliado.

Um bom treinamento mostra que, antes de agir sem pensar, como fiz na reunião, é necessário questionar as próprias motivações, estar suficientemente informado e pedir permissão à pessoa que se pretende ajudar. Esse tipo de material informativo também pode incluir simulações de cenários semelhantes aos encontrados no cotidiano do trabalho.

Ao ofertar treinamento, a liderança está oferecendo aos colaboradores mecanismos para ajudar a solucionar os problemas do dia a dia do trabalho e a enfrentar o *bullying* corporativo que sabemos que existe. A qualidade das relações funciona como o lubrificante das engrenagens de colaboração dentro da empresa. Uma comunicação sem tanta fricção permite que times trabalhem juntos, dando espaço para um clima positivo que em última instância fomente a eficiência e abra caminho para a inovação.

Combate à agressividade

Muitas empresas de tecnologia foram formadas por pessoas jovens, em um clima de alta competitividade, com todos os esforços voltados para crescer rápido e conquistar o mercado, e isso resultou, em certos casos, em ambientes de trabalho tóxicos.

Chegou-se ao ponto de, em uma entrevista com uma candidata, uma das perguntas ser "Você gosta de Lana del Rey ou de Nirvana?", e o entrevistador depois declarar: "Ainda bem que você respondeu Nirvana, porque, se tivesse dito Lana del Rey, eu não teria te contratado". Se fizessem essa pergunta para mim, Marcus, eu diria: "Não interessa, e acho que, por sinal, não quero trabalhar nessa empresa". Se fosse realmente responder, teria sido rejeitado, porque minha resposta seria, sem dúvida, Lana del Rey (ainda mais porque minha filha mais velha é fã de carteirinha da cantora). A questão é que essa pergunta provavelmente não teria sido feita para mim, um candidato homem e branco que não precisava se provar.

Esse tipo de estereótipo se reflete na cultura de uma empresa e precisa ser ativamente desconstruído. É outra expressão daquele problema de querer ganhar a corrida sem pensar em construir bicicletas para disputas futuras. Minha concepção de administração não vê mérito em reunir uma equipe homogênea de adoradores de Nirvana com a ideia de que isso represente um comportamento arrojado. Uma companhia é o microcosmo da sociedade, e na minha opinião só tem a ganhar no longo prazo com pluralidade de pontos de vista, de experiências profissionais e pessoais e até de gostos musicais.

Estamos na Stone ainda em um estágio inicial desse trabalho relacionado a diversidade, inclusão e tolerância. Não posso dizer que tenha tomado atitudes que viraram o jogo, mas creio estar atuando todos os dias para mudar a situação.

Quando, há alguns anos, em minhas pesquisas sobre inclusão e ambiente de trabalho, cruzei com uma TED Talk da professora Christine Porath[48] sobre como o tratamento respeitoso entre colaboradores da empresa faz bem para o negócio, fui logo procurá-la. No vídeo, ela explica como, junto de outros pesquisadores, vem estudando de que maneira atitudes agressivas por parte de líderes e pares causam prejuízos reais à produtividade das pessoas. Os experimentos que eles realizaram mostram que o mero fato de testemunhar comportamentos desrespeitosos, ou de ser exposto a grosserias, leva a erros e a queda no desempenho, em todos os tipos de indústria.

O trabalho dela, descrito em detalhes no livro *Mastering civility*[49], veio ao encontro do que sempre acreditei, que as microagressões e o isolamento das pessoas no trabalho interferem no clima produtivo e impedem que se desenvolva o ambiente receptivo e criativo que em última instância faz uma empresa ser bem-sucedida. Organizei *workshops* com ela para minha equipe na Microsoft.

Através de pesquisas e experimentos controlados, Porath demonstra também como o *bullying* pode se disseminar rapidamente por uma equipe. Um líder agressivo faz com que seus liderados ajam também com agressividade, pois tendem a imitar o comportamento da liderança, e, assim, essa forma de agir passa a fazer parte da cultura da empresa.

48. Disponível em: https://www.ted.com/talks/christine_porath_why_being_respectful_to_your_coworkers_is_good_for_business. Acesso em: 2 maio 2024.
49. *Mastering civility: A manifesto for the workplace*, de Christine Porath (Balance, 2016).

Os dados de Christine Porath comprovam que o clima tenso torna as pessoas mais propensas a erros. Por exemplo, temos cinco vezes mais chances de não entender informações importantes se estivermos estressados. A falta de respeito também impacta o comprometimento com a empresa, segundo a pesquisadora: depois de serem alvo de agressividade, 60% das pessoas ficam mais propensas a reduzir os esforços e 12% mais propensas a pedir demissão.

É fácil notar que uma situação de incivilidade rebaixa a moral do time todo, e não só da pessoa alvo do comentário desrespeitoso. Todas ficam menos entusiasmadas com o próprio trabalho.

Já que a falta de civilidade é tão negativa, por que ela ainda acontece? O mais preocupante é que algumas lideranças ainda pensam que ser agressivas e rudes é um comportamento desejável, que precisam ser assim para gerar temor e obediência. Os dados, no entanto, mostram o contrário. Colaboradores que agem com respeito e educação são mais respeitados, têm duas vezes mais chances de serem reconhecidos como líderes e têm desempenho melhor em suas funções.

Uma vez, na Microsoft, um grupo de cerca de vinte pessoas bem seniores estava trabalhando em uma mesma questão, mas havia muitos caminhos divergentes a seguir e não se chegava a uma conclusão. Resolvemos, então, organizar um *workshop* de dia inteiro para finalmente chegar a uma solução. Preparado para encontrar ânimos acirrados, pelo nível de controvérsia do tema, decidi abrir a reunião com uma declaração: "Gente, somos todos colegas. Por favor, antes de abrir a boca, ouça o que a outra pessoa está falando. Pare, pense, internalize e, quando for falar, tenha a certeza de que está agregando valor à discussão, e não gerando mais conflitos". Aqueles cinco minutos de fala na abertura da reunião parecem ter funcionado, porque o encontro acabou sendo bastante produtivo, e anos depois colegas ainda se lembravam das minhas palavras iniciais.

Parâmetros de comunicação

Existem algumas ferramentas simples que podem servir para uma comunicação mais eficaz, para quem está tentando agir como aliado e para quem queira se posicionar de maneira assertiva, mas respeitosa. Uma delas é o acrônimo em inglês ADEAR, que vem de "*be a dear*" (seja um querido). Apesar de a sigla não funcionar bem em português e de os brasileiros não serem tão adeptos desse tipo de "truque" quanto os norte-americanos, acredito que valha a pena reproduzir aqui a técnica.

> A – **Afirmar** que não tem nada contra a pessoa, e reforçar o valor do relacionamento com ela;
> D – **Descrever** o comportamento sem julgamento;
> E – **Explicar** o que você sentiu;
> A – **Assumir** uma intenção positiva;
> R – **Requerer** ou sugerir um comportamento diferente.

Quando se é alvo de alguma microagressão, esse *framework* permite tomar as rédeas da situação e conversar sobre o problema com a pessoa agressora. Por exemplo:

"Quando falávamos sobre orçamentos mais cedo hoje, você disse: 'Você está fazendo drama'. Declarações como essas dão a entender que estou sendo excessivamente emocional por ser mulher e que minhas preocupações não são reais. Isso me faz sentir menosprezada. Estou presumindo que não seja sua intenção. Eu ficaria agradecida se você não dissesse mais coisas desse tipo. Pode ser?".

São coisas simples: assumir que uma pessoa teve a intenção correta, que não teve o intuito de prejudicar, deixar claro para o outro que você ficou magoado e explicar por que, e então pedir uma mudança de comportamento.

Se as pessoas entendem que esse é um caminho viável, pelo menos elas têm parâmetros mentais sobre como lidar com uma situação dessas no dia a dia. Tendo passado por esse treinamento, o engenheiro júnior do caso da reunião que contei poderia chegar para mim e dizer: "Poxa, Marcus, sei que a sua intenção foi boa, mas você agiu de maneira muito agressiva com os seus pares e o resultado me prejudicou. Gostaria que você me explicasse o que aconteceu, pela sua ótica, e mudasse de comportamento no futuro". Assim, armados desse ferramental, eu e ele poderíamos ter uma conversa madura por iniciativa dele.

Obviamente, esse tipo de conversa nunca é fácil, mas ter mais ou menos um roteiro de como agir pode dar uma boa ajuda de por onde começar. Sem parâmetros de comunicação, os problemas individuais podem adquirir uma escala maior e se transformar rapidamente em problemas institucionais.

É fundamental também não isentar a empresa de responsabilidade sobre comportamentos inapropriados de suas lideranças, já que sabemos que ainda é forte a cultura de proteger ou acobertar pessoas em cargos altos, muitas vezes classificadas de excêntricas ou de geniais, em vez de abusivas e destrutivas.

A gestão da empresa também atua diretamente sobre os resultados da mudança de cultura quando valoriza, em seus processos de avaliação e progressão de carreira, o trabalho colaborativo em detrimento de entregas individuais. Com métricas específicas que mostrem o quanto uma pessoa facilitou a atuação conjunta, é possível associar incentivos concretos ao esforço educativo, que não pode ficar apenas no discurso.

Diferenças individuais e culturais

A agressividade pode transparecer em pequenas coisas, em microagressões ou "brincadeirinhas". Quando estou em uma palestra e alguém solta um palavrão, por exemplo, ou usa uma metáfora com uma expressão chula, aquilo interfere na minha atenção, talvez por uma sensibilidade pessoal ou herança de criação.

O ponto é que a bagagem cultural das pessoas é muito variada, e até dentro do Brasil existem muitos Brasis. As técnicas de comunicação clara reduzem possíveis ruídos de compreensão, aqueles que às vezes dão origem a conflitos e ressentimentos. As empresas em que trabalhei antes da Stone eram todas grandes (IBM, Yahoo!, Google e Microsoft), com colaboradores do mundo inteiro, inclusive do Brasil, que, por si só, é heterogêneo, com muitas subculturas.

É muito difícil generalizar uma cultura. Nem todo mundo no Brasil gosta de futebol, e existem, sim, alemães desorganizados que se atrasam para as reuniões. Fazendo essa ressalva, a professora Erin Meyer mostra, no livro *The culture map*[50], que existem alguns padrões e diferenças culturais importantes, e os analisa. Por exemplo, em comunicação, algumas culturas tendem a apresentar todos os detalhes, enquanto outras focam mais o panorama geral. Para decisões, algumas culturas tendem a ser mais hierárquicas, enquanto outras são mais igualitárias.

Na minha opinião, a maior contribuição do livro de Meyer é mostrar que pessoas são diferentes, formadas por uma combinação de atributos culturais e atributos individuais, e que precisamos ouvir melhor e perguntar mais antes de assumirmos qualquer coisa. A comunicação direta é a melhor maneira de não cairmos na armadilha de entender algo que possa ser muito diferente do que a outra pessoa quis dizer, ou de achar que estamos transmitindo uma mensagem quando na verdade

---

50. *The culture map: Breaking through the invisible boundaries of global business*, de Erin Meyer (PublicAffairs, 2014).

é outra bem distinta que está sendo recebida. Prefiro pensar que cada pessoa com quem interajo é única e merece atenção especial.

É evidente que muitas vezes falho e interpreto uma situação de maneira errada. Todos nós temos os nossos pontos cegos. Gosto até de anotar essas situações (quando consigo identificá-las), como se fosse um *post mortem* de um "incidente de comunicação". Como todo *post mortem*, o foco é no aprendizado: sempre podemos melhorar.

Receptividade para todas as ideias

Imagine que um professor apresenta um problema para um aluno, e o estudante, durante a noite, tem a ideia para a solução. No dia seguinte, animado, ele leva a solução ao professor, que, para seu espanto, se recusa até a olhá-la, dizendo: "É impossível você ter resolvido isso de um dia para o outro". É perfeitamente plausível que a solução estivesse correta. Esse tipo de arrogância descarta ideias que podem ter um grande potencial, e ainda se corre o risco de sufocar a criatividade de um talento.

O ambiente de trabalho precisa permitir que os colaboradores se sintam confortáveis não apenas para manifestar suas necessidades – como acomodações devido a circunstâncias pessoais –, mas também para compartilhar ideias inovadoras. Se, quando Vanja Josifovski disse que queria processar XML em *streaming*, como contei no capítulo 4, ele tivesse sido recebido na IBM com um "você está louco, isso nunca vai dar certo, temos outras prioridades aqui e você não vai perder seu tempo com isso", a inovação não teria acontecido e a empresa teria perdido os milhões de dólares em valor que o projeto dele gerou.

Chamar uma ideia de estúpida é a forma mais eficaz de matar a criatividade. Se todo mundo só tivesse ideias brilhantes, nosso planeta seria outro. Recebo todas as ideias de braços abertos, pois para cada ideia revolucionária é preciso que haja dez ideias bobas. Suprimir ideias que ainda precisam ser aprimoradas equivale a suprimir a fonte de todas as ideias.

Quando recebo uma ideia, meu primeiro movimento é pedir que ela seja confrontada com os dados, e só esse passo já é suficiente para funcionar como filtro. É uma forma de discutir a ideia sem desmerecê-la, tornando a conversa mais concreta.

Quero um ambiente aberto para ideias que fujam do convencional, e nada mais propício para isso que uma equipe formada por personalidades diversas, que não se encaixam em regras. Os melhores trabalhos que fiz na carreira nasceram de ideias "fora da caixa" que apresentei e que não foram descartadas logo de cara só por parecerem estranhas. Uma vez, encasquetei que existia uma solução melhor que a que usávamos para um problema de processamento de anúncios. Passei muito tempo pensando naquilo – um dia achava que ia resolver, no outro tinha convicção de que não havia saída. Andrei Broder também descrevia assim o processo de pensamento dele para chegar à solução para a detecção de duplicatas na *web*. Faz parte ficar nesse vaivém de convicções, por um longo período, até que a ideia se cristalize. No meu caso, tive um ambiente seguro para apresentar uma ideia, ainda que malformada, para que pessoas mais experientes que eu colaborassem e a complementassem.

Esse processo criativo pode ser ainda mais produtivo para a empresa se forem combatidos preconceitos de todo tipo: de gênero, de origem, raciais, sociais e de idade. Se, por um lado, nos ambientes de trabalho pode existir um certo etarismo, o contrário também ocorre: pessoas muito jovens e inexperientes, como eu era no início da carreira, podem ter dificuldade de ter ideias inovadoras levadas a sério. Onde eu estava, na IBM, havia ainda o "agravante" de existirem ao meu lado verdadeiras sumidades, gente que tinha inventado o banco de dados relacional, personalidades do mundo da tecnologia. Era natural que eu ali me sentisse inseguro para contribuir com minhas ideias.

Mas tive a felicidade de poder expressar o que tinha pensado e de ver minha solução aceita porque o ambiente na IBM foi receptivo. Além disso, minha confiança veio do fato de eu ter sido criado sob os estímulos positivos dos meus pais, especialmente minha mãe. Ela me incentivava a ir em frente mesmo com a chance de errar. Meus pais provavelmente previram que eu não ia me dar lá muito bem na minha aventura no vôlei, por exemplo, como realmente não me dei, pela minha falta de habilidade motora, mas nem por isso deixaram de me apoiar quando me empolguei com a empreitada, e vibraram com meus pequenos avanços.

A presença deles na minha vida foi e é um privilégio e uma vantagem que infelizmente nem todo mundo tem. Porque nem todo mundo tem a sorte de crescer cercado de carinho e com as necessidades básicas atendidas, as lideranças precisam ser ainda mais intencionais para fomentar a confiança e dar abertura e apoio a seus funcionários.

Diversidade e acomodações

Como falo muito de diversidade nos *posts* semanais que escrevo para a minha equipe, fiquei feliz quando algumas pessoas entraram em contato comigo para conversar sobre o fato de estarem no espectro autista. Trocamos ideias sobre o que poderia ser feito para tornar o ambiente de trabalho melhor para elas, por exemplo, com medidas para limitar barulho ou para ajustar a comunicação de modo a deixar instruções absolutamente claras. Gostei do fato de elas terem se sentindo à vontade para me procurar e para negociar adaptações – que para o trabalho presencial podem ser muito relevantes – ou para estabelecer o trabalho remoto, que, desde a pandemia de covid-19, se universalizou e se transformou em uma alternativa interessante para pessoas desse perfil.

É importante que pessoas autistas ou neurodivergentes em geral tenham a chance de se manifestar, porque isso permite à liderança ter uma visão mais ampla das diferentes necessidades, dificuldades e potencialidades de cada integrante de uma equipe. Todos na empresa precisam ter uma mentalidade de crescimento, manter uma postura tolerante e estar dispostos a ouvir, para tentar entender até quem pode parecer, em um primeiro momento, "estranho".

Conforme fui avançando na carreira, me dei conta do tanto de potencial não utilizado nas equipes, porque nem todos os profissionais têm a chance de contribuir da maneira mais adequada para seu perfil. Como introvertido que sou, demorou um bom tempo para eu começar a me sentir à vontade na IBM, sendo um brasileiro naquela gigante norte-americana. Hoje não quero que ninguém do meu time sinta que, para se provar, precisa adotar a estratégia que usei naquela época, que foi a de trabalhar milhões de horas a mais. Não é incomum um funcionário ficar em dúvida sobre o que tem de fazer para mostrar seu valor. Ressalto para os gestores sob minha gestão que é obrigação deles esclarecer individualmente expectativas de trabalho, comportamento e desempenho, e também pensar no que a empresa pode fazer para desbloquear o potencial de cada um, ainda mais no caso de pessoas de grupos minoritários.

Segurança psicológica

Uma vez, durante uma reunião para discutir progressão de carreira, meu time e eu estávamos avaliando casos individuais de promoção. Como sempre, a discussão foi muito acalorada, e passamos um tempo considerável analisando cada caso. Quando chegou a hora de avaliar um engenheiro com quem trabalhei de perto, falei muito bem dele e apoiei uma promoção. Para minha surpresa, no entanto, algumas pessoas reagiram negativamente. Uma delas sugeriu que eu estava sendo injustamente favorável devido ao meu envolvimento com o projeto em que esse indivíduo trabalhava. Senti-me frustrado e fui enfático além da conta para que meu ponto de vista fosse ouvido: a promoção deveria ser inquestionável!

Não demorou muito depois da reunião para eu perceber que me excedera. Quanto mais assertivo tentava ser, mais as pessoas sentiam que eu não estava ouvindo o que elas argumentavam. Eu me comportei como um "sabe-tudo", em vez de um líder aberto a *feedback* e disposto a ser questionado e provado errado. Essa foi uma experiência alarmante para mim, pois me esforço ativamente para ser receptivo. Aproveitei para refletir sobre o que desencadeou meu comportamento e por que reagi de forma tão agressiva naquela situação. Concluí que de alguma forma me senti ameaçado.

Acredito que a integridade é um traço de caráter fundamental meu, que me define como pessoa, como líder e companheiro de equipe. Tive uma leitura equivocada de que minha integridade estava sendo posta em xeque, como se toda a minha identidade fosse desafiada. Como resultado, quis me defender, em vez de adotar uma postura baseada na curiosidade e na mentalidade de crescimento (*growth mindset*). Ameaças e conflitos são inevitáveis em equipes dinâmicas, e sei disso. Ainda assim, cometo erros na minha própria jornada em busca da autoconsciência.

Ao longo dos anos, vi pessoas se sentirem ameaçadas de várias maneiras – por exemplo, ao dizerem: "Você pode questionar qualquer coisa sobre mim, mas não questione minha ética de trabalho!". Essa resposta ocorre quando o traço de caráter em questão é uma parte significativa da identidade da pessoa. Parece que não nos importamos tanto quando críticas ou *feedbacks* não desafiam diretamente nossa identidade, o que quer dizer que não vou ficar ofendido se alguém apontar que não me visto bem, já que estar na moda não é uma parte forte da minha identidade.

Como as pessoas podem se proteger de reagir defensivamente ou agressivamente nessas situações? A consciência dos valores centrais que compõem a identidade é um ótimo ponto de partida para reconhecer o que potencialmente perceberemos como ameaças. É um exercício constante de autodescoberta, questionamentos e reflexão, pois nossas identidades estão em evolução.

Após refletir, percebi que, na reunião que descrevi, poderia ter agido diferentemente. Poderia ter tentado explicar minha perspectiva no contexto da tarefa proposta ali, que era uma promoção. Se eu tivesse dito: "Sei que estou envolvido nesse projeto, mas estou tentando ser objetivo e vou me focar nos desafios técnicos que podem não ser aparentes para vocês", a conversa teria sido mais transparente e produtiva. O reconhecimento da situação e o respeito às diversas perspectivas, mesmo quando diferentes da sua, criam um ambiente mais inclusivo. Esse foi meu primeiro aprendizado.

Como podemos criar um espaço seguro? As ameaças nem sempre são físicas ou facilmente observáveis. Podem ser verbais, implícitas e não intencionais. Para promover a inclusão, devemos nos esforçar para criar um ambiente em que as pessoas possam se expressar livremente. Esse tipo de ambiente reduz naturalmente as situações ameaçadoras. Além disso, quando reafirmamos as qualidades de identidade das pessoas, promovemos a segurança psicológica. Na minha situação, tive a sorte de termos uma segunda reunião de promoção já agendada para a mesma semana. Comecei aquela reunião pedindo desculpas pelo meu comportamento. Fui explícito sobre os meus motivos de irritação da reunião anterior. A equipe e eu usamos a experiência como uma oportunidade de aprendizado para revisitar os princípios gerais do processo de promoção em nossa organização e garantir que todos estivéssemos alinhados no futuro. No final, foi um episódio que ajudou a criar mais confiança entre minha equipe.

Quando as pessoas se sentem psicologicamente seguras, elas podem ser mais autênticas, e isso é benéfico por muitos motivos, entre eles abrir espaço para a criatividade e facilitar a comunicação entre equipes, que é tão fundamental em uma área cheia de interdependências como a de tecnologia.

É muito mais fácil falar, porém, do que colocar tudo isso em prática, pois não é trivial prever todas as situações que podem ser ameaçadoras. Momentos que fazem com que as pessoas se sintam questionadas não são incomuns. Meu segundo aprendizado foi o de, quando acredito que as pessoas estão se sentindo inseguras por alguma razão, fazer uma pausa, conversar e procurar esclarecer a situação, em vez de apenas defender ou impor uma posição. E, por fim, aprendi no episódio que nem sempre vamos acertar de primeira. O aprendizado é contínuo.

Outro fator relevante para a segurança psicológica dentro da empresa é incentivar que os funcionários possam se agrupar segundo seus interesses ou identidades. Promover comunidades não significa colocar as pessoas em caixinhas: a da comunidade LGBTQIAPN+, a das mulheres, a dos autistas etc., porque uma não exclui a outra. As pessoas são diversas dentro das suas identidades, e podem pertencer a várias comunidades ao mesmo tempo.

Comunidade

A professora Christine Porath escreveu mais recentemente outro livro, justamente sobre o assunto das comunidades. Em *Mastering community*[51], ela oferece uma perspectiva única sobre a importância da construção e sustentação de comunidades de pessoas sólidas e engajadas, algo que ressoa profundamente em nosso trabalho como tecnólogos.

No mundo da tecnologia, muitas vezes nos concentramos inteiramente em aspectos técnicos, negligenciando o poder e o impacto dos grupos que nos rodeiam. *Mastering community* nos lembra que não estamos apenas construindo *software*, mas também participando de comunidades vibrantes, seja dentro de nossas equipes, seja em redes profissionais. Por meio de exemplos práticos e *insights* que vêm até do mundo dos esportes, Christine Porath explora como podemos fortalecer nosso convívio em grupo, promover uma cultura de inclusão e diversidade e cultivar relacionamentos significativos dentro e fora do mundo da tecnologia. Ela destaca a importância da empatia, da colaboração e do respeito mútuo na criação de ambientes onde todos possam prosperar e contribuir plenamente.

Isso é ainda mais importante na realidade do trabalho remoto. A geodiversidade é algo desejável dentro de tudo o que acredito na formação de um time de tecnologia, e estou convicto de que as pessoas devem poder trabalhar do lugar do mundo onde preferirem estar. Por outro lado, me preocupo com engenheiros mais juniores que trabalhem de forma muito isolada, privados de convívio social e da sensação de pertencer a uma comunidade na empresa.

Como engenheiros de software, enfrentamos desafios complexos que exigem soluções colaborativas. Comunidades são fontes de apoio, aprendizado e crescimento profissional, e devem ser incentivadas na empresa. Ao dar espaço para elas, a empresa está investindo não apenas

51. *Mastering community: The surprising ways coming together moves us from surviving to thriving*, de Christine Porath (Balance, 2022).

em sucesso próprio, mas também no sucesso e na resiliência da comunidade tecnológica mais ampla.

Como líder de tecnologia, posso definir as políticas de contratação e avaliação da equipe, ditar a construção de plataformas e estabelecer o uso de ferramentas com o objetivo de criar eficiência e um ambiente propício à inovação, mas todas essas mudanças levam tempo. Por outro lado, ajustar a cultura da organização para que todas as atividades sejam permeadas por uma atitude respeitosa e inclusiva é algo que uma liderança consegue fazer no dia a dia, por meio de sua postura, de suas comunicações internas e públicas, assim como com o trabalho conjunto aos departamentos de recursos humanos em relação a critérios de avaliação de desempenho.

Repito aqui o que já disse nos capítulos sobre a tecnologia em si: tudo o que se constrói dentro da empresa é complexo demais para uma pessoa fazer sozinha. A colaboração é essencial para que tudo funcione, e ela é muito mais rica quando as ideias vêm de lugares variados.

Talvez seja uma ambição grande demais ou até certa ingenuidade, mas, no fundo, no fundo, meu desejo é criar um ambiente de trabalho tão positivo que a equipe de tecnologia se sinta, como diz Anderson Nielson, que trabalha comigo na Stone, como na música de Dominguinhos: "Olha que isso aqui tá muito bom, isso aqui tá bom demais, olha, quem tá fora quer entrar, mas quem tá dentro não sai".

COMO CRIAR UM AMBIENTE DE TRABALHO INCLUSIVO

- Líderes que demonstrem vulnerabilidade.
- Visibilidade de lideranças que pertençam a grupos sub-representados.
- Obrigatoriedade da presença de mulheres e grupos sub-representados em entrevistas, tanto entre candidatos quanto entre entrevistadores.
- Treinamentos sobre como ser um aliado e sobre vieses inconscientes.
- Tolerância a ideias e ao erro.
- Promoção de interações pessoais não agressivas.
- Incentivo à formação de comunidades.

CAPÍTULO 9

RESPONSABILIDADE SOCIAL

Por que acredito que o trabalho de um líder de tecnologia é socialmente relevante? Porque ele é capaz de promover uma transformação interna na empresa que acaba por gerar um impacto que vai muito além dela. A iniciativa privada, de modo geral, tem a chance de ser agente de mudanças significativas no país, mas as companhias de tecnologia ainda mais, por contar com enorme potencial para formar gente bem qualificada e com as capacidades necessárias para aprimorar o mundo em que vivemos. Essas pessoas depois poderão ainda formar outras pessoas e outras empresas, multiplicando aprendizado, desenvolvimento econômico e conhecimento de ponta.

Se eu puder transmitir para os times a minha filosofia de pensamento intencional e de inovação, de construirmos as plataformas reutilizáveis e as ferramentas adequadas e de diminuirmos os débitos técnicos e os incidentes, conseguiremos prover serviços melhores e mais baratos, que vão, por sua vez, impactar os nossos clientes e gerar um círculo virtuoso.

É de tudo isso que trata este capítulo, onde amplio para as fronteiras externas da companhia o conceito de ambiente de trabalho respeitoso e voltado para o bem-estar dos funcionários. É preciso ter consciência de que tudo o que fazemos reflete positiva ou negativamente nas comunidades próximas e não tão próximas nas quais atuamos, e na sociedade como um todo. Assim, responsabilidade social não pode ser simplesmente uma obrigação para preencher algumas páginas de relatórios de gestão e sustentabilidade, mas deve ser uma construção de cultura em que o bem comum seja de fato tão prioritário quanto o lucro do negócio.

Para isso é preciso um trabalho ativo da liderança em exemplos pessoais, envolvimento corporativo em projetos que façam a diferença e alinhamento de departamentos com políticas de contratação e retenção de talentos que tenham também um olhar para o papel social da empresa. Trago aqui mais uma vez uma história particular para ajudar a discutir como um líder às vezes chega a um momento de escolha de carreira em que sua decisão de ir para um lado ou para outro pode acabar por aumentar a escala do seu impacto profissional.

Ter crescido em meio aos grandes contrastes do Rio de Janeiro me levou a colocar a responsabilidade social como uma questão da maior importância na minha trajetória de vida, inseparável da maneira como ajo como colega de trabalho e como penso no papel de líder.

Brasil na agenda: hora de retribuir

Em 2022, após mais de vinte anos morando na Costa Oeste dos Estados Unidos, o frio de Seattle e o desejo de estar mais perto da minha irmã do outro lado do país me levaram a organizar uma mudança para a Flórida. A essa altura, meus pais já moravam perto de mim também e gostaram da ideia de se transferir para um clima mais ameno. A logística de passar a trabalhar online longe da sede da Microsoft e de me mudar com todo mundo não foi nada simples, porque envolveu ainda um acordo com a mãe das minhas filhas, que se mudou também, para manter a família unida.

Foi nesse contexto, poucos meses depois da decisão de ir para a Flórida, que a Stone me procurou: a companhia havia feito um mapeamento de brasileiros que passaram por *big techs* com um histórico de impacto sólido, e meu nome entrara no radar deles. Queriam alguém que falasse português e que tivesse experiência com empresas de tecnologia para conduzir a transformação que planejavam para a Stone, com tecnologia como foco central do negócio.

Assim, em abril de 2022, tirei férias na Microsoft e fui passar uma semana no Brasil para fazer entrevistas e conhecer as pessoas da Stone, tanto da liderança como da equipe de funcionários. Ao longo daquela semana, participei também do que se chama na Stone de "rota", que é visitar clientes de porta em porta. Percorri a rua Graça Aranha, no centro do Rio de Janeiro, com um colega de tecnologia e a agente comercial da Stone responsável pelo relacionamento com os clientes daquela rota. Conversamos com alguns para saber como eles usavam os nossos produtos, e pude, assim, ter uma visão clara de como a tecnologia da Stone era usada tanto pelos clientes como pelos agentes comerciais.

Além disso, pude testemunhar ali, de perto, o impacto que a pandemia de covid-19 estava tendo no Rio e no Brasil. Claro que a pandemia também afetava profundamente a vida e os negócios nos Estados Unidos, mas, como minha família toda estava lá, eu não tinha voltado para o Brasil desde antes da covid e não tinha dimensão do que havia ocorrido no país onde nasci e cresci. O centro vibrante do Rio que eu lembrava, cheio de gente trabalhando nos prédios e passando de lá para cá na maior confusão, principalmente na hora do almoço, tinha desaparecido, estava completamente deserto. Metade dos lugares aonde tentamos ir estava fechada. O cenário era desolador.

"Estou dentro. Depois a gente decide salário e os outros detalhes", foi o que disse ao pessoal da Stone, logo depois de ter visto o que vi. Fazia anos que eu falava para mim mesmo que queria ajudar o Brasil de alguma forma, e de repente a oportunidade tinha vindo até mim. "É agora ou nunca, não vou ter outra chance assim", pensei. Quando saí do Brasil, em 1999, acreditava que jamais conseguiria trabalhar com tecnologia de ponta no país, por isso meu plano era ficar um ano fora me aperfeiçoando nos estudos e voltar para ser professor universitário. Só que as oportunidades surgiram, e aquele um ano havia se estendido para duas décadas.

Enxerguei na oferta e no perfil da Stone dois fatores determinantes: o primeiro era ser uma empresa que tinha impacto mais direto no cliente final, com a tecnologia ali na mão dos usuários de classes D, E e F, pequenos e médios empreendedores que precisam dos serviços da companhia para vender seus produtos. Outro ponto relevante foi o fato de a Stone já contar naquela época com dois mil colaboradores na área de tecnologia, ou seja, eu teria a chance de impactar duas mil pessoas, e mais as famílias delas. Encarei a oportunidade como um fator multiplicador de influência. Sabia que um dia essas pessoas sairiam da empresa e passariam a difundir a cultura que incorporaram, os princípios que aprenderam, disseminando a minha filosofia de como gerir as coisas de forma mais intencional, organizada e inovativa.

Minha decisão foi tão impulsiva que ninguém ao meu redor conseguia acreditar, quase nem eu mesmo – eu nem sabia o que era a Stone antes da aproximação. "Seu irmão vai sair da Microsoft", minha mãe anunciou para minha irmã, na ligação de vídeo que fizemos para contar a notícia. Minha irmã perguntou para onde eu ia e, ao escutar o nome de uma empresa de que também nunca tinha ouvido falar, só repetia: "Você está brincando!".

A Microsoft tentou me reter de diversas maneiras bem persuasivas, e fiquei bem tocado com as propostas feitas, mas ponderei que nada disso teria realmente o impacto para o Brasil que eu desejava. Eu adorava todos os aspectos do meu trabalho na Microsoft: a empresa, meus colegas, meus gerentes e mentores e toda a tecnologia que estávamos construindo juntos. Ainda assim decidi sair, porque confiei na minha intuição de que poderia ajudar a construir algo incrível – uma *big tech* brasileira para resolver problemas locais, ajudando os empresários do Brasil a prosperar.

O processo de recrutamento na Stone incluiu entrevistas minhas tanto com a liderança da empresa como com as pessoas que viriam a ser meus liderados. Esse foi um aspecto de que gostei: a decisão não foi imposta para a equipe, e a Stone havia estabelecido que, se não houvesse unanimidade entre esse grupo que se reportaria a mim, eu não seria contratado. Curti bastante o pessoal e me interessei pela cultura da empresa e pela filosofia da paixão pelo cliente. Tive uma identificação com a missão da companhia e vi que não se tratava apenas de um *slogan*, que havia mesmo um objetivo claro de fazer a coisa certa pelo cliente. Percebi também que a empresa precisava de organização e de reestruturação e que eu poderia contribuir com isso.

Entrar para a Stone não teria sido viável se eu ainda estivesse morando em Seattle, já que a diferença de fuso horário e a distância física, que tornam as viagens muito longas e cansativas, teriam me feito recusar a oferta. Portanto, a minha primeira decisão, de me mudar para a Flórida, permitiu que a segunda fosse possível. Cada uma dessas duas decisões era muito grande por si só, e havia muita coisa que poderia dar errado, de mudar uma família com filhos em idade escolar para o outro lado do país a deixar um emprego de oito anos e meio que me preenchia totalmente.

E o processo realmente foi desafiador para todos nós em casa. Chegamos de mudança à Flórida em junho, uma semana depois que entrei na Stone, e logo em seguida viajei ao Brasil para conhecer melhor mais gente do trabalho. Foram inúmeras idas e vindas nesse período, ao mesmo tempo que minhas filhas e meus pais estavam se adaptando à vida em uma nova cidade. Se eu não tivesse um grande sistema de apoio na minha família, e muita compreensão por parte deles, as coisas não teriam funcionado como funcionaram.

As histórias que contamos...

Sempre disse para mim mesmo que gostaria de colaborar com o Brasil, mas uma das minhas mentoras apontou uma vez que existe o conceito de "operação de fachada", que são essas histórias que contamos e repetimos para nós mesmos, e que talvez aquela intenção declarada fosse uma delas. Quantas vezes eu não pensei "Um dia vou fazer alguma coisa pelo Brasil, vou investir etc. e tal", e não rolava. Era a minha operação de fachada. A oportunidade de ir para a Stone desafiou isso e me levou a tomar uma decisão real, que obviamente veio com uma série de consequências, sendo a principal delas a falta de tempo com minha família.

Não foi fácil a transição de uma empresa para outra, de uma cultura para outra, de um jeito de trabalhar em um país para o jeito de trabalhar em outro. Mas um dos principais motivos da minha decisão de assumir o cargo na Stone foi ter um impacto positivo sobre a equipe, e acho que isso vem acontecendo. E, uma vez que as pessoas são impactadas pela transformação, elas vão fazer sistemas melhores para os clientes e, além de tudo, também serão levadas a ser melhores gestores. Vejo muito o meu trabalho como um trabalho de educação e de formação de pessoas, e a Stone viabilizou isso.

Cresci de uma maneira privilegiada em uma família de classe média e consegui fazer faculdade, o que, para padrões brasileiros, já é um ponto de partida muito melhor que o da média das pessoas. Minha família valorizava muito a educação, e não precisei trabalhar desde cedo e pude me focar nos estudos. Durante a faculdade na PUC-Rio, tive um professor, Luiz Fernando Gomes Soares[52], que me apresentou a um projeto social dele com outros professores em uma comunidade de Vargem Grande, bairro na zona oeste do Rio de Janeiro. Juntei-me ao grupo de voluntários do projeto e doamos alguns computadores para a comunidade, com o objetivo de ir semanalmente até lá ensinar computação para os alunos do local. Fiz isso por cerca de dois anos com alguns outros colegas de graduação e com o professor Edward Hermann[53], também professor do Departamento de Informática da PUC-Rio. Quando começamos a ensinar computação, vimos que a fundação básica de matemática deles era tão deficiente (até a dos professores, aliás) que começamos a ensinar matemática para a turma também. Foi um projeto pequeno e de pouca escala, mas aquilo plantou em mim algo importante sobre como o trabalho voluntário pode gerar imenso impacto na vida de quem ele atinge. Anos depois fiquei sabendo que alguns alunos do projeto haviam sido as primeiras pessoas daquela comunidade a ingressar em um curso superior.

Luiz Fernando teve a capacidade de organizar uma ação que de fato mudou a trajetória daqueles estudantes. Uma coisa é falar, outra é fazer. Ele soube mobilizar o grupo de alunos da PUC-Rio e estruturar um programa de maneira que fosse efetivo. Lembro-me com grande carinho das terças-feiras em que dirigia com o Hermann até a comu-

---

52. Luiz Fernando Gomes Soares (1954-2015) foi professor titular do Departamento de Informática da PUC-Rio, coordenador do Laboratório de Telemídia da universidade e vencedor do prêmio da Associação das Empresas Brasileiras de Tecnologia da Informação (Assespro) em 2008 como personalidade do ano. A biografia do professor está disponível em: http://nucleodememoria.vrac.puc-rio.br/perfil/saudade/luiz-fernando-gomes-soares-1954-2015.

53. O professor Edward Hermann Haeusler coordena o programa de pós-graduação do Departamento de Informática da PUC-Rio e sua área de pesquisa é ligada a computabilidade e modelos de computação.

nidade para ensinarmos. Foi um período muito gratificante da minha graduação e parte fundamental da minha formação como ser humano.

Depois da graduação, concluí rapidamente um mestrado e um doutorado e fui para os Estados Unidos fazer pós-doutorado, conforme já contei. Acabei ficando e, por circunstâncias, trabalhei somente em empresas norte-americanas. O convite da Stone e o trabalho remoto me possibilitaram "voltar", fazendo dela a primeira companhia brasileira onde trabalho.

Dentro da Stone há uma série de ações que me atraíram e servem para potencializar ainda mais a nossa capacidade de impacto social. Uma das formas de ter impacto é através do próprio serviço da empresa, voltado para micro e médio empreendedores, e a outra é o fator multiplicador por meio dos funcionários e do que eles levam da empresa para suas vidas fora dela. Existe um déficit de formação de profissionais de tecnologia tanto no Brasil como no resto da América Latina, então há uma oportunidade grande de crescimento à frente, facilitada ainda por cima pelo fuso horário relativamente próximo ao dos Estados Unidos, o que favorece parcerias e projetos com empresas norte-americanas. Hoje em dia, com a possibilidade de trabalho remoto, muitas das *big techs* enxergam o Brasil como um lugar que gera ótimos profissionais para as suas equipes.

Considerando também que o salário inicial de um profissional na área de computação é mais alto do que em outras carreiras, às vezes esse dinheiro acaba sendo várias vezes maior do que o ganho de qualquer outro indivíduo de uma comunidade mais carente. Ou seja, a formação de uma pessoa mesmo para um cargo inicial de computação já gera por si só um impacto ao redor dela, na família e além.

Semear talentos para crescer

Com o maior desenvolvimento de ferramentas e plataformas, ficou mais fácil e acessível programar. Imagine como era complicado antigamente: você tinha que programar manualmente usando cartões, perfurando-os para serem colocados dentro dos computadores e depois processados. Se houvesse algum erro, você tinha que refazer os cartões e esperar em uma fila para uma nova chance de rodar o seu algoritmo impresso nos cartões. Hoje as linguagens de programação são de alto nível, o que quer dizer que são mais próximas da linguagem natural. O arcabouço computacional também é muito maior, o que significa que não requer tanto entendimento de arquitetura dos computadores, e dá para escrever em uma variedade de linguagens com bibliotecas extensas.

A barreira para conseguir fazer sistemas de computação é menor, ainda mais quando se trabalha em uma empresa que conta com um arcabouço de plataformas, como expliquei no capítulo 5. Não é que a pessoa logo de cara será aquela que vai ter a responsabilidade de fazer o novo algoritmo de buscas do Google, mas poderá ser a que vai ajudar a construir um site ou um novo aplicativo, mesmo com um conhecimento técnico relativamente baixo. A atenção com a formação dessa pessoa desde o começo é fundamental, assim como é aquele olhar para alguém que nem é da área de tecnologia, mas que talvez possa ser trazido para a computação, obtendo, assim, melhores oportunidades profissionais e contribuindo com novos jeitos de pensar.

O programa Código[S], da Stone, busca atrair gente de outras áreas e formá-las para trabalhar em computação. Ações assim possibilitam que a empresa invista em bons profissionais e retenha depois essa força de trabalho em uma série de funções.

A PUC-Rio tem também um programa bem antigo com a Rocinha para formar jovens aprendizes, o NEAM (Núcleo de Estudo e Ação Mundo da Juventude)[54]. Através dele, esses jovens passam por cursos na PUC-Rio e muitas vezes acabam absorvidos na própria universidade, trabalhando dentro de algum departamento. Ao se tornar funcionário da PUC-Rio, o jovem tem a possibilidade de ganhar bolsa para frequentar a faculdade lá.

Nem todo mundo acabará trabalhando em uma *big tech* no Brasil ou nos Estados Unidos, mas algumas dessas pessoas serão, sim, brilhantes e com potencial de crescer e seguir para onde desejarem. A chance inicial é a alavanca que depois possibilita que alguém possa responder a maiores responsabilidades conforme se mostra mais apto a encará-las.

Entendendo as possibilidades de um gestor

A oportunidade de expandir minha área de atuação surgiu nos meus anos finais de Microsoft, quando me senti pronto e resolvi passar de contribuidor individual para gestor, e acabei à frente de um time com mais de mil pessoas. Foi a primeira vez também que consegui colocar meus conceitos de liderança e gestão em prática com um número maior de gente envolvida, e acho que criei não só um ambiente de trabalho estimulante e agradável para quem estava lá, mas que também acabou produzindo uma série de resultados relevantes para a Microsoft. Tinha um relacionamento ótimo com minha equipe e com todos os funcionários, então sair de lá foi uma decisão muito difícil. Chorei em várias reuniões públicas de despedida, e o encontro final com o time, com a

54. O NEAM começou em 1981 com a formação de professores da rede escolar e hoje em dia conta com diversos projetos, oficinas e parcerias para formar e educar jovens de baixa renda. Mais informações em: https://www.neam.puc-rio.br/sobre-nos/missao-e-objetivos/.

presença de Girish Bablani, meu gestor direto, foi um momento de grande emoção. Eu tinha até conseguido passar a reunião quase toda composto, mas, no finalzinho, ao ouvir "Marcus, a gente te ama!" de uma colega, desmontei.

Parte do meu orgulho como gestor naquela época tinha ligação com o trabalho de responsabilidade social que pude desenvolver. Como responsável pela eficiência da nuvem, participei de um grande processo de democratização da computação, já que um dos objetivos era justamente tornar o serviço mais barato e acessível para mais clientes. Democratizar a computação pode levar pessoas que anteriormente não tinham presença digital a passar a ter. Além disso, não só barateamos o serviço com as eficiências que criamos como também o transformamos em algo mais ambientalmente sustentável. A nuvem em si é um sistema poluente, por causa da energia consumida pelos servidores, portanto meu trabalho com energia acabou por colaborar para um impacto ambiental mais positivo.

Tive a chance na Microsoft de estar bastante próximo da fundação criada por Bill e Melinda Gates[55]. Não me envolvi diretamente nos projetos da fundação, mas, como ela estava sediada em Seattle, acompanhava de perto seus projetos e pude compreender o foco que Bill Gates tinha em usar tecnologia para impactar o mundo todo – seja pesquisando vacina para a malária, seja construindo banheiros e redes de saneamento na África ou na Índia.

Bill Gates é uma pessoa muito inspiradora para mim nesse sentido de querer resolver os problemas reais do planeta com tecnologia e

55. Lançada nos Estados Unidos em 2000, a fundação, atualmente com o nome de Fundação Gates, é considerada uma das maiores fundações privadas do mundo e tem entre suas metas melhorar a saúde global, reduzir a pobreza extrema e expandir o acesso à tecnologia.

dando escala às soluções. Mesmo não tendo participado dos projetos, interiorizei a ideia dele e da fundação de que a tecnologia pode ser uma ferramenta para mudar realidades.

Na Microsoft espero ter contribuído na formação de muita gente, como Eli Cortez, que era bem júnior à época do início da construção do Resource Central e hoje é um dos responsáveis por ele – conforme contei no capítulo 5 –, e ainda sou mentor de algumas pessoas com quem trabalhei lá, inclusive gestores em posição mais sênior e pessoas que foram para outras empresas, ou até fundaram suas próprias. Por ter mais experiência de carreira, ajudei a tirar algumas pedras do caminho e tornar a trajetória menos árdua para eles. Mesmo quando eu não era formalmente gestor, sempre valorizei e estive envolvido em mentorar pessoas, às vezes de forma mais estratégica, às vezes de forma mais técnica.

Espero que a minha postura em geral inspire também as pessoas a pensar na liderança de uma forma diferente do perfil que tradicionalmente se associa a ocupantes de altos cargos. Ainda existe aquela impressão de que somente quem é do tipo macho-alfa, agressivo nos negócios, é que sobe na empresa e chega ao topo. Minha história não é bem assim.

Até quando fui promovido para *technical fellow* na Microsoft, aquele ponto técnico mais alto da carreira em Y, recebi algumas mensagens de gente falando "Puxa, Marcus, que legal que alguém como você foi promovido". Nem sabia direito como interpretar aquelas mensagens, mas acho que queriam dizer que me viam como uma pessoa mais colaborativa e que tentava resolver as coisas através do diálogo, de uma construção com as pessoas e de uma mudança da cultura, criando um ambiente melhor, e não gritando em reuniões e tentando impor meu ponto de vista. Abordarei mais a fundo essa questão do perfil do líder de tecnologia no próximo capítulo, o último do livro.

Impactos além dos previstos

Quando se fala em responsabilidade social, dá para ter um impacto direto na vida das pessoas ou um mais indireto, porque a tecnologia em si pode servir como veículo de ascensão social. Com isso em mente, o profissional de tecnologia tem muitas opções de em quais projetos trabalhar e que tipo de impacto pessoal exercer.

No meu caso, sempre procurei conciliar um pouco dos dois aspectos na carreira, embora nem sempre tivesse controle sobre o resultado do meu trabalho, algo que é cada vez mais comum para quem trabalha com tecnologia.

O Google, por exemplo, é uma empresa ética e que busca produzir o melhor para os seus funcionários e seus clientes. Quando trabalhei lá, participei da elaboração do algoritmo do YouTube que recomenda o próximo vídeo para quem está assistindo a alguma coisa no canal, uma ideia que nos parecia superútil e positiva à época. Contudo, essa é uma parte do algoritmo que muita gente hoje em dia acha que contribui para a passividade daquele sujeito que fica o dia inteiro diante de uma tela vendo vídeos, além de poder levar a pessoa aos cantos mais obscuros da *web*. Ou seja, um negócio que ajudei a desenvolver pensando em como melhorar a experiência das pessoas também pode ser encarado de maneira negativa.

Isso é inevitável, porém, já que quase tudo na vida tem um lado positivo e um lado negativo. A ferramenta de buscas do Google pode servir para alguém procurar sintomas de um enfarte e salvar uma vida ou pode ser usada para saber como se fabrica uma bomba caseira e causar estragos terríveis.

Quando você desenvolve pesquisa básica, não dá para prever todas as maneiras como aquilo será utilizado. O conceito dos algoritmos que ajudei a desenvolver para recomendação de vídeos ou de anúncios acabou sendo aproveitado por várias das plataformas de redes sociais, que podem ter um efeito bem variado na vida das pessoas.

Por exemplo, a disseminação de notícias falsas obviamente é algo que me preocupa bastante. Se houve um ganho na última década de a informação chegar mais rápido às pessoas, de alguém ficar quase instantaneamente sabendo que um temporal ameaçador está se aproximando, o tempo necessário para checar informações com precisão ficou para trás, e não dá mais para diferenciar direito notícias verdadeiras das parcial ou totalmente fabricadas. As pessoas não estão conseguindo dar conta de filtrar quem está publicando o quê e de entender se uma notícia é do *New York Times* ou de um negócio qualquer que apareceu no TikTok, que não deveria ser fonte de jornalismo de ninguém, mas acaba sendo. Nesse sentido, até entendo a posição dos saudosistas de ler jornal no papel.

Outro impacto da tecnologia que tem dois lados é na questão das comunidades online. Há comunidades para todos os gostos e inclinações, que vão desde cultivadores de frutas cítricas *vintage* a gente que prepara golpes de Estado ou ataques cibernéticos. Antigamente, quem acreditava no conceito de Terra plana ficava ali meio isolado e sozinho, mas agora pertence a uma comunidade gigante de pessoas compartilhando teorias e alimentando instabilidade social. A sociedade não conseguiu se adaptar ainda à democratização da informação, porque a tecnologia não chegou lá para validar dados em tempo real.

E é por isso que ressalto a importância de um líder de tecnologia discernir em que projetos se envolver. Como mencionei no capítulo 7, em sistemas complexos raramente dá para saber de antemão todas as variáveis presentes e futuras de uma situação ou detectar algo que ficará ali latente, podendo causar grandes estragos. A mudança climática é um exemplo disso: o progresso tecnológico da civilização atual vem cobrando um preço que ninguém levou muito em conta lá atrás quando estava desmatando o planeta para erguer prédios, cidades, indústrias, pastos e estradas. E mesmo com o alarme da ciência soando nas últimas gerações, não faltam lideranças se esquivando de ter um papel mais ativo e responsável para abraçar algumas das escolhas tecnológicas urgentes que ajudarão a mitigar o problema.

Liderança com princípios

Pode até ser impossível para um gestor entender todos os desdobramentos e usos de uma inovação da sua empresa, só que quase sempre existem riscos mais óbvios que podem ser evitados. O que cabe à liderança é procurar entender da melhor forma possível as interações de um produto ou serviço e ser responsável no que lhe compete decidir.

Há alternativas que podem, por exemplo, baratear o custo de logística, mas que não valem a pena pelo custo humano. No caso da Stone, deixar o pessoal que entrega as maquininhas passar por rotas mais perigosas para chegar mais rapidamente aos clientes é um risco que não desejamos correr. Não queremos saber que tivemos acidentes na nossa logística para gerar economia, grande ou pequena.

Na época da pandemia de covid-19, na Microsoft, tivemos o maior cuidado para planejar como o atendimento seria e quais protocolos sanitários teriam que ser implementados para proteger os funcionários que estavam operando os *data centers*, já que tinham que estar fisicamente lá.

Acredito em liderança com princípios, especialmente naqueles aspectos de risco em que a única responsabilidade do líder é falar “não”. Isso é também uma forma de responsabilidade social. Dado o seu julgamento limitado sobre alguma coisa da qual nem você nem os outros sabem muito, o mais sensato é partir para uma análise técnica do que pode ser negativo e simplesmente não prosseguir por aquele caminho se os sinais forem de um risco relevante.

É sempre bom lembrar que existe um poder de escolha de alguém sobre para o que se destinará um serviço ou um sistema. E dá também para conciliar essa ética com a necessidade de a companhia gerar lucro. O negócio todo de *computational advertisement* que desenvolvemos no Yahoo e que descrevi no capítulo 4 tinha a lógica de oferecer anúncios mais relevantes para o usuário e ainda ser uma inovação bem-vinda do ponto de vista econômico para a empresa – e não sucumbiu a uma tentadora mentalidade caça-cliques predatória.

Incentivo a pensar no próximo

A responsabilidade social com a tecnologia, principalmente para quem é mais sênior, requer uma reflexão mais global sobre o que se faz e sobre como a tecnologia pode ser mais abrangente do que a entrega de produtos em si. Não basta só pensar: "Estou gerindo meu time, fazendo um negócio bacana e recebendo meu salário". É preciso ir além: de todos os projetos que seu time está conduzindo, há algum que tenha impacto positivo para a comunidade?

Na Stone, por exemplo, estamos trabalhando para introduzir educação financeira para os nossos clientes. O objetivo é que, antes de assumir um compromisso que envolva empréstimo de capital, a pessoa compreenda o que é taxa de juros e quais são os outros encargos que podem estar envolvidos. Como líder de tecnologia, tenho como influenciar a criação desse tipo de programa, que não necessariamente precisaria existir se a mentalidade fosse somente o lucro do negócio.

Quando vim para a Stone, além de ter gostado do propósito da empresa, fui ficando cada vez mais impressionado à medida que conhecia melhor as iniciativas de investimento social. Descobri que tinham um outro programa bacana que me cativou, com o Instituto Alpha Lumen, em São José dos Campos (SP), uma escola que tem por objetivo gerar impacto social formando lideranças que possam fazer a diferença no mundo. O instituto apoia o desenvolvimento de pessoas com altas habilidades em todos os campos, e pessoalmente já fui lá algumas vezes, além de apadrinhar três alunos. Acompanho esses jovens, me encontro com eles, pergunto como estão indo de escola e de vida familiar. Conversando com uma estudante, descobri, por exemplo, que ela nunca tinha tido um Lego, que era um grande desejo dela e algo que estava totalmente ao meu alcance realizar.

Também participei de uma série de ações com esse viés social na Microsoft, que tinha um programa bem estruturado para que as lideranças abraçassem causas diversas e assim incentivassem a participação dos funcionários. A campanha deles encorajava os colaboradores a fazerem doações. Todo mundo que entrava na empresa recebia no primeiro ano um crédito de cinquenta dólares de filantropia, que poderia ser destinado a qualquer projeto que a pessoa escolhesse, e a Microsoft fazia um *match* do valor, dobrando a quantia da doação recebida pela instituição. Além disso, todos os anos a Microsoft fazia um *match* (até certo teto) das doações de todos os funcionários. Havia até um campeonato entre os times para ver quem doava mais e arrecadava mais dinheiro para uma causa. Em determinado ano, a minha filha mais nova e eu participamos de um leilão de caridade oferecendo aula de dancinha do TikTok para estimular os lances, que foram depois revertidos para uma instituição que apoiamos.

A Microsoft poderia perfeitamente doar cem dólares por conta própria em nome de um funcionário e ponto final, mas a ideia de dar à pessoa a oportunidade de ativamente pensar no tema e apertar um botão para fazer a doação visava fomentar a reflexão e a cultura de contribuir.

E não é só filantropia que gera impacto social. Idealizei e liderei um projeto da Stone para criar um laboratório de inovação dentro da PUC-Rio, o Stonelab, que busca estreitar a colaboração entre a empresa e a universidade e ajudar a criar uma comunidade de trocas com uma instituição de ensino de ponta. A intenção não é contratar gente desse laboratório para trabalhar na Stone e depois abater no imposto de renda em nome de investimento social, mas sim fomentar a pesquisa e lançar um modelo que possa ser replicado por outras companhias. Os objetivos e a missão da PUC-Rio também estão ligados ao impacto social dentro da localização onde estão inseridos, e a Stone selecionou essa parceria ciente disso. Um dos projetos em andamento é uma pesquisa em ciência dos materiais para deixar os ambientes menos quentes, o que pode ter aplicação em áreas onde não há acesso a ar-condicionado e sistemas de resfriamento. Isso não tem conexão ou uso direto na Stone, mas é um estímulo para a pesquisa e a formação de pessoas com pensamento científico, que eventualmente contribuirão de outras maneiras à sociedade. Há pesquisas em física quântica, conceitos básicos de matemática e outras coisas que não têm nada a ver com sistemas financeiros.

Por outro lado, o Stonelab conduz cerca de dez projetos com uma média de quatro pessoas por projeto, portanto, se conseguirmos contratar para trabalhar na Stone uma ou outra que seja excepcional, o investimento no laboratório todo também já terá compensado.

A responsabilidade social vem desse entendimento, tanto do líder como da empresa, de que participamos da vida de uma região e temos que estabelecer relacionamentos com ela. O foco precisa ser de relacionamentos duradouros, não para resolver esse ou aquele problema pontual da companhia ou da universidade.

Já a parceria da Stone com a Fundação Estudar[56] provê bolsas de estudo para alunos de baixa renda que desejam fazer cursos nos Estados Unidos e em outras partes do mundo. Acabo me envolvendo bastante tanto no processo de seleção de alunos como indo até as escolas e dando palestras ou mentorando alguns estudantes. Faço também eventos externos para inspirar outros líderes a falar mais de tecnologia e de como a tecnologia pode ser aplicada para melhorar a vida no país. Procuro cultivar essa parte de participar de eventos e de me engajar com alunos por acreditar muito no que isso significa para a formação das pessoas.

Quero que fique claro que meu objetivo aqui no livro não é fazer propaganda das empresas por onde passei, e sim mostrar como o líder de tecnologia pode ajudar a influenciar a cultura da companhia em que trabalha até nesse tipo de assunto que não envolve lucro ou benefício financeiro próprio. Acredito que quem trabalha com tecnologia deve procurar se engajar e contribuir também de alguma maneira inovadora na transformação social positiva. E minha decisão de deixar a Microsoft para assumir um cargo em uma empresa brasileira não deixa de ser um exemplo disso.

Qualidade e formação: benefício de todos

A Stone entrou no mercado de serviços financeiros com um espírito de olhar para os pequenos e médios empresários e empreendedores. Sendo uma empresa muito ágil, consegue diminuir os custos e levar

56. A Fundação Estudar foi fundada em 1991 e apoia jovens com bolsas de estudo internacionais e formação de lideranças para o Brasil. Para mais informações, confira: https://www.estudar.org.br/.

bons serviços para uma fatia negligenciada da população. E como está reduzindo o custo? Pensando e criando sistemas que escalam melhor, com plataformas reutilizáveis, com tecnologia que se paga porque há uso racional do que se faz na empresa e no que compra fora, combatendo débitos técnicos etc. Com isso, a Stone pode atender de forma mais barata e repassar o benefício da economia cobrando taxas menores para uma comunidade que não era muito bem atendida pelos bancos.

Uma empresa pode e deve atuar na parte da filantropia, mas existe também essa outra aplicação prática, de inserção na vida das pessoas de modo a permitir que participem mais da economia do país e alavanquem a sociedade como um todo. É uma retroalimentação, porque, quando a Stone apoia um projeto como o do Instituto Alpha Lumen e contrata estagiários altamente qualificados de lá, ao mesmo tempo que está dando bolsas e ajudando a formar pessoas, se beneficia do que esses alunos têm a agregar de qualidade técnica. A mesma coisa é a relação com a Fundação Estudar e o projeto de formação de alunos, que terão a oportunidade de cursar as melhores universidades do Brasil e do mundo e, com isso, passarão a elevar o nível do corpo de profissionais de tecnologia no país. Situação semelhante ocorre com o projeto do Código[S], porque a gente acredita que está formando pessoas provenientes de outras áreas que poderão vir a trabalhar em grandes empresas de tecnologia. É um investimento de longo prazo.

Isso tem a ver também com o enfoque que a liderança coloca para os funcionários da empresa. Quando falo sobre o espírito de gerir carreiras como se fossem maratonas é porque desejo que alguém entre na Stone ou em outra empresa e permaneça lá para crescer e contribuir. Não é todo mundo que vai virar um baita desenvolvedor no primeiro ano de trabalho, mas um profissional que é inserido no ambiente da empresa de tecnologia será formado com o passar do tempo. Por isso é importante a empresa e o líder de tecnologia terem ações sistemáticas nesse sentido, com contratações de pessoas seniores e inspiradoras para cargos estratégicos e de gente boa para ser desenvolvida e aprimorada, começando da base.

Inovação tanto de produtos como de plataformas também é uma forma de baratear o custo do serviço e repassar a vantagem para o cliente. Queremos na Stone atingir os clientes de uma maneira mais abrangente, ajudando-os a se tornar mais digitais. É o caso, por exemplo, de alguém que tem um restaurante, mas ainda não faz entregas próprias porque não sabe como operacionalizar isso através de um sistema de entrega. Já pensou a Stone ter um programa para viabilizar que não só esse restaurante, mas também qualquer um, possa entregar comida direto ao cliente e sem intermediários? O que envolve isso? Um time de tecnologia teria que trabalhar com os restaurantes, adaptar sites, adaptar plataformas de agendamento e coisas do gênero. Um processo assim todo mediado pela tecnologia utilizaria o conhecimento das pessoas que estamos formando para ajudar os clientes, que ficariam mais digitais. Usamos a capilaridade que temos, os nossos canais de distribuição, para chegar no cliente e alavancar vários outros aspectos do negócio dele. É um potencial de impacto imenso. Com isso melhoraríamos a vida do cliente e das adjacências dele também.

Sei como é difícil, para alguém que tem um restaurante, otimizar uma campanha de anúncios digitais, porque é necessário entender de anúncios. Porém, se um líder de tecnologia consegue montar uma plataforma que possibilita anunciar para uma série de clientes junto e só requer um pequeno time de tecnologia para operá-la, adaptá-la e gerir campanhas, pronto, ele resolve um problema em escala usando tecnologia.

Partindo do princípio de que a maioria dos negócios deveria virar digital no futuro próximo, é fundamental a formação de pessoas nas empresas de tecnologia preparadas para trabalhar em soluções para esses negócios. Como parceiros dos pequenos e médios empreendedores, que talvez não entendam tanto assim de gestão e de finanças, quanto mais plataformas se puder prover para apoiá-los, maior o impacto econômico e social.

Ao definir processos com tecnologia, uma empresa promove a transformação digital dos clientes, impulsionando sua competitividade e suas possibilidades de atuação, e, de quebra, ajuda a diminuir desigualdades sociais, independentemente da área em que atuar.

PONTOS IMPORTANTES SOBRE RESPONSABILIDADE SOCIAL

- Cultura de formação de profissionais de tecnologia que mudarão a realidade de suas famílias e de suas comunidades.
- Participação ativa em projetos filantrópicos e de apoio social, com envolvimento da equipe.
- Responsabilidade social que vai além de caridade e investe na contratação e retenção de grupos menos favorecidos desde a base.
- Escolha de projetos com atenção a impactos sociais positivos e a possíveis implicações negativas no futuro.
- Participação da liderança em eventos externos para inspirar ações sociais de outros líderes também.

CAPÍTULO 10

ATRIBUTOS DE LÍDER

Fazia alguns meses que eu havia aceitado a oferta de ir para a Stone, e estava muito empolgado com o desafio de promover uma transformação na empresa. Só que, na prática, o projeto fez da minha rotina uma loucura. Enquanto minhas duas filhas adolescentes e meus pais ainda se adaptavam à nova casa e a todas as mudanças de vida que acompanham um deslocamento de mais de 5.000 quilômetros, eu ia e voltava dos Estados Unidos para o Brasil para conhecer em detalhes cada aspecto do meu novo trabalho e da minha nova empresa.

Como uma boa parte dos processos de tecnologia na Stone precisava ser estruturada ou reestruturada, acabei me virando do avesso para acompanhar tudo, e me vi fazendo reuniões vários dias por semana até as 22h. Além do tanto que eu tinha para aprender sobre o meu cargo, estava mexendo na equipe, o que gerava inúmeros conflitos para resolver. Para piorar, foi uma época em que houve muitos incidentes.

Lembro-me de um sábado específico em que, depois de uma longa estada de duas semanas no Brasil, não via a hora de concretizar os planos que tinha feito com as meninas para finalmente passarmos um dia todo juntos, matando as saudades. Só que no carro, saindo cedinho do aeroporto, já veio um aviso: incidente na Stone. Ao chegar em casa, mal falei oi para as minhas filhas e me enfurnei no escritório com o computador, acreditando que talvez a resolução fosse rápida. Eu havia prometido levá-las para almoçar em um restaurante, e elas me esperavam na porta, achando que a qualquer minuto teriam afinal a companhia do pai. O problema, no entanto, era complicado e se estendeu, e só consegui ser liberado no final da tarde, quando o dia já tinha terminado e ninguém mais tinha energia para fazer qualquer coisa. O que é pior, descumpri meu compromisso com elas. Aquilo mexeu profundamente comigo, e percebi que não dava para continuar trabalhando naquele ritmo. Eu não estava sendo um bom modelo para o meu time, nem um bom pai. Era isso o que eu queria transmitir para as pessoas da Stone?

Líderes são exemplos, e é isso que quero abordar neste capítulo. Tudo o que discuti até aqui diz respeito a atributos de liderança em tecnologia: formar um time excelente, fomentar a inovação, construir plataformas reutilizáveis, adotar ferramentas, aprender com incidentes, estimular a diversidade e a inclusão e ter responsabilidade social. Agora quero ir um pouco além, refletir sobre o líder em si.

Para isso, falo aqui sobre a mentalidade de crescimento, a necessidade de autoconhecimento e de autocrítica, e abordo as dificuldades para negociar com a alta liderança da empresa. Discuto também a importância do julgamento técnico apurado para a escolha de projetos, para retomar então a cultura de engenharia e como ela pode dar origem a um ambiente de trabalho positivo.

Como acho que fórmulas de sucesso prontas não existem, o que faço nas próximas páginas é compartilhar características de liderança que aprendi com pessoas que me inspiraram e que conseguiram ser transformadoras em diferentes aspectos, do clima entre a equipe à formação de novos profissionais.

Equilíbrio entre trabalho e vida pessoal

"Não foi para isso que eu vim para a Stone" foi a minha conclusão depois daquele sábado em que não pude ficar com minhas filhas.

Sentia-me exausto, e passei a refletir sobre o que estava ocorrendo. Precisava mudar a maneira de implementar minha visão de tecnologia na empresa. O objetivo da minha contratação tinha sido justamente ajudar a Stone a trabalhar de forma mais organizada, porém o que aconteceu é que, naqueles meses iniciais, eu acabei assimilando o *modus operandi* que pretendia modificar. As pessoas ali pareciam ainda trabalhar com a mentalidade de *startup*, assumindo várias tarefas simultaneamente, fosse como fosse, porque daquilo dependia a sobrevivência da companhia – o que não era mais verdade. A Stone já tinha 15 mil funcionários, e uma organização desse porte precisa ser capaz de funcionar sem a pessoa A, B ou C.

A partir da constatação de que eu tinha que alterar minha postura primeiro, em uma reunião com todos os meus liderados diretos, disse a eles que não era possível continuarmos trabalhando naquele ritmo e que era necessário repensar rotinas que pareciam intocáveis. Para começar, as pessoas tinham que se sentir mais à vontade para fazer algo tão básico quanto tirar férias sem ficar se sentindo culpadas.

Nesse espírito de que a cabeça de ninguém aguenta pressão o tempo todo, penso no que aprendi com um dos meus mentores na Microsoft, Gaurav Sareen, hoje vice-presidente corporativo global de experiências e plataformas. Ele defende que é preciso programar alguns intervalos de respiro no trabalho, porque alguma emergência sempre vai acontecer. Nesse sentido, não adianta lotar a agenda de compromissos e depois se sentir improdutivo por não ter cumprido tudo em função de um imprevisto. Com os intervalos integrados à agenda, há mais flexibilidade para encaixar aquilo que surge de repente, sem perder a tranquilidade necessária para tomar decisões complicadas em momentos de incerteza e de forte pressão. A estabilidade emocional do líder é contagiosa – assim como o desespero.

É um atributo de liderança ser um modelo, demonstrar o que prega e não ficar dizendo "eu quero que as pessoas convivam com suas famílias", se ele ou ela não se dá o direito de descansar. Quando o líder trabalha em um ritmo louco, é inevitável que os funcionários façam o mesmo, já que é o comportamento que vale, não o discurso.

Dessa forma, identifiquei as pessoas que se reportavam a mim que pareciam mais aflitas e que exibiam aquela mentalidade de *startup*, e comecei a fazer um trabalho individual com elas. "Quais são as pessoas abaixo de você que podem assumir suas incumbências quando você não está? Você tem um plano de apoio para todas as áreas? Como está estruturado o plantão de pessoas de sobreaviso para o caso de haver incidentes?" Com esse tipo de questionamento e de planejamento, fomos desmontando a postura e a cultura de urgência no trabalho, que muitas vezes leva a equipes inteiras sobrecarregadas e em *burnout*.

Contei nessa caminhada com o gestor de pessoas Anderson Nielson, que se juntou à Stone pouco depois de mim e com quem compartilho essa linha de pensamento. Nosso objetivo era tornar verdadeira a seguinte frase: "Tirando os incidentes, tudo o que estamos fazendo hoje teríamos de poder fazer amanhã". Nossa meta era estruturar a área de tecnologia de modo que não houvesse incêndios – "reais" ou imaginários – a serem apagados todos os dias.

Uma parte enorme dessa reestruturação foi a criação da trilha de carreira da Stone, a Star Trail[57]. Muitas vezes as pessoas trabalham além da conta porque não sabem o que é esperado delas. A trilha de carreira que organizamos delimita de forma bastante objetiva o que é esperado do funcionário em cada momento de sua carreira para que não haja essa tensão constante de "adivinhar o que o gestor deseja".

---

57. Leia mais sobre a trilha de carreira que criamos para a Stone no capítulo 2.

Em uma empresa do porte da Stone, com milhares de colaboradores, se alguém sente que precisa resolver tudo por conta própria, é sinal de alguma coisa muito errada e, pior, de um problema sistêmico. Como líder, uma das minhas atribuições mais significativas é garantir que a empresa funcione independentemente da atuação individual das partes, inclusive a minha própria.

Enquanto reestruturava a equipe e orientava quem se reportava a mim a organizar seus próprios times, aproveitei também para avaliar as pessoas, perceber se elas tinham condições de gerenciar uma área. Outra iniciativa naquela época foi contratar do mercado pessoas mais experientes, seguindo a filosofia de seniorização que descrevi no capítulo 3. Com o passar do tempo e com as mentorias, a equipe foi se aperfeiçoando e se acostumando à minha maneira de trabalhar.

Hoje, passados dois anos desse período em que assumi o cargo de CTO da Stone, considero que minha vida pessoal e profissional está mais bem distribuída. Minhas filhas cresceram e têm uma vida mais independente, e conto com a ajuda dos meus pais, que moram perto. Trabalho focado, mas consigo interagir com as meninas e dar a atenção que quero à família. Já não vou dormir com o pensamento 100% ocupado com problemas do trabalho, com a sensação de que não estou conseguindo dar conta de tudo o que tinha para fazer. Foi o meu entendimento sobre a reestruturação do time, começando por minhas próprias posturas, que permitiu essa mudança até na qualidade do meu sono.

Autoconhecimento e autocrítica

Tenho um ritual da hora de dormir que inclui atualizar duas listas – adoro listas! A primeira é a de coisas a fazer, que em um dia bom não tem menos de dez itens. Estranhamente, uma lista muito comprida não me aflige, pelo contrário, me acalma, porque sei que em algum momento vou chegar à tarefa que está lá no fim. A segunda lista é uma espécie de diário, um arquivo em que anoto o que fiz de bom e o que fiz de errado naquele dia que está se encerrando. São itens anotados em não mais que uma linha cada um, do tipo "me distraí na reunião" ou "fiquei nervoso com meus pais". Sempre consulto a lista de coisas a fazer, mas quase nunca releio a dos pontos ruins e bons do dia, nem preciso: os itens que se repetem chamam a minha atenção no momento em que estou escrevendo, e é fácil me dar conta de que preciso tomar alguma providência sobre aquele ponto. Se escrevi várias vezes que me distraí em determinada reunião porque estava respondendo a e-mails, percebo que preciso tomar uma atitude para parar de repetir o mesmo erro. A lista me ajuda a detectar se há padrões de comportamento que preciso repensar.

A ideia de fazer essa lista surgiu depois que entrei em contato com uma filosofia de valorizar a mentalidade de crescimento (*growth mindset*) pessoal. Conheci a expressão "*growth mindset*" ao participar da transformação de cultura na Microsoft, que se baseou no conceito descrito no livro *Mindset: A nova psicologia do sucesso*, de Carol S. Dweck. Mas devo admitir que, como filho de psicanalista, o hábito de ficar me questionando e tentar identificar pontos cegos sempre foi muito presente em mim[58]. O conceito do *growth mindset* propõe que as pessoas podem ter uma mentalidade fixa ou uma mentalidade de crescimento. Segundo Dweck, quem tem mentalidade fixa acredita que já se nasce com certas qualidades e defeitos e que não há muito o que se possa

58. Sobre pontos cegos, também me guio pelos princípios descritos no livro *Leadership and self-deception – Getting out of the box*, de Arbinger Institute (3ª edição, Berrett-Koehler Publishers, 2018), que explica como nossos comportamentos autocentrados nos colocam em uma espécie de "caixa", com uma atitude defensiva que impede que não enxerguemos as pessoas com empatia.

fazer para desenvolver talentos e habilidades além do que está definido pelos genes e pelo temperamento, e que, assim, qualquer falha é um demérito que precisa ser evitado a qualquer preço. Já quem tem mentalidade de crescimento enxerga a inteligência e o talento como frutos, em boa parte, do trabalho e da perseverança, e vê nos erros oportunidades para aprender e crescer.

Ao defender que os líderes exponham seu lado vulnerável, começando por dar ele mesmo o exemplo, Satya Nadella, CEO da Microsoft, estimulou a visão na empresa de que falhas podem ser um instrumento de melhora, não um obstáculo, e que sempre é possível se aprimorar.

Além de não ter medo de expor suas vulnerabilidades, Satya costuma dizer que vê três características essenciais para líderes. A primeira é que o líder consegue vislumbrar a saída de situações complexas com clareza e descrever em poucas palavras o que é realmente essencial e o que precisa ser feito. Eric Boyd, que foi um dos meus gestores quando eu estava trabalhando no Bing, era assim. Mal começávamos a explicar um problema e ele já entendia – um tipo de pessoa difícil de encontrar no mercado, uma personalidade inspiradora, que consegue ouvir todos os lados, assimilar as informações, diferenciar o que cada um está fazendo e determinar o direcionamento correto, com decisões inclusivas e explicações simples. Eric, hoje vice-presidente corporativo da plataforma de inteligência artificial do Azure, é sem dúvida um modelo para mim nesse atributo de liderança.

A segunda característica, segundo Satya, é que quem lidera tem a capacidade de gerar uma energia boa, não no sentido esotérico, mas no de extrair da equipe o potencial que ela tem para produzir, muito no espírito dos líderes multiplicadores descritos por Liz Wiseman e Greg McKeown no livro com o mesmo nome. É uma faceta que me remete a Mark Russinovich, CTO do Azure, que estava sempre de bom humor, e a Andrei Broder, outro dos meus mentores, ambos modelos para as suas organizações, admirados por todos que trabalham com eles.

E a terceira é que bons líderes entregam resultados, fazem as coisas acontecerem, promovendo inovações, equilibrando projetos de curto e longo prazo e sendo inspiradores. O próprio Satya é um excelente exemplo desse perfil.

Parece óbvio dizer isso, mas não custa reiterar: um líder não tem como ser bom em tudo, especialmente porque muitas vezes é envolvido em áreas de decisão bastante distintas daquelas em que costuma ter mais experiência técnica e familiaridade de atuação. O que vejo como mentalidade de crescimento é justamente reconhecer pontos fracos, saber em que características é possível melhorar, em que áreas é mais prudente pedir ajuda e formar pessoas e times ao seu redor que complementem capacidades e instiguem o aperfeiçoamento coletivo.

Compensar deficiências

Ter consciência sobre as próprias limitações, seja de conhecimentos técnicos (*hard skills*), seja de atributos interpessoais (*soft skills*), abre caminho para a formação de uma equipe próxima e de confiança que ajude a compensá-las. Eu, por exemplo, sei que não sou tão efetivo no que diz respeito a processos operacionais, portanto procuro sempre trabalhar com alguém que seja fera em processos e que possa me auxiliar com as definições de orçamento, alocação de recursos para projetos de curto prazo e gestão de dependências entre projetos, por exemplo, suprindo a minha necessidade.

Outro exemplo prático: quando cheguei à Stone, vi que a empresa tinha dois aplicativos, um para pequenos e médios empresários (o aplicativo da Stone) e um para autônomos e microempresários (o aplicativo do Ton). Eram dois aplicativos com muitas funções similares, como telas de banco e de Pix, mas que por razões históricas foram criados de formas completamente independentes um do outro, com tecnologias apartadas. Ao fazer um mapeamento, verificamos que os dois aplicativos tinham cerca de 70% das telas em comum, com três times trabalhando nelas (porque o app da Stone era feito em código nativo, com equipes distintas para os sistemas Android e iOS, e o app do Ton era multiplataforma, desenvolvido em React Native), com níveis de testes e de maturidade diferentes. Manter uma estrutura assim gera um desperdício em escala, pois, quanto mais complexos os aplicativos vão ficando, mais trabalho duplicado vai haver, e é mais e mais difícil criar sinergia entre os dois produtos.

Tomei a decisão técnica, então, de unificar esses times, dentro do direcionamento geral que estava definindo para a companhia. Só que eu nunca havia trabalhado diretamente com *front end*, e não me sentia apto a ditar os detalhes dessa operação de unificação. Expliquei dentro da empresa por que estruturalmente eu achava que a existência daquelas duplicidades não fazia sentido e fui sincero quanto à minha inexperiência na área de *front end*.

Assim, primeiro resolvi contratar uma consultoria para avaliar a situação, e ao longo do tempo fui prospectando uma pessoa para cuidar do projeto. A escolhida, depois de bastante pesquisa, foi Juliana Chahoud, que hoje lidera toda a engenharia da área de experiência da Stone, a quem entreguei as rédeas do projeto, junto com os resultados da avaliação da consultoria.

Tenho uma base de conhecimentos sólida que me permite entender razoavelmente as diversas áreas da computação, mas seria arrogante achar que isso equivale a dominar tudo de um assunto tão vasto e com nichos cada vez mais diferentes entre si. Se tivesse que tocar um projeto sobre computação quântica ou algoritmos de criptografia, também teria que contar com especialistas para me apoiar. Outra alternativa seria parar e estudar, para me aprofundar nesses assuntos, mas aí teria que derrubar vários outros "pratinhos". Estaria prejudicando a empresa, por deixar de dedicar meu tempo a ela e ainda por entregar um trabalho de menor qualidade que o de um especialista com larga experiência no tema.

A mesma lógica se aplica a cuidar dos contratos dos serviços de computação em nuvem – embora eu tenha passado anos trabalhando no Azure, nunca tinha estado do outro lado do balcão, do lado do cliente. Fui buscar, assim, uma pessoa experiente nesse tipo de relacionamento com os provedores. E foi também o que fiz na área de dados da Stone. Apesar de eu ter conhecimento técnico e experiência em lidar com dados, a escala da questão de dados na empresa exigia não só alguém dedicado exclusivamente ao assunto, mas também uma área toda organizada e formalizada.

O "gestor do gestor"

Faz parte do compromisso profissional do líder de tecnologia aprender com o CEO e com as lideranças sobre as outras áreas do negócio, como jurídica, recursos humanos, tesouraria etc., e instruí-los sobre tecnologia, para que possam definir juntos as métricas que avaliam a atuação do CTO e a área. No meu caso atual, em que o CEO Pedro Zinner, da Stone, nunca havia gerido uma empresa de tecnologia, parte do meu trabalho é esclarecer o que é produtividade em engenharia, mais tudo o que venho explicando neste livro: plataformas, ferramentas, como pensar no time, aquela parte toda sobre deixar certa gordura para dar espaço à inovação, como pensar em capex e opex no setor, dando insumos para que ele consiga me gerir de uma maneira efetiva. Outra parte é expandir os meus horizontes de conhecimento sobre outras áreas da empresa, com o enfoque de pensar como a tecnologia pode se integrar com elas.

O trabalho conjunto com o CEO para definir métricas para gerir a engenharia se reflete na gestão de outros times. Podemos pensar juntos sobre os horizontes de inovação em termos de negócio para a empresa, e isso vai mapear os investimentos também para a inovação de produto. Se a estratégia da empresa envolver expansão geográfica, por exemplo, o CTO ajuda a determinar que tecnologia será necessária, e em que horizonte, para que o movimento seja factível. Além do pensamento estratégico, há também o acompanhamento do H1, o *business as usual*, as operações do dia a dia.

Como eu nunca havia trabalhado em uma *fintech* antes, tive que aprender sobre aspectos específicos, como a regulamentação de operações financeiras. Contei com a ajuda do meu gestor para me desenvolver nesse lado. Qualquer mudança de área exige certo tempo para que o profissional se informe sobre aquele domínio – comigo mesmo isso já tinha acontecido dentro da própria Microsoft, quando saí da área de motores de busca e fui para a infraestrutura do Azure. Esse tempo de latência pode acabar sendo fonte de tensões.

A maior dificuldade costuma ser de alinhamento de expectativas e entregas, e o modo de resolver isso é através de conversas frequentes e troca de informações de ambas as partes. Este é o meu recado para quem contrata líderes de tecnologia e não é da área: procurem entender como funciona essa abordagem sistemática de montar o time e de pensar sobre plataformas, sobre ferramentas, sobre colaboração e sobre incidentes. É muito importante, para o CEO, se familiarizar com esses conceitos e estar na mesma sintonia dos líderes de tecnologia.

Digo isso sabendo que qualquer CEO tem demandas legítimas que vêm de todos os lados e fica, portanto, com a ingrata tarefa de ter que priorizar e equilibrar tudo com recursos limitados. Porque é claro que até a organização mais rica do mundo tem limites financeiros e exige muito mais nãos do que sins de seus líderes.

Nesse contexto, é bem frequente que o líder de tecnologia ouça "não" para um pedido, nem sempre por vontade do CEO, mas por contingências, como um congelamento de vagas devido ao aperto no orçamento. São várias as frustrações que atravessam o caminho do CTO: em épocas mais críticas, projetos mais especulativos podem ser colocados em pausa ou cancelados; pode haver mudanças de regulamento; podem surgir problemas inesperados com fornecedores. Mais do que lidar com sua própria frustração, o líder de tecnologia tem como encargo gerir a ansiedade do time e manter o moral e a motivação, principalmente quando projetos são cancelados ou perspectivas de promoção são adiadas. Já vivi isso em muitas empresas.

Durante a pandemia de covid-19, eu trabalhava no Azure, e a demanda para rodar a aplicação do Teams cresceu enormemente, com a súbita necessidade do trabalho remoto para milhões e milhões de pessoas imposta pelo distanciamento social. Precisamos reverter projetos e realocar funcionários para criar uma força-tarefa que garantisse que tínhamos capacidade necessária no Azure para dar suporte a todas as aplicações importantes para aquele momento. E não se tratava só do Teams, por onde eram feitas as reuniões de trabalho de todas as pessoas que estavam sem sair de casa, mas também de garantir a estabilidade e a disponibilidade do Azure para o pessoal das forças de emergência que agia na linha de frente, como médicos, hospitais, autoridades de saúde. Foi uma situação extraordinária que exigiu gerir as expectativas de quem teve de ser realocado de seus projetos originais.

Ao tomar decisões mais extremas, como a unificação ou a eliminação de certos projetos, o ideal é que a liderança produza algum tipo de documento descrevendo as diretrizes para a tomada daquele rumo. É recomendável que o processo seja inclusivo no sentido de que as pessoas envolvidas sejam ouvidas, e que o veredicto venha sem muita demora. Não há como fugir: líderes seniores têm sempre que lidar com escolhas difíceis, que deixam um rastro de discordância e para o qual o melhor remédio é a cultura do "*disagree and commit*", ou "discordo, mas aceito", para que todos possam seguir em frente. Não dá para querer agradar a todo mundo, e ficar protelando deliberações pode trazer ainda mais incertezas e prejuízos.

A melhor maneira de ser justo nesses momentos é basear a escolha em um julgamento técnico bem fundamentado, seja em prol de uma plataforma ou de uma ferramenta, seja uma configuração de time ou um direcionamento estratégico para um projeto de curto prazo ou médio prazo, seja apoiar ou não uma inovação. São essas decisões custosas do ponto de vista financeiro e de pessoal que mais requerem liderança firme – com a torcida de que os líderes estejam certos na maior parte das vezes.

É imprescindível, nesse aspecto, que o líder de tecnologia esteja tecnicamente atualizado. Isso obviamente vale para qualquer área, não só para a engenharia. Se um profissional não programa há dez anos, não pode tomar uma decisão sobre ferramentas e plataformas baseado nos parâmetros que tinha uma década atrás. Hoje em dia, por exemplo, existem muitas opções para desenvolvimento de *front end* multiplataforma, gerenciamento de contêineres e ferramentas de observabilidade. Essas áreas estão em constante evolução, e os líderes de engenharia precisam acompanhá-las para que possam tomar decisões com assertividade.

Missão e satisfação

Assim como para qualquer outro profissional, é também necessário para o líder compreender qual é sua missão na empresa, qual é a missão do seu time, ter clareza de como ela se conecta à missão das outras equipes e à da companhia. Esse entendimento contribui para a satisfação profissional, porque o valor do trabalho fica mais evidente para todas as partes.

Um dos conselhos que costumo dar aos recém-chegados à Stone com quem converso nas sessões de *Ask me Anything* é para que tentem explicar o que fazem no dia a dia para uma pessoa leiga de fora da companhia. É frequente que um funcionário entre na empresa, comece a cumprir as tarefas e a programar sem ter noção do contexto mais amplo do que faz e como aquilo tem ligação com o todo da empresa. Essa visão geral ajuda a criar engajamento e leva as pessoas a trabalhar de modo alinhado com os objetivos da companhia, por exemplo, pensando em termos de plataformas, adotando boas ferramentas, abraçando a cultura *blameless* e usando a mentalidade de crescimento para se transformarem em líderes multiplicadores.

"Você está feliz com o que está fazendo? Como imagina expandir sua carreira? Como pode melhorar?" Essas são algumas das perguntas que um líder pode fazer para mentorar as pessoas e ajudá-las a aumentar a satisfação com o trabalho. Subvertendo a famosa frase de John F. Kennedy, não se trata de perguntar o que o empregado pode fazer pela empresa, mas o que a empresa pode fazer por ele. E a empresa não fará por benevolência, já que o beneficiado final será a companhia, que ganhará quanto maior for a produtividade. Um colaborador que sente que está sendo sugado pela empresa, sem receber nada em troca, assim que tiver uma oportunidade vira as costas e vai embora. Como líder, quero que as pessoas permaneçam no longo prazo. Funcionários que conseguem se desenvolver são funcionários melhores por mais tempo.

Quando cheguei à Stone e vi tanta gente tentando ganhar corridas "a pé", meu trabalho foi pedir, em primeiro lugar, calma, e em seguida perguntar: que bicicleta você gostaria de construir para as próximas competições? Quais plataformas podemos montar para que suas corridas sejam mais eficientes e menos cansativas? O trabalho envolveu trocar as pessoas de desafio, transferir profissionais para times diferentes para dar uma renovada, e em alguns casos eliminar pessoas que não estavam alinhadas aos princípios que eu estava trazendo.

Obviamente que é um processo gradual, e as coisas não mudam de uma hora para a outra, a transformação ainda está em curso. Conforme formos desacelerando o time, trazendo profissionais mais seniores, nos focando nas plataformas e nos componentes reutilizáveis, em qualidade, em testes, em processos, no futuro não será nem possível adotar aquele comportamento da corrida desenfreada. Minha missão é conter a ansiedade produtiva, mostrar às pessoas que elas precisam esperar a construção de determinada plataforma para seguir em frente com um projeto estruturante, espalhar a mensagem da transformação intencional, com dependências planejadas e um pensamento de longo prazo.

Programando a organização

Ocupei, ao longo da carreira, várias funções em tecnologia: fui pesquisador, depois trabalhei como contribuidor individual, programando, depois na Microsoft atuei bastante tempo como contribuidor individual de quadro-negro, naquele papel arquitetural de alinhar times. Mais tarde, ainda na Microsoft, tive a oportunidade de finalmente construir o meu time e liderar uma equipe grande, e na Stone estou tendo uma nova chance de fazer isso.

É uma posição com alto potencial para exercer um papel multiplicador. Quero que uma equipe de tecnologia com mil pessoas produza como se tivesse cinco mil, e não quinhentas. Se o líder for muito centralizador, tentando estar envolvido em cada decisão, isso afeta diretamente o funcionamento do time. A ideia é criar uma cultura, manter o time motivado e instalar as plataformas para potencializar a atuação da equipe.

Quero que a engenharia da empresa funcione quase como um algoritmo, sem motivo para comentários do tipo "Aquela pessoa só foi promovida porque se reporta para o gestor A ou o gestor B". Meu objetivo é que existam processos que sejam consistentes na empresa inteira, funcionando como um sistema. Com a definição de processos como avaliação de desempenho, modos de liderança, *span of control*, gestão de orçamento, determinação de horizontes de curto, médio e longo prazo, se se troca o CTO, nada muda, porque os sistemas já estão instalados. É praticamente como fazer uma "metagestão", construindo e implementando mecanismos de gestão replicáveis e aplicados de maneira sistemática.

O líder tem que se preocupar com o dia a dia, mas precisa, ao mesmo tempo, estar pensando em como "programar" a organização. É como se estivesse escrevendo um programa de computador para automatizar o trabalho do CTO, com soluções pré-programadas para boa parte dos comportamentos e situações. Enquanto faz a gestão, recebe insumos para ir refinando esse grande programa. Cada problema que o líder enfrenta, cada situação nova que encontra servem de informação para alteração ou refinamento de alguma regra, para que a organização funcione cada vez melhor.

Outra forma de olhar para essa premissa é comparando com o controle de tráfego nas ruas: as regras são tão bem definidas que quem dirige as internaliza e apenas observa os sinais, sem lembretes constantes explicando que não se pode ultrapassar outros carros quando há uma linha contínua pintada no chão. A organização de engenharia idealmente funcionaria assim. Esses "mecanismos" (nome usado na Amazon, como explicado no livro *Obsessão pelo cliente*) são definidos de forma a facilitar que sejam seguidos. Uma determinação como "ninguém dentro da empresa pode deixar de usar repositórios compartilhados" pode estar expressa de forma falada ou escrita, em protocolos, ou pode ser automatizada em uma ferramenta, de maneira que mesmo que se tente não seja possível contrariá-la.

Imagine uma lei que estabeleça que um automóvel só pode andar a no máximo 10 km/h perto de uma escola. A simples lei é um protocolo, fácil de ser descumprido. Pode-se criar uma solução mecânica, como a implantação de um quebra-molas, ou mais automatizada, como um radar eletrônico. Mas, usando a tecnologia, e considerando carros conectados e autônomos, o próprio veículo poderia, pela localização, reduzir a velocidade, sem que o usuário tivesse a chance de burlar a diretriz. Ou seja, a diretiva é colocada em um mecanismo que a automatiza. Na empresa, esse é um processo em constante evolução, e a supervisão humana dá conta de adaptá-lo às mudanças no mundo e impedir que a automatização passe por cima das diferenças e torne tudo muito impessoal.

Para fazer isso como CTO, preciso estimular o desenvolvimento do time, aperfeiçoar as ferramentas e as plataformas e ajustar a estrutura da equipe. Muito do meu tempo pessoal é investido nisso. Faço várias reuniões 1:1 de mentoria, participo de entrevistas de candidatos, porque considero essencial uma boa formação de time, tenho forte atuação nas decisões sobre quais plataformas de H2 e H3 vamos desenvolver de forma a não ter um impacto negativo grande nas operações do dia a dia, sobre como estruturar as ferramentas para incentivar a inovação. Invisto energia nessas tarefas porque quero que meu time tenha o dobro ou o triplo da produtividade esperada. Decido em que atividades me envolver tomando por base o potencial multiplicador dessa função. Entre um projeto que vai impactar mil desenvolvedores e outro que vai envolver dez, prefiro atuar mais de perto junto ao que afetará mais gente. Esse é o principal critério.

Ao longo da carreira, minha concepção sobre onde eu poderia ter mais impacto foi evoluindo. No começo eu achava que só sabia programar. Também trabalhei como arquiteto, quando considerava que a minha melhor contribuição seria a técnica. Depois aprendi a colaborar com pessoas e a gerir um time melhor, e tive um impacto como gestor. Agora, como CTO, tenho uma influência mais estratégica, porque consigo ter uma visão geral da empresa para definir como a tecnologia pode se alinhar às metas.

Nas minhas conversas com os recém-contratados da Stone, costumo brincar que quero terminar minha carreira como desenvolvedor da Stone, para conseguir desfrutar do ambiente colaborativo, das ferramentas e de toda a empresa tão legal que ajudei a construir.

Por outro lado, sempre haverá mais a aprender como CTO e como ser humano. Quero continuar a ampliar minha compreensão, como já mencionei, na área de diversidade e inclusão, e tenho muito conhecimento a ganhar com os jovens que vão chegando ao mercado de trabalho, porque a cada ano percebo melhor como estão encarando as prioridades da vida de outras maneiras. Além disso, a tecnologia sempre evolui, então constantemente aparecem oportunidades para aperfeiçoar as plataformas. O trabalho nunca está concluído, e por isso é preciso abrir mão de certas tarefas que já estão mais bem encaminhadas, incluindo aquelas muito caras ao meu coração. No meu caso, abri mão de programar, coisa que adorava fazer. Não sei programar de brincadeira: gosto de fazer a sério, e para isso precisaria de blocos de tempo com dedicação exclusiva para me concentrar, o que é impraticável na rotina como CTO. Mas também tenho enorme prazer em formar times, descobrir os Portinaris da engenharia, definir plataformas que servirão como as bicicletas de corridas futuras, dar uma direção técnica para a empresa e estar de prontidão para os cavalos que cruzarem meu caminho, assim como aquele da lendária história do Google.

For fun and profit

E, falando de Google, nunca me esqueço do cartaz pendurado na parede da área de trabalho do nosso time de infraestrutura da busca, quando eu estava lá. Dizia "*Searching the web for fun and profit*[59]" (Fazendo buscas na *web* por diversão e lucro) e traduzia exatamente o que acontecia lá e a satisfação que eu sentia de trabalhar em um ambiente com funcionários bem recompensados, utilizando as melhores plataformas, e onde se erguia um projeto baseado na excelência. Mais importante ainda, as pessoas trabalhavam com satisfação, ao mesmo tempo que proporcionavam um impacto positivo gigante para a empresa. E não foi só no Google que vivi essa situação: senti isso no meu time na IBM e senti isso no Yahoo – tinha aquela impressão de não haver emprego melhor para mim naqueles momentos.

Quando virei gestor na Microsoft e pude trabalhar para influenciar o ambiente de trabalho das equipes, minha meta era que as pessoas se sentissem daquela forma. Na Stone, boa parte do meu objetivo pessoal é também esse, de que cada colaborador acredite estar no melhor emprego possível, com clientes satisfeitos que optam pela empresa pela eficiência e pelo custo acessível dos serviços. É o maior valor que posso extrair das minhas experiências profissionais como líder, e é a régua que uso para medir o meu desempenho.

Não tenho como obrigar as pessoas a acharem que estão trabalhando no melhor lugar. O que posso fazer é trabalhar ativamente para que isso aconteça. Assim como não tenho controle direto sobre o hu-

59. A expressão "*for fun and profit*" foi usada em uma infinidade de títulos de livros desde a década de 1960, do tipo *Baby-sitting for fun and profit* (1984), *Ancient coins: how to collect for fun and profit* (1964), até *Hunting vampires for fun and profit* (2021), e em uma série de livros sobre computação, como *Distributed systems for fun and profit* (2013).

mor dos acionistas, nem tenho uma alavanca para controlar o valor da ação ou a quantidade de clientes que a empresa conquista. O que controlo, sim, é a contratação das pessoas certas, a redução dos débitos técnicos, a organização do time, o modo como lido com os incidentes – todos esses fatores contribuem para melhores serviços e produtos.

Saberei que tive sucesso nos meus objetivos se constatar que os funcionários se consideram bem recompensados, gostam dos colegas, fazem tecnologia de qualidade, contam com ferramentas e plataformas boas para fazer essa tecnologia e se divertem no meio de tudo isso. Pode parecer meio intangível, mas é possível sentir o pulso das pessoas no dia a dia. O líder precisa perceber esses sinais e também saber onde atuar para suprir falhas. O ambiente pode ser excelente, mas as ferramentas de desenvolvimento, terríveis; pode ser que as plataformas sejam ótimas, mas as pessoas não sejam bem recompensadas, o que resulta em um alto índice de *turnover*, e nesse caso é preciso trabalhar no sistema de remuneração. Pode ser que a cultura não seja colaborativa, então é nela que o líder precisa focar. Pode ser que as plataformas não estejam construídas, e esse seja o principal ponto de atenção.

No círculo virtuoso que descrevi, há menor rotatividade de pessoal e o time de tecnologia trabalha de forma mais eficiente, o que permite que ele se pague e que seja mais enxuto, com um *span of control* estruturado. Todos têm sua contribuição bem definida, entregando as plataformas com a escala de que a empresa necessita, operando a baixo custo. Chega-se então a um ponto ótimo, no espírito de Christopher Alexander e seu "*a timeless way of building*", em que o melhor para os indivíduos e para a empresa não são dois componentes conflitantes, e sim sinergéticos.

Voltando ao começo

Tive inúmeras inspirações e mentores ao longo da carreira, e aqui, quando falo de sinergias, retorno ao princípio. Minha primeira experiência profissional foi sob o comando de um verdadeiro Yoda[60], o Eugene "Beau" Shekita, que era incrivelmente cuidadoso com o time dele. Foi muita sorte para um jovem como eu iniciar a carreira na IBM, porque, como empresa madura que era, com processos de gestão muito estruturados, tinha uma cultura de dar muita atenção a quem estivesse entrando. Beau criou um espírito de união e colaboração entre a equipe ao estabelecer uma rotina de almoços coletivos, seguidos de caminhadas na trilha em torno do laboratório da empresa na Califórnia. O ritual, segundo ele, era uma maneira de impedir que cada um passasse os dias fechado em sua respectiva sala, na época individuais, sem conversar. Beau considerava imprescindível que a equipe tivesse a chance de trocar ideias para poder colaborar, e essa convicção foi o que mais me inspirou naquele momento, mais até do que a enorme capacidade técnica que ele tinha.

Admiro também a capacidade multiplicadora da gestão dele. Do mesmo grupo, saíram Nadav Eiron, que foi meu líder no Google, e Vanja Josifovski, que já mencionei em outro capítulo e que hoje é CEO de uma empresa de inteligência artificial. Beau nos deu alguns dos nossos princípios mais básicos. Foi um privilégio tê-lo como meu primeiro líder na vida profissional, ainda mais seguindo-se a um mentor acadêmico tão dedicado e inspirador como o professor Lucena, da PUC-Rio.

60. Yoda é o velho e sábio mestre Jedi da série *Guerra nas estrelas*.

Meu caminho se cruzou com o de Carlos José Pereira de Lucena[61] quando eu ainda estava no ensino médio. Encantado por números, eu estava convicto em prestar vestibular para matemática. Meus tios eram vizinhos do Lucena e me aconselharam a conversar com o professor, que havia fundado não só o Departamento de Informática da PUC-Rio como também a Fundação Padre Leonel Franca, que permitiu uma rica e longeva parceria entre a universidade e a indústria. Meus pais, que torciam para que eu mudasse de ideia e resolvesse cursar engenharia em vez de matemática (para não "morrer de fome" no futuro), incentivaram o encontro, e Lucena, que já era uma sumidade no seu campo, não só aceitou me receber na PUC-Rio como também me apresentou um professor do departamento de matemática, o que só sacramentou mais minha ideia de prestar essa faculdade.

Entrei no vestibular da própria PUC-Rio, e só me desviei da matemática para a engenharia – para alívio dos meus pais – porque me encantei com a computação logo na primeira disciplina sobre o assunto, já que o currículo do primeiro ano era o mesmo para os cursos de matemática, física e engenharia. Só voltei a encontrar o Lucena depois de anos, no final da faculdade, quando tive aula com ele. Ele não se lembrava de mim, e não quis aludir àquele encontro, para não dar a impressão de que queria algum tipo de favorecimento de alguém que já naquela época era uma inspiração. Tive a felicidade de ser orientado por ele tanto no trabalho de conclusão de curso como no mestrado e no doutorado. O homem formal, sério, de cabelo totalmente branco – sendo que nem tinha chegado aos 50 anos ainda – transformou-

61. Não haveria espaço aqui para listar todas as credenciais do Lucena. Informações mais detalhadas sobre a carreira e os prêmios do pesquisador estão disponíveis no site da PUC-Rio: https://www.inf.puc-rio.br/blog/professor/carlos-jose-pereira-de-lucena/. Acesso em: 6 maio 2024.

-se em mentor e amigo. Ele era professor-adjunto na Universidade de Waterloo, no Canadá, e o acompanhei por três vezes nas temporadas anuais de dois meses que ele passava lá com a família, nas férias de verão brasileiras. Foi na mesa da sala da casa dele em Teresópolis (RJ) que testemunhei e participei da criação do AulaNet, uma das primeiras plataformas de educação a distância no Brasil. E foi com ele que aprendi o valor de supervisionar as pessoas dando liberdade a elas.

Lucena havia sido orientado, no pós-doutorado que fez no laboratório de pesquisa da IBM, por outro grande pioneiro que já mencionei aqui, o Jean Paul Jacob, e foi só anos mais tarde que tive consciência da importância dos dois no cenário do desenvolvimento da computação no Brasil e do impacto que eles tiveram sobre mim.

Em termos de gestão, a postura deles me ensinou a não me apegar tanto a detalhes e a ter uma visão sistêmica, para ter um impacto mais global. De certa maneira os dois conseguiram se distanciar do específico para partir para realizações maiores.

Foi esse impulso que me guiou – não de forma planejada, admito – na busca por um impacto de grande escala ao longo da carreira. Se eu tivesse me apegado à área de programação distribuída, próxima daquela à qual havia me dedicado na pós-graduação, não teria escolhido, quando entrei na IBM e vi meu futuro projeto extinto, migrar para banco de dados. Talvez inconscientemente, desde aquela época, eu tenha optado por estar perto das melhores pessoas, dos Portinaris, e na IBM eles eram a equipe que havia criado o primeiro banco de dados relacional. Sem a pluralidade que o Lucena me inspirou, não teria abandonado a pesquisa sobre motores de busca, na qual tinha virado especialista, para ir pensar na eficiência da infraestrutura dos serviços de computação em nuvem, um assunto totalmente novo para mim, como fiz no Azure. E não teria aceitado o desafio de trazer para a Stone, uma *fintech* brasileira, o que aprendi sobre gestão de tecnologia.

Embora o que eu faça hoje seja totalmente diferente do que o Lucena fazia, as funções são semelhantes no sentido de que ele agia como um armador do basquete, distribuindo as bolas, fazendo o departamento funcionar.

Quando penso no Lucena, lembro-me imediatamente de uma palavra muito frequente no vocabulário dele, "sistemático". "Vamos tentar fazer um modelo sistemático", ouvi muitas vezes, o que significava **resolver um problema de forma genérica e reprodutível**, o que é mais profundo – e eficaz – do que simplesmente resolver o problema.

Um modelo sistemático

Montar um *framework* de liderança sistemático é o que tentei fazer ao longo deste livro. Procurei responder à pergunta "como pensa um líder de engenharia ou CTO?" com direcionamentos sobre como organizar o time, a estrutura, as plataformas, os mecanismos de comunicação e até os erros. Apresentei nestas páginas uma visão sistemática da gestão de tecnologia, inspirada na postura do Lucena. Meu objetivo é azeitar tão bem esse sistema de gestão que ele possa se reproduzir e espalhar eficiência pelos ambientes de tecnologia.

Engenharia da computação é uma área relativamente recente, que envolve muita colaboração e interação entre pessoas. Hoje, com as plataformas e abstrações, como os serviços de nuvem, já está mais e mais fácil desenvolver sistemas. Ter uma ideia de negócio e construir um sistema para concretizá-la está cada vez mais factível. Quase qualquer pessoa consegue construir um protótipo, mesmo sem ter grande formação técnica. A questão é que, sem estrutura e pensamento intencional de tecnologia, esse protótipo não vai virar um negócio com escala. Ele tem de ser ampliado com processos de engenharia, com padrões arquiteturais, usando as ferramentas mais adequadas e as plataformas corretas.

Invariavelmente, protótipos feitos por fundadores de empresas precisam ser repensados em algum momento. E é aí que entra a importância de uma liderança técnica mais sólida. É ela que vai questionar: estão sendo atendidos todos os requisitos de segurança? Se os usuários crescerem 10x, ou 100x, o sistema tem capacidade de atendê-los? Há mecanismos de combate a fraude? As regulamentações estão sendo atendidas? Um grupo de pessoas jovens fazendo um aplicativo é uma coisa, construir um sistema que vai atender milhões de pessoas é outra bem diversa.

A função de líderes experientes é encapsular esses padrões e direcionamentos em ferramentas e plataformas e em cultura, para que o conhecimento seja transmitido e reutilizado automaticamente, concretizando, assim, o efeito multiplicador.

Por isso fiquei tão animado com a chance de gerir as 2.000 pessoas do time de tecnologia da Stone. Passar a elas a visão de um modelo sistemático de gestão em tecnologia pode significar que elas também passem essa concepção para a frente. Uma multiplicação dessa ordem tem o potencial de elevar o nível de como se faz engenharia no Brasil, o que, por sua vez, pode afetar positivamente as condições socioeconômicas no país. Como não sou político, meu veículo para melhorar a vida das pessoas é a tecnologia.

Quando comecei a estudar, eu não pensava em nada disso. Só sabia que gostava de matemática, e depois descobri o fascínio de programar. Percebi que me dava bem trabalhando com pessoas, e então me dei conta de que ficava satisfeito em atuar em projetos complexos que envolvessem vários times diferentes. Para resolver os problemas mais complexos, não havia outra maneira senão criar times colaborativos, com pessoas satisfeitas e engajadas. Vi que era bom em organizar essas equipes e tive consciência do potencial que isso tem na vida das pessoas. Agora estou em condições de devolver toda a formação que recebi, para ajudar a formar outras pessoas, e este livro faz parte desse esforço.

Sou muito grato por tudo o que aconteceu na minha carreira. Primeiro fazer doutorado e pós-doutorado, depois trabalhar na IBM, virar um bom desenvolvedor, começar a atuar em infraestrutura para motores de buscas, experimentar a ebulição criativa e colaborativa do Google no auge, ter a oportunidade de formar um time na Microsoft... As coisas foram acontecendo. Olhando em retrospecto, alguém poderia até imaginar que planejei cada etapa. Eu mesmo, ao refletir sobre isso, me espanto ao perceber que a evolução da minha carreira segue um caminho coerente e racional. O que sempre me guiou, no entanto, foi um desejo de aprender mais, me desafiar e, por que não, me divertir.

Tenho orgulho de conseguir criar ambientes onde as pessoas possam aprender alguma coisa e se sentir inspiradas. Justo eu, que não tinha autoconfiança nem para ler em voz alta na escola, que achava que nunca conseguiria trabalhar em uma empresa como o Google ou a Microsoft, nunca seria um gestor, nunca falaria em público para uma plateia de profissionais altamente qualificados. As inseguranças foram caindo com um intenso trabalho interno, sim, mas também com o apoio das pessoas ao meu redor, e hoje acredito que promovo esse mesmo movimento de derrubar as inseguranças de meus mentorados e de inspirar quem talvez sentisse também algum nível de falta de confiança e de incerteza sobre o caminho adiante.

Mais do que qualquer projeto em que trabalhei, o que me marca são as pessoas que consegui formar. Fico feliz de ter crescido profissionalmente de uma maneira tão inesperada, com os caminhos que minha carreira tomou. Analisando agora, foi de certa forma um processo sistemático, que aqui procurei descrever e dissecar. Na minha experiência com a ioga, aprendi que de dentro da floresta não se consegue enxergá-la de verdade, é preciso um distanciamento. Foi esse passo atrás, em busca de uma visão geral que possa ser aplicável e útil em outros contextos, que busquei neste relato.

Quando terminei o doutorado, o que eu imaginava fazer como ocupação no Brasil era ser professor universitário. Minha trajetória foi para outro lado, mas deu aquelas voltas que a vida dá para me mostrar que a formação de pessoas é mesmo o que mais me atrai. Continuo com a vontade de fazer mais pela formação de profissionais no Brasil, o que venho procurando concretizar com minha atuação na Stone, no incentivo aos projetos oficiais ligados à educação e também de modo mais informal, transmitindo meus valores no dia a dia do ambiente de trabalho.

Se eu tiver contribuído sob qualquer ângulo com a formação de uma geração de líderes que espalharão pelo meu país e pelo mundo ambientes de trabalho colaborativos, criativos, diversos, inovadores e respeitosos, terei atingido meu objetivo.

PONTOS IMPORTANTES SOBRE ATRIBUTOS DE LIDERANÇA

- Liderança pelo exemplo, incluindo o equilíbrio entre vida pessoal e profissional.
- Autoconhecimento e capacidade de autocrítica.
- Julgamento técnico e montagem de equipe para suprir deficiências.
- Administração de frustrações e das expectativas do time.
- Consciência da missão e busca da diversão.
- Construção de um modelo sistemático de gestão.
- Multiplicação do conhecimento e formação de novos líderes.

WITH A LITTLE HELP FROM MY FRIENDS

Menciono ao longo do livro várias pessoas que foram superimportantes na minha vida e carreira, e que me ajudaram a definir os conceitos de gestão aqui descritos, porém fico meio com uma sensação de ter ido a um show em que o artista cantou várias músicas de que eu gosto e deixou de fora outras tantas. Apesar de omitir o nome e as histórias de várias pessoas significativas para mim, deixo aqui meus sinceros agradecimentos a todos com quem convivi durante a minha carreira.

Este livro não seria possível sem a total e completa dedicação das jornalistas Carolina Schwartz e Fernanda Ravagnani, que em inúmeras horas de conversa e discussão desafiaram todos os conceitos e ideias e me ajudaram a sintetizar os meus princípios de gestão da melhor forma, tornando-os claros para leitores não técnicos.

Também gostaria de agradecer aos meus colegas da Stone. Gabriela Cunha, que lidera os esforços de D&I na Stone, me ensinou a palavra pluralidade; Fernanda Teich, Leonardo Guineli, Mariana Rigoni, Fabio Kapitanovas e Anderson Nielson me deram apoio durante o processo e nas várias revisões. A André Fonseca, Marcial Conte Jr. e todo o time da Citadel, meu muito obrigado por acreditarem no projeto e por todo o trabalho de edição. A meu amigo Paulo Caroli, pelo apoio durante o processo de escrita e divulgação.

O João Cândido Portinari merece um agradecimento especial por todo o seu entusiasmo. Fiquei muito emocionado quando ele respondeu de prontidão a todas as minhas mensagens, ajudou a selecionar a imagem da capa e escreveu um lindo texto sobre ela.

A iniciativa de escrever este livro surgiu logo depois do falecimento do meu amigo Luiz André Barroso. Nos últimos meses de sua vida, o Luiz fazia parte do conselho administrativo da Stone e estive bem próximo dele, depois de vários anos sem muito contato enquanto eu estava na Microsoft. A morte dele, tão jovem, me impactou muito e me fez tirar este projeto da prateleira.

Como observo durante o livro, a minha família foi fundamental e um ponto de partida extremamente favorável. Meus pais, Vanessa e Júlio, sempre valorizaram a educação e sempre apoiaram minha irmã, Tatiana, e a mim, acreditando no nosso potencial e nos encorajando a dar o nosso melhor. Devo a minha carreira a eles.

Por fim, ser pai me tornou uma pessoa e um profissional melhor. Aprendi e continuo aprendendo muito com as minhas filhas, Ayesha e Shanti. Participar da formação e do crescimento delas e testemunhar como estão se tornando pessoas incríveis tem sido uma das maiores alegrias da minha vida. Vários dos conceitos de tecnologia descritos aqui se aplicam ao próprio contexto da vida – sinto, contudo, que às vezes é mais fácil ser um bom gestor no trabalho do que um pai com 100% de acerto em casa. Continuo tentando melhorar a cada dia. Obrigado, Ayesha e Shanti.